本专著由教育部人文社会科学研究项目（22YJC740086）和ɪ

U0693213

跨文化语境下
汉英翻译与文化传播实践

肖永贺◎著

辽宁人民出版社

图书在版编目（CIP）数据

跨文化语境下汉英翻译与文化传播实践 / 肖永贺
著 . — 沈阳 : 辽宁人民出版社 , 2023.12
ISBN 978-7-205-10970-7

Ⅰ . ①跨… Ⅱ . ①肖… Ⅲ . ①英语—翻译—研究
Ⅳ . ① H315.9

中国国家版本馆 CIP 数据核字 (2023) 第 236705 号

出版发行：辽宁人民出版社
　　　　　地址：沈阳市和平区十一纬路 25 号　邮编：110003
　　　　　电话：024-23284321（邮　购）　024-23284324（发行部）
　　　　　传真：024-23284191（发行部）　024-23284304（办公室）
　　　　　http://www.lnpph.com.cn
印　　　刷：辽宁新华印务有限公司
幅面尺寸：170mm×240mm
印　　张：17
字　　数：230 千字
出版时间：2023 年 12 月第 1 版
印刷时间：2023 年 12 月第 1 次印刷
责任编辑：张婷婷
装帧设计：优盛文化
责任校对：吴艳杰
书　　号：ISBN 978-7-205-10970-7
定　　价：98.00 元

前 言

　　汉英翻译不仅是两种语言之间的转换，更是两种文化的沟通与碰撞。在经济全球化的背景下，跨文化交流成为人们日常生活和工作的重要组成部分。作为连接不同文化的纽带，翻译在其中起到了关键的作用。它涉及词汇、习语、句法、语篇等多个层面，反映了源语言和目标语言之间的文化差异和共通之处。因此，深入研究跨文化语境下的汉英翻译与文化传播对促进中西方文化理解和交流具有重要意义。

　　本书的题目《跨文化语境下汉英翻译与文化传播实践》准确地反映了本书的核心议题。通过翔实的分析和研究，深入探讨了翻译与文化传播的内在联系，分析了汉语与英语在词汇、句法、修辞等方面的异同，提出了一系列跨文化翻译技巧，并结合实际应用场景进行了讨论。

　　第一章为全书的铺垫，论述了翻译与文化传播的基本概念，并强调了传播中国文化的重要意义和翻译在文化传播中的作用。第二章着重探讨了汉英翻译的跨文化理论基础，涵盖文化翻译理论、跨文化交际理论以及跨文化修辞学理论。第三章分析了跨文化语境下语言与文化之间的关系。第四章和第五章对跨文化语境下汉英语言和文化进行了深入对比，从词汇、句法、语篇和修辞的角度分析了两种语言的异同，并对两种语言所包含的物质文化、精神文化、民俗文化以及语言文化进行了详细对比研究。第六章聚焦跨文化语境下文化传播中的汉英翻译技巧，提出了词汇、习语、句法和语篇层面的翻译技巧。第七章深入探讨了跨文化语境下汉英翻译在文化传播中的实际应用，涵盖文学作品、影视作品、商务文本、旅游文本以及中国故事的翻译。第八章通过对跨文化视野下译者的素质要求和读者的心理探究的深入分析，强调了人际沟通和情感共鸣在文化交流中的关键作用。

本书旨在为译者、教师和学生提供一个全面了解汉英翻译及其在跨文化传播中的平台作用。本书理论与实际相结合，兼具学术性和实用性，不仅能够加深读者对汉英翻译的理解，也能为实际的翻译工作提供指导。

笔者在论述的过程中力求语言表达准确、得体，行文通顺合理，但由于能力有限，书中不足之处在所难免，恳请广大读者批评指正。

目 录

前 言   1

第一章　翻译与文化传播概述   1

   第一节　翻译的基本认知   1
   第二节　跨文化传播的基本认知   14
   第三节　中国文化传播的重要意义   29
   第四节　翻译在文化传播中的作用   40

第二章　汉英翻译的跨文化理论基础   48

   第一节　翻译的发展与流派   48
   第二节　文化翻译理论   66
   第三节　跨文化交际理论   75
   第四节　跨文化修辞学理论   90

第三章　跨文化语境下语言与文化的关系   104

   第一节　语言对文化的影响   104
   第二节　文化对语言的影响   109
   第三节　跨文化语境中的语言文化冲突   113
   第四节　跨文化语境中的语言文化适应   116

第四章　跨文化语境下汉英语言对比   125

   第一节　汉英词汇对比   125
   第二节　汉英句法对比   136

第三节 汉英语篇对比 144

第四节 汉英修辞对比 150

第五章 跨文化语境下汉英文化对比 159

第一节 汉英物质文化对比 159

第二节 汉英精神文化对比 170

第三节 汉英民俗文化对比 178

第四节 汉英语言文化对比 184

第六章 跨文化语境下文化传播中的汉英翻译技巧 194

第一节 词汇层面的翻译技巧 194

第二节 习语方面的翻译技巧 198

第三节 句法层面的翻译技巧 203

第四节 语篇层面的翻译技巧 211

第七章 跨文化语境下汉英翻译在文化传播中的实际应用 215

第一节 文学作品的翻译 215

第二节 影视作品的翻译 221

第三节 商务文本的翻译 227

第四节 旅游文本的翻译 235

第五节 中国故事的翻译 241

第八章 跨文化视野下的译者和读者 246

第一节 跨文化视野下的译者素质要求 246

第二节 跨文化视野下的读者心理探究 253

参考文献 260

第一章　翻译与文化传播概述

第一节　翻译的基本认知

一、翻译的定义

"翻译"这个词源自拉丁语"translatus"，这个词是"transferre"的过去分词。在"transferre"中，"trans"是前缀，表示"穿过"或"改变"，而"ferre"是动词，意思是"携带"或"传递"。因此，"翻译"在最基本的层面上是指从一种语言到另一种语言的传递过程。然而，"翻译"的真正含义远远超过了这个基础的定义，它的深层含义是"接受挑战并将信息从一种文化背景转移到另一种文化背景"。从这个角度看，翻译不仅仅是语言文字的转化，更是一种跨越文化和认知边界的沟通行为。它需要译者深入理解原文的含义，然后以目标语言的表达习惯重新构建这些含义。在这个过程中，译者不仅需要精确地转移信息，还需要对原文和目标语言有深入的理解。这是一个需要高度专业知识和技巧的过程，也是一个充满挑战和困难的过程。

进一步来说，翻译的定义有广义和狭义之分。从广义的角度分析，翻译不仅包括两种不同语言之间的转译，还包括一种语言内部的解释和传递；不仅关注语言文字的转换，也关注思想、观念、理论等内容的解释和传递。此外，广义的翻译也可以理解为对深奥知识的阐释、对梦境和神谕的解读、对隐含问题的解答以及对未知事物的阐释等。这种理解将翻译的定义进一步扩大，使其涵盖了所有形式的知识和信息的传递和交流。

从狭义的角度分析，翻译被定义为两种不同语言之间的转换过程，涉及词语解构和词语重构两个阶段。这是一个复杂而且严谨的过程，需要译者具备高超的语言技能和深厚的专业知识。在词语解构阶段，译者需要理解原文的意思和表达风格，分析原文的内容和形式，然后在词语重构阶段，用目标语言重新表达这些内容和形式，使得译文尽可能地接近原文的意思和表达风格。这是一个精细且复杂的过程，需要译者在准确理解原文的基础上，灵活运用语言，精确地转移信息。

然而，这些定义并不能完全展示翻译过程中的复杂性。因为翻译不仅仅是一项语言活动，也是一项心理活动、社交活动。在翻译过程中，译者需要考虑到作者和读者的心理状态、所处的社会环境等超语言因素。这就意味着，翻译不仅仅是语言的转换，也是跨越文化和认知边界的沟通行为。译者只有理解和尊重不同的文化背景和认知习惯，才能有效地传递信息。

从沟通的角度来看，翻译被定义为一个协商过程。在这个过程中，源语文本（或作者）和目标文本（或读者）需要进行一种协商，这种协商在英语中的表达是"negotiate"。词典对"negotiate"一词的诠释可概括为两类：一类是对话、交流、协商、设定条件、达成协议以及说服等涉及协调和理解的活动；另一类是成功跨越、通过难关、安全度过艰难险阻的过程。实际上，这两大类含义都深刻地反映了翻译过程中的各种挑战和难题。翻译确实是一个协商的过程，这个过程不仅仅涉及源语言和目标语言的转换，更包括作者的意图与目标读者的期待，甚至包括两种文化之间的差异和理解。这个过程像是一种谈判，译者需要做出各种考量和妥协，来平衡双方的需求，力求把原文信息准确无误地传达给目标读者。

二、翻译的标准

翻译的标准是指衡量译文质量的尺度，受社会环境、时代背景、翻译目的等因素的影响，翻译的标准呈现出多元化的趋势。

（一）西方的翻译标准

在西方的语言学领域中，翻译的标准一直是学者讨论的对象。学者讨论的焦点在于语言间的可译性、不可译性以及可译性的界限。这些标准对衡量翻译作品的质量有着基础性作用。

（1）西方语言学领域的学者对翻译的可译性问题有着深入的探讨。他们从语言哲学的角度出发，将可译性问题置于研究的核心位置。他们普遍认为，尽管各个民族拥有不同的信仰、生活方式和价值观，但对使用语言表达情绪和思想的理念，存在着广泛的共识。在很大程度上，不同语言背景的人们可以理解彼此的表达。这基于一个前提，那就是语言在本质上是统一的。这种观点暗示了尽管语言具有个性化和普遍性，但二者能和谐共存，从而形成了两种理论：一种是全人类只有一种语言；另一种是每个人都有一种独特的语言。不可忽视的是，语言在具有统一性的同时，也展现出了其特殊性，如在表述同一事物时，不同的民族、不同的国家会有各自独特的表达方式。因此，语言的统一性成为两种语言可译性的前提，而语言的特殊性则规定和限制了可译性的范围。从语言的统一性来看，所有的语言都有一些基本的构造元素，如主语、谓语、宾语等，这为语言之间的翻译提供了可能。例如，无论是英语、汉语，还是法语，都有表达"我爱你"的方式，即便语法结构和单词选用有所不同。

然而，每种语言也都有其独特性，这就规定了可译性的范围。比如，汉语中的"人情味"这个词语涵盖了人与人之间的感情互动、互帮互助、人文关怀等一系列的复杂含义，深深地根植于中国特有的文化和社会背景中。在英语或者其他西方语言中，并没有一个词可以完全对应地表达"人情味"，因为它蕴含了许多特定于中国文化和社会的概念，如家庭关系、亲朋好友之间的情感纽带等。译者在将其转译为其他语言时，可能需要通过解释或使用近似的词语来传达其含义，而这往往无法完全涵盖这个词的内涵。

（2）翻译中的不可译性是一个相对的概念，主要指的是在语言和文化层面上，某些内容无法完全地在目标语言中表达出来。不可译性包括两方面的主要内容：一是语言的不可译；二是文化的不可译。在语言的不可译方面，每种语言都有其独特的表达方式、语法结构和语义系统。例如，汉语中的"画龙点睛"这一成语，英语中并没有与之完全相同的表达，因为这一成语深植于中国的历史和文化传统中。在文化的不可译方面，每种文化都有其独特的符号、习俗和观念。例如，西方的万圣节，其他文化中没有与其习俗和表现形式完全相同的节日，因此，在翻译这个节日时往往需要加以解释，来帮助读者理解其背后的文化含义。

另外，意大利著名文学批评家克罗齐（Croce）将翻译的问题概括为忠实性和通顺性之间的冲突，这是翻译中不可译性问题的一个具体体现。当译者试图尽可能忠实于原文的内容和形式时，他们可能需要使用复杂的语法结构和专业术语，这可能使译文显得笨拙、难以理解。相反，如果译者致力于使译文流畅、易于理解，他们可能会不得不牺牲原文的一些特定信息和风格。例如，汉语中的"井底之蛙"这一成语，如果译者选择忠实于原文，他们可能会将其翻译为"frog at the bottom of a well"，虽然这样的译文忠实于原文，但对于英语读者来说，这种表达会令其感到困惑，因为它无法将原文的意象和含义表达出来。而如果译者选择使译文流畅，他们可能会选择将其翻译为"short sighted"或"narrow-minded"，这样的译文虽然可以让英语读者更容易理解，但无法完全传达原文中的深层含义和文化色彩。

不可译性的存在给翻译提出了挑战，但同时激发了译者的创造性。面对不可译性的问题，译者需要寻找新的语言形式，甚至创造新的词汇，以便在保持原文信息和风格的同时，尽可能用目标语言传达出源语言的意思和感情。

（3）语言的不可译性是翻译学中的一个重要问题，其中涉及的可译性限度问题更是具有深远的意义。受语言形式和文化差异的影响，完全的对等翻译是不可能的。但是，随着经济全球化进程的加快，文化间的接触与交流不断增加，使得语言间的相互影响和渗透也随之加强。这种文化渗透为跨文化翻译提供了可能，提高了可译性。

在此过程中，语言的封闭性逐渐被打破，频繁的语言交流和接触使得不同语言的相似性增加，这是由地理和历史因素造成的。具体来讲，地理位置相近、历史交往频繁的国家和地区的语言之间的差异较小，相反，地理位置相远、历史交往少的国家和地区的语言之间的差异就较大。例如，法国和英国的历史交往频繁，法语和英语在语法、词汇等方面有很多相似之处，因此在进行法英翻译时，可译性的限度相对较大。又如，中国与亚欧大陆西部在地理位置、历史交往以及文化背景等方面差异较大，所以汉语和印欧语系在进行翻译时，可译性的限度就相对较小。

然而，尽管有些语言之间的相似性增加了，但语言的本质差异并没有因此消除。这主要是因为每种语言都承载着其特定的文化，这种文化的民族性或个性特质长期存在。因此，即使语言间的可译性在扩大，但是在进行翻译时，仍然会存在一定的不可译性问题。这种不可译性主要体现在语言的文化内涵、语用功能等方面，它们往往难以通过直接的语言形式进行对等翻译。

（二）我国的翻译标准

1.严复的"信、达、雅"

严复提出的"信、达、雅"翻译标准在我国翻译史上具有重大的意义，其核心是译文必须忠实于原文（信）、通顺易懂（达）和高雅（雅）。这个标准有其独特的历史背景和语言文化环境，因此理解这个标准需要站在文化翻译的角度。"信"位于首位，可见严复认为翻译的首要任务是忠实于原文的思想内容。译者要准确无误地传达原文的意义，这是翻译的基础。次要任务是译文要达到"达"，即译文需要在准确无误的基础上，做到语句流畅，便于读者理解。这也是翻译的必要条件，因为只有语句通顺，读者才能顺畅地理解译文的意思。最后，译文需要"雅"，对于这一点，人们的理解有所不同。有的人认为"雅"只是指古老的字法和句法，但这并不准确。实际上，要理解"雅"的含义，需要从历史的角度出发，在严复所处的时代，古汉语的字法和句法被认为具有高雅、简洁、严肃的特点。因此，"雅"不仅仅指字法和句法，更是一种对译文质量的要求。译者需要在理解原文的基础上，用高雅、简洁、严肃的文字和叙述方式表达出来，使译文看起来更具有说服力。

因此，尽管"信、达、雅"的翻译标准在学界有争议，但无论是其支持者还是反对者，都不能忽视这一标准的深远影响。作为一个全面而具有启示性的翻译标准，它不仅对翻译实践有着重要的指导作用，也为后来的人们理解翻译的文化因素提供了重要的视角。

2.傅雷的"神似说"

傅雷的"神似说"翻译标准在翻译界有着深远的影响。该标准不仅强调对原文的忠实度，更强调对原文的深入理解和尊重。这不同于简单地将原文内容从一种语言翻译为另一种语言，更像是一种精神的传承。

"神似说"源自东晋画家顾恺之的"传神写照"理念，这一理念强调画家在创作过程中更应关注如何在画作中表达出人物的精神特质，而非过分注重形象的相似。将这一理念引入翻译中，就变成了一种强调在翻译过程中应以表达原文精神实质为主、而不过分重视形式相似的理论。换句话说，该理论认为对一部作品的翻译不仅需要传达出作品的字面意义，还需要传达出作者的思想和情感。根据这个理论，翻译工作便不仅是语言的转换，而且是原文的精神与意识的转译，它需要充分尊重原文的独特性和内在价值。这是一种从深层次上理解原文的方式，也是一种能够让译者更好地接近与理解原文作者精神世界的方式。因此，这就使得翻译工作在某种程度上超越了其本身的技术性质，成为一种能够进行思想与文化交流的艺术。

傅雷作为一位著名的翻译家，他对"传神写照"理念有着深刻的理解，并将这一理念运用到他的翻译实践中，形成了他的翻译理论——重神似不重形似。① 该理论认为，在翻译过程中，尤其是在跨文化翻译中，由于东西方的思维方式和审美品位存在明显的差异，翻译不应仅仅是对原文的字面复制或模仿，而且应该注重对原文内在含义和美感的精神传达。这一理念使得翻译从被看成是一种仅仅依赖技术的活动，转变成一种需要理解并尊重原文的艺术，从而使得翻译从字词层面转移到了更深一层的文化和思想层面。这是一种关注原文深度和广度的翻译理念，它使翻译工作不再局限于表面的语言转换，而是真正地去理解和传达原文的精神内涵和美感。因此，傅雷的这一理念，无疑为翻译理论和实践的发展开启了新的篇章，为今后的翻译工作提供了新的指导和思路。

3. 钱钟书的"化境论"

"化境论"这一翻译标准源于钱钟书，他认为这是文学翻译的最高境界。他认为，翻译的最高目标应该是让原文在译文中实现"投胎转世"，即完全用另一种语言表达出原文的思想和情感。② 这一理念把翻译提升到了艺术的层面，凸显了翻译的创造性。在这个过程中，译者的个人才华和文化素养起到了至关重要的作用。他们需要有足够的能力，才能准确地理解并用新的语言形式精确再现原文的思想和情感。

然而，钱钟书也非常清楚地意识到，"化境"的理想状态几乎是无法完全实现的。因为每种语言都有其独特的表达方式和文化背景，这使得

---

① 傅雷 . 傅雷谈艺录及其他 [M]. 北京：北京联合出版公司，2019：99-103.
② 钱钟书 . 林纾的翻译 [J]. 中国翻译，1985（11）：2-10.

一种语言的文本很难完全被另一种语言复制。但即使如此，他还是坚持认为，"化境"应当是所有译者的理想目标。尽管这个目标难以达到，但是它提供了一个方向，引领着译者不断提高自己的翻译技艺和文化修养，努力向这个目标靠近。

钱钟书的"化境论"为翻译提供了新的视角。它强调了译者的创造性在翻译过程中的重要作用，将翻译看作一种艺术创作。这对推动翻译研究的深入发展、拓宽翻译研究的领域，具有重要的意义。同时，它为人们理解和欣赏译文提供了新的视角，使人们能够更深入地理解译文的艺术价值。钱钟书的理念成为中国翻译思想史上重要的一部分，并影响了后世的译者。

4. 辜正坤的"多元互补论"

辜正坤的"多元互补论"翻译标准为业界带来了独特的视角。他倡导的翻译理论揭示了一个由众多具体标准构成的系统，这些标准相互补充，各自承担特定的功能。这一理论的核心观点主要包括以下几点：翻译标准的多元性、多元标准的互补性以及具体标准中的主次之别。[①]

（1）辜正坤认为翻译标准应为多元的，否定了单一翻译标准的观点。他认为，由于译者和读者的文化素养、审美心理的差异，他们对译文的评价也会出现不同。[②]因此，标准的设定并不是绝对的，而是相对的、变化的，应根据具体情况确定。例如，一首英语诗歌同时被两个译者翻译成汉语，由于两位译者的文化素养和审美心理的差异，一个译者可能更注重语言的美感，而另一个译者可能更注重信息的准确传达。因此，他们的译文会有所不同。同样，读者对译文的评价也会有所不同，因为有些人更喜欢美感优先的译文，而有些人更喜欢准确性优先的译文。因此，翻译标准不应该是一成不变的，而应该根据译者和读者的具体需求进行调整。

---

① 辜正坤. 翻译标准多元互补论 [J]. 中国翻译，1989（1）：16-20.
② 辜正坤. 翻译标准多元互补论 [J]. 中国翻译，1989（1）：16-20.

（2）多元标准之间呈现出一种互补性。翻译标准各具特色，但在相互补充的情况下，能最大限度地发挥各自的优势，从而达到翻译的最佳效果。假设翻译一篇科技文章，需要同时确保专业术语的精确性和语言的流畅性。这两个标准看似矛盾，实际上是互补的。如果只关注专业术语的精确性，可能会导致语言生硬；如果只追求语言流畅，可能会忽视术语的精确性。因此，这两个标准需要相互补充，才能达到最佳的翻译效果。

（3）辜正坤认为，在具体的翻译标准中，有主次之分，他称之为"可变主标准"。[①]这意味着，在特定的翻译任务中，某些标准的重要性可能超过其他标准，但这种主次关系会随时间、空间和主体的变化而变化。在翻译一份法律文件时，精确性可能是主要的翻译标准，因为任何微小的错误都可能引起重大的法律问题。但如果翻译一首诗，美感和情感的表达就变成了主要的翻译标准。这种主次关系的改变，取决于翻译任务的性质、翻译的环境等因素。

辜正坤颠覆了传统的"忠实"观念，提出应以"最佳近似度"取代"忠实"，使翻译的标准更具现实性。在他看来，"忠实"是一种无法实现的理想，因为译文很难在语音、语义、句法结构等各个方面都完全忠实于原文。而且"最佳近似度"下的具体标准也会随着时间、空间和认识主体的不同而变化，且具体标准之间的主次关系也会变化。

三、翻译的过程

翻译的过程是一个复杂且多层次的过程，涉及理解、创造性应用和再现原文的过程，涵盖从源语言文本到目标语言文本的转换。这种转换不仅仅是字面意思的改写，更重要的是对语境、文化和意图的理解和传递。对于翻译过程的研究，中外的翻译理论家提出了各种理论。

---

① 辜正坤. 翻译标准多元互补论 [J]. 中国翻译，1989（1）：16-20.

（一）奈达的翻译过程理论

奈达（Nida）的翻译过程理论是深入洞察译者如何将一种语言转换为另一种语言的理论。他提出了一个包括分析、转译、重组、检验四个阶段的翻译过程模型。[①]

1. 分析

分析阶段是整个翻译过程的核心部分。在这一阶段，译者需要对原文的语法和语义进行深入的研究和理解，分析源语言文本的表层结构、信息和内含意义，包括词汇、句法和修辞意义。在这一阶段，奈达特别强调三个关键步骤：一是识别词语和词组之间的有意义的联系；二是理解特殊词组（如习语）的含义；三是揭示词汇的隐含意义。

以"Time heals all wounds"为例。

（1）识别词语和词组之间的有意义的联系：译者首先需要理解这个句子的基本结构和每个词语的意义以及它们之间的联系。在这个句子中，"Time"（时间）是主语，"heals"（治愈）是谓语，"all wounds"（一切伤痛）是宾语。因此，这个句子的基本意思是"时间治愈一切伤痛"。

（2）理解特殊词组（如习语）的含义：这句话是英语中的一句习语，其含义远超出字面的意思，是指随着时间的流逝，人们的心痛和悲伤会逐渐缓解。

（3）揭示词汇的隐含意义：在这个句子中，"Time"和"wounds"并不仅仅是字面意义上的"时间"和"伤痛"，"Time"还代表着经过和流逝，"wounds"还代表着生活中的困扰、痛苦和遗憾。这就是这两个词在这个句子中的隐含意义。

通过这三个步骤的分析，译者可以更深入地理解这个句子的意思，从而做出更准确的翻译。

---

①NIDA E A. Language and Culture：Conterts in Translating[M]. Shanghai：Shanghai Foreign Language Education Press, 2001：6.

2.转译

转译阶段涉及译者在内心把已经分析过的信息从源语言转换为目标语言的过程。这是一个高度创造性的过程，需要译者对两种语言都有深厚的理解和精确的掌握。以汉语中"千里之行，始于足下"这句谚语为例。这句话的字面意思是："走一千里的旅程，是从脚下的第一步开始。"在翻译时，译者需要考虑这句话的语境、含义和情感，并在英语中找到最适合的表达方式来传达这些信息。

这个谚语的深层含义是：无论事情多么困难，只要从头开始，从身边的小事做起，一步步坚持下来就必有所成。因此，合适的英语翻译可以是"A journey of a thousand miles begins with a single step."。在这个翻译中，"a single step"（一步）可以有效地传达"足下"这个词的含义，同时保留了原句的情感和哲理。在这个转译的过程中，译者不仅需要精准理解两种语言的字面含义，还要理解深层次的文化含义和习语用法。

3.重组

重组阶段需要译者对翻译后的文本进行重新排布和整理，包括词汇、句法和语篇特征的重新组织，目的是让读者最大限度地理解和接受译文。这是一个使译文更接近读者习惯、更易于理解的过程。例如，有这样一句英语："She was as happy as a clam at high water."。如果按照字面意思翻译，会变成："她像涨潮时的蛤蜊一样快乐。"然而，这样的翻译对于汉语读者来说可能会产生困惑，因为"像涨潮时的蛤蜊一样快乐"在汉语中并没有明确的意象。在英语文化中，人们认为蛤蜊最悲哀的事莫过于在退潮的时候被海水冲到岸边，而蛤蜊最快乐的时光莫过于在涨潮的时候，在潮水中安全地漂荡。

在重组阶段，译者需要考虑如何使翻译更符合目标语言的表达习惯和文化背景。因此，译者可能会将这句话翻译为"她快乐得如同得到了天大的好消息"或者"她非常惬意"。这两种翻译更能体现原文中"涨潮时的蛤蜊"的喜悦情绪，也更符合汉语读者的接受习惯。因此，在这一阶段，译者需要对翻译后的文本进行重新安排，以使其更符合目标语言的语法和表达习惯，同时更接近原文的含义。

4.检验

检验阶段是对已经翻译完成的文本进行质量评估的阶段。在这一阶段，译者需要检查译文的准确性、可理解性以及文体的适应性，不仅要注重译文的动态对等，即译文和原文在语境和功能上的对等，还要关注译文的潜在读者对译文的反应，这一点比译文和原文的字面意义的对等更重要。例如翻译英语小说中一段描绘角色情绪的对话，原文为："She bit her lip, 'I'm fine,' she said, but her trembling voice betrayed her true feelings."。译者可能将其翻译为："她咬住了嘴唇，'我没事，'她说，但是她颤抖的声音出卖了她的真实感受。"

在检验阶段，译者首先要确保翻译的准确性。在这个例子中，译者首先需要检查每个词语是否翻译正确，句子是否流畅，是否准确地传达了原文的意思。接下来，译者要检查译文的可理解性，看是否对汉语读者来说容易理解。然后，译者还要看文体是否适应，这段对话是在描绘一个人的情绪，所以语言应该足够生动并且符合描述情感的文体。再然后，译者需要检查译文是否在语境和功能上等同于原文。在这个例子中，原文的目的是展示角色的情绪，译文也应该达到同样的目的。最后，译者需要考虑潜在读者对译文的反应，这可能需要译者做一些调整来确保译文能够引起读者的共鸣，而不仅仅是在字面上忠实于原文。

（二）张培基的翻译过程理论

张培基等在《英汉翻译教程》（修订本）中将翻译过程分为理解、表达和校核三个阶段。①

①张培基，喻云根，李宗杰，等.英汉翻译教程（修订本）[M].上海：上海外语教育出版社，2018：9-15.

1. 理解

理解阶段是翻译过程中的首要阶段，它构建了翻译活动的基础。对原文的深入理解不仅包括对语言表面意思的把握，还涉及对逻辑关系的探索，以及对原文深层次含义的领悟。译者需要在语境中寻找线索，通过上下文的联系寻求恰当的译法。这是一项复杂的任务，因为语言不只是单词和语法，而且是生活经验、文化背景和特定情境的集合体。因此，译者需要深入挖掘原文的深层含义，领略其细微之处，从而为后续的翻译工作奠定基础。

2. 表达

表达阶段是译者将从原文中理解的内容转化为目标语言的过程。这一阶段的执行结果，取决于译者对原文理解的深度和对目标语言的驾驭能力。这一阶段是对理解的体现，然而正确的理解并不一定能得出准确的表达。在实际表达中，需要采用各种方法和技巧，如直译、意译等。这些方法应根据原文的特性、目标语言的规则和预期读者的需求进行灵活使用。

3. 校核

校核阶段是对理解和表达的进一步深化。在这一阶段，译者需要对原文内容进行再次核实，对译文语言进行精细推敲。这一阶段的重点工作有四项：一是校验译文在人名、地名、日期、方位、数字等方面是否正确无误；二是检查对原文的重要段落、句子或词是否有遗漏；三是修正译文中译错的和不妥的句子、词组和词，避免使用冷僻罕见的词或词组，并确保译文段落、标点符号的正确性。四是两次校核译文后，对照原文再次通读，做最后的检查和修改，确保译文没有遗漏和错误，所有问题都得到解决，这样译文才能最终定稿。

以一句常见的汉语谚语"塞翁失马，焉知非福"作为例子分析翻译过程的这三个阶段。这句谚语的基本含义是指，有些事情表面上看起来不好，但最终可能带来好运。它表达了对命运的不可预测性的体悟，提醒人们要对生活中的起起伏伏保持开放的心态。具体翻译过程分析如下。

理解：译者需要理解这个谚语的来源和深层含义。这个谚语出自一则寓言故事：边塞一个人的马跑到胡人那里去了，大家都来安慰他，他却说这也许是好事。几个月后，他的马带着胡人的骏马回来了。这个看似简单的故事，蕴含着深刻的哲理。这一谚语的深层含义是虽然命运变化无常，但是人们要对生活的不确定性保持开放的心态。

表达：译者需要找到一个合适的英语表达方式，确保译文能够准确、自然地传达原文的含义。对于这个谚语，译者可将其意译为："A loss may turn out to be a gain."。

校核：在这一阶段，译者需要对译文进行核查和修订，即除了检查是否有遗漏的关键信息，以及语法、拼写或标点错误，译者还需要检查是否有其他一些不足之处并进行修订。比如，译者需要考虑译文的语言是否自然，是否符合英语的习惯用法，经过资料查证，译者发现"a blessing in disguise"这一英语习惯表达与"塞翁失马，焉知非福"有异曲同工之妙，更利于目标语读者理解，最终将其确定为译文。

第二节　跨文化传播的基本认知

一、文化的定义与功能

（一）文化的定义

"文化"这一概念，源于西汉时期的刘向，他在《说苑·指武》中指出，文化是古代封建王朝的教化活动。然而，随着社会的进步和变迁，文化的定义也逐渐得到丰富和深化。拉丁语中的"cultus"将理解文化的视角引向开发和开化的过程，即将文化置于自然和人力的改造之中。德语的"kultur"则将文化的含义聚焦精神世界，特别是宗教，揭示出文化对精神世界的塑造力量。在英语语境下，"culture"一词更倾向于社会生活领域，突出文化对社会构造和秩序的影响。这些不同的语言和文化背景下的文化定义，反映出人们在理解文化时所关注的焦点和视角不同。到了19世纪，文化的定义开始向更广泛的方向扩展。1843年，德国人克莱姆在《普通文化史》一书中，首次将文化用以概括人类生活的各个方面，包括风俗、宗教、科学、艺术等。这种理解已经非常接近现在人们对文化的认识，即文化是一个全面的概念，包含了人类社会生活的所有方面。此后，不同时代、不同文化背景下的出版机构或学者纷纷给出了自己对文化的定义。

1. 字典释义

《辞海》从广义和狭义两个角度对文化进行了定义，广义的文化即人类在历史发展进程中创造的物质财富和精神财富的总和；狭义的文化即社会制度和管理组织结构变化等，更倾向于社会意识形态变化。

《简明牛津词典》则从艺术角度对文化进行了定义，将文化看作智力产物，并从文学、艺术和政治等角度对文化进行了表述。

2. 国外学者释义

英国的文化人类学家爱德华·伯内特·泰勒（Edward Burnett Tylor）对文化的定义得到了学术界的普遍认同。他认为，从广泛的民族学意义来讲，文化是一个复杂的总体，包括知识、信仰、艺术、道德、法律、习俗，以及人们所习得的其他一切能力和习惯。[1]

美国文化人类学家S.南达（Serena Nanda）认为，文化作为由理想规范、意义、期待等构成的完整体系，既对实际行为按既定的方向加以引导，又对明显违背理想规范的行为进行惩罚，从而遏制人类行为向无政府主义倾向发展。[2]

①[英]爱德华·泰勒.原始文化：神话、哲学、宗教、语言、艺术和习俗发展之研究[M].连树声，译.上海：上海文艺出版社，1992：1.
②[美]S.南达.文化人类学[M].刘燕鸣，韩养民，编译.西安：陕西人民教育出版社，1987：46.

15

美国文化人类学家、解释人类学倡导者克利福德·格尔茨（Clifford Geertz）认为，文化的概念既不是多重所指的，也不是含糊不清的，它是从历史流传下来的存在于符号中的意义模式，是以符号形式表达的前后相袭的概念系统，借此人们可以交流、保存和发展对生命的知识和态度。①

3. 国内学者释义

近现代以来，我国的诸多学者也纷纷对文化的定义发表了自己的看法。

梁漱溟提到，俗常以文字、文学、思想、学术、教育、出版等为文化，乃是狭义的。我今说文化就是吾人生活所依靠之一切，意在指示人们，文化是较为实在的东西。文化之本义，应在经济、政治乃至无所不包。②

钟敬文认为，凡人类（具体点说，是各民族、各部落乃至于各氏族）在社会生活过程中，为了生存或发展的需要，创造、传承和享用的东西，大都属于文化范围。它既有物质的东西（如衣、食、住、工具等一切器物），也有精神的东西（如语言、文学、艺术、道德、哲学、宗教、风俗等），当然还有那些为取得生活物资的活动（如打猎、农耕、匠作等）存在的家族结构以及其他各社会组织。③

张岱年和程宜山则认为，文化是人类在处理与客观现实的关系时所采取的行为和思维方式以及创造出来的一些成果，是活动方式与活动成果的辩证统一。④

将以上学者的观点综合起来，可以看到文化涉及了人类生活的各个方面：既有物质层面的表现，也有精神层面的表现；既有具体的行为方式，也有抽象的思维方式。文化是由人类社会历史进程中的各种活动和创造成果构成的，既包含人类对物质生活的改造和创新，也包含人类对

① [美]克利福德·格尔茨. 文化的解释 [M]. 韩莉，译. 南京：译林出版社，1999：109.

② 梁漱溟. 东西文化及其哲学 [M]. 北京：中华书局，2018：1.

③ 钟敬文. 话说民间文化 [M]. 北京：人民日报出版社，1990：35.

④ 张岱年，程宜山. 中国文化论争 [M]. 北京：中国人民大学出版社，2006：1-5.

精神世界的理解和塑造。从这个角度看，文化是人类社会历史的一种印记，是人类智慧的结晶。从另一个角度看，文化又具有演化性和适应性。在人类社会的历史进程中，文化并非一成不变的，而是随着社会的变迁、环境的变化以及人类认知能力的提升而不断演变和发展。这种演化性使得文化有着强大的生命力和变革力。同时，文化也具有适应性，能够应对各种社会、环境和历史的变化，帮助人们应对生存挑战。

（二）文化的功能

文化的功能主要包含以下几个，如图 1-1 所示。

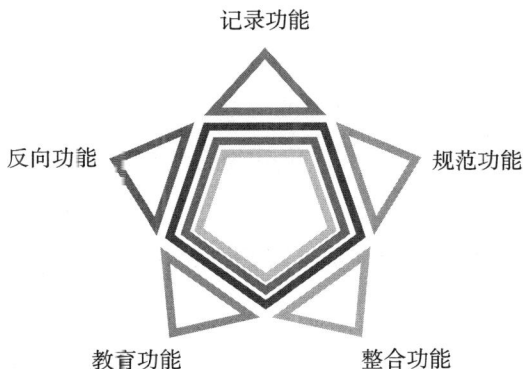

图 1-1　文化的功能

1. 记录功能

文化的记录功能表现为通过多种载体和方式记录人类社会的发展进程，反映人类生活的方方面面，展现人类的思想、价值观、审美追求等。这使人们有机会从一个更为全面、深入的视角理解和感知人类社会的发展历程，更好地理解人类自身的文化本质。

语言和文字是记录文化的重要工具。例如，古埃及的象形文字和古希腊的线形文字都是古代文明的重要记载工具，它们反映了当时的社会状况、人类思想以及生活习俗。随着科技的进步，语言和文字的记录方式在不断变化和发展，手机、网络、数字电视等新媒介都成为记录文化的新方式，这些新的记录方式不仅使文化传播的速度和范围得到了前所未有的提升和扩大，而且使得更多人有了记录和参与文化的机会。

同时，艺术作品也是记录文化的重要载体。无论是古代的洞窟壁画，如敦煌莫高窟的飞天壁画，还是现代的电影、音乐、摄影，它们都以各自独特的方式记录了不同时代的文化信息。这些艺术作品不仅记录了人类的思想和感情，而且以其独特的艺术形式体现了人类的审美追求和创造力。此外，建筑物也是记录文化的重要载体。每一座建筑物都反映了其所处时代的建筑技术、艺术风格、社会信仰等文化信息。比如，长城是中国古代的军事防御工程，修建于春秋战国时期，历经多个朝代的修建和扩展。它不仅是中国古代防御技术和建筑技艺的体现，也是中国历史和文化的象征。长城的建设体现了古代中国对国家安全和边防的重视，也反映了中华文明对和平与稳定的渴望。长城的蜿蜒起伏、坚固耐久，也代表了中国人民坚韧不拔、勤劳勇敢的精神。不仅如此，文化的记录功能还体现在各种习俗和传统中。比如，每一个节日背后都有一段历史，它们通过各种习俗和仪式传承着古人的智慧和信仰。

2. 规范功能

文化的规范功能表现为通过语言、文字、道德、法律等各种方式，指导和约束社会成员的行为，维护社会的稳定和秩序，推动社会的进步和发展。文化的规范功能不仅表现在社会生活的各个层面，也体现在社会发展的各个阶段；不仅是社会生活的基础，也是社会进步的驱动力。

一方面，语言和文字是文化规范的重要载体。语言规范了人们的交际行为，为人们在社会生活中的沟通交流提供了基础和规则。例如，每种语言都有其独特的语法规则和词汇规范，人们只有按照这些规则，才能正确有效地进行沟通。而文字规范了人们的表达和理解方式，如汉语的汉字规范、英语的拼写规则等。另一方面，道德和法律也是文化规范的重要载体。道德是一种内在的自我约束力量，它规范着人们的道德行为和道德选择，如孝顺、诚实、勇敢、公正等都是道德规范的内容。而法律是一种外在的约束力量，它通过明确的法规和惩罚措施，规范人们的行为，防止违法行为的发生。例如，刑法规定了犯罪的种类和刑罚，交通法规定了行车的规则，这些都是法律规范的内容。然而，文化规范并不是固定不变的，它会随着社会的发展和变化进行调整和改变。例如，随着环保理念的普及，很多社会行为规范发生了改变，垃圾分类、减少碳排放等新的规范应运而生。

3. 整合功能

文化的整合功能就是以文化为纽带，将社会中的各种不同元素连接在一起，形成一个有机的整体的功能。文化的整合功能在社会的各个层面均起到重要的作用，维系着社会的团结和秩序，也为个体与集体之间的关系提供了框架。

（1）习俗是文化整合的重要纽带。习俗是经历了时间考验的生活方式或行为规范，它在一定程度上代表了社会或民族的特性。比如，中国的春节，每当临近春节，无论人们身处何地，都会尽力回家团聚，一起过年，这就是一种具有强烈整合功能的习俗，它将家庭、亲友联结在一起，从更大范围看，它团结了整个民族。

（2）公共节日是文化整合的明显体现。它们一方面为各族群提供了交流、互动的机会；另一方面加强了社会成员对共享文化价值和历史传统的认同。比如，在中秋节这一天，中国人都会与家人团聚，共享月饼，观赏明亮的满月，表达对亲人和朋友的思念与祝福。这一传统节日不仅增强了个体与社群的联系，也加强了人们对中国传统文化和价值观的认同。

（3）体育活动在文化整合中起着关键作用。例如，赛龙舟是中国端午节的一项重要活动。每年端午节期间，全国不少地方都会举办龙舟赛事，吸引观众前来观看。赛龙舟，不仅展示了中国传统文化的魅力，也加强了人们对中国传统文化的归属感和认同感。而国际足联世界杯等国际体育赛事则让全球观众在共享比赛的同时，感受到文化的交流与融合。

（4）传媒的发展加强了文化的整合功能。比如，电视、互联网等现代传媒的广泛应用，使得信息传播的速度和范围得到极大提升和扩大，不同地区和民族的文化得以交流和融合，进一步增强了文化的整合性。然而，文化整合并非不同文化的简单相加，而也应该尊重文化的多样性，注意保护各民族和地区的特色文化，使文化多样性与文化整合并存，以实现真正的和谐发展。

4.教育功能

文化在人类社会发展中扮演着重要角色，特别是其教育功能，对人的思维、价值观和行为具有深远影响。文化不仅是知识的载体，而且通过其深厚的底蕴，培育了人们的个性和才能，进而推动了社会的进步与发展。

（1）文化塑造人格。比如，儒家思想提倡的"仁""义""礼""智""信"五常之道，对个人道德品质的提升具有指引作用，并构建了中国社会的道德和伦理基础，还逐渐影响到全球的众多国家和地区。"仁"代表了儒家文化对人道主义和爱心的崇尚。它强调人与人之间的和谐相处，倡导"人人为我，我为人人"的集体主义精神。这种精神使得人们更加珍视团结互助，对他人充满关爱和同情。"义"代表了公正和正义。在儒家文化中，每个人都应当履行自己的责任和义务，同时，也要尊重他人的权益，从而维护社会秩序。"礼"象征着对规则、尊重和文明的追求。它要求人们尊重他人，遵守社会规则，用礼貌和尊重对待一切事物，包括对自然环境的尊重，这使得社会秩序更为和谐。"智"代表着智慧和理智。儒家文化强调通过学习和思考，来增长个人智慧，并要求人们理智地看待和处理事物，从而引导社会向更加理性的方向发展。"信"代表诚实、信誉和信任。儒家文化认为，人际关系的维系需要以诚实为基础，这种诚实既包括对自己的真实，也包括对他人的诚实，以建立和维护信任。

儒家的五常之道弘扬了人类的美好品质，塑造了人类的高尚人格，对世世代代的中国人产生了深远影响。儒家文化倡导的和谐、谦逊、尊敬、爱人等价值观，不仅塑造了东方社会的特色，也在全球范围内产生了重要影响，成为全世界人们追求理想人格的重要指引。这种从文化中汲取智慧，以塑造和提升个人品质的过程，正是文化育人功能的具体表现。

（2）文化丰富人的精神世界。举例来说，艺术作为文化的重要组成部分，不仅有助于培养人们的审美观念，还能显著提升人们的创造力和想象力。从古至今，人们通过接触和学习音乐、绘画、舞蹈等各种艺术形式，不断丰富和提升自己的艺术修养和创新能力。以音乐为例，一首优美的旋律能启迪人们的思考，一篇深情的歌词能引发人们的共鸣。同时，学习音乐也可以培养人们的耐心和专注力，这些都是在生活中会用到的重要品质。音乐还可以引导人们走出固有的思维模式，鼓励人们探索新的表达方式和创新思考。

又如绘画，它不仅可以培养人们的观察力和想象力，还可以促使人们学会在细节中发现美，欣赏生活中的小事。除此之外，绘画还能帮助人们表达自我，抒发内心的情感，使人们更加了解自我，提升自我认知的能力。再如舞蹈，舞蹈是一种结合了肢体和音乐的艺术形式。它能帮助人们增强协调性，提升身体的灵活度；还能培养人们的表演能力和自信心。通过学习和欣赏这些艺术形式，人们的感知能力和想象力均能得到提升，思维更加开阔和活跃，进而使生活质量得到提升。

（3）文化推动人类社会的进步，火的发现和利用就是一个极好的例证。旧石器时代的人们发现了火，并学会了如何控制它，从而使用它。火不仅可以照明，帮助人们在夜晚进行活动，而且可以用来取暖，抵御严寒。最重要的是，火使人类开始了烹饪，而烹饪让食物更容易消化，并提升食物的口感。

火的发现不仅极大地改变了人类的生活方式，使人类的生活更为安全和便捷，而且开启了人类文明的新篇章。在火的帮助下，人类开始学习铸铁、烧陶，从而使得工具更为精良，生产力得到进一步提高。随着时间的推移，人们逐渐利用火进行冶炼，发明了各种各样的工艺，从而推动了人类社会的进步。

5.反向功能

反向功能是一种不容忽视的文化功能。就像社会不会总是在整合状态下一样，文化同样有反向的影响。这种反向影响有时会导致社会规范被打破，因为不同的个体和群体会以不同的方式解读和应对社会文化环境。以网络文化为例，网络文化作为一种新兴的文化形态，既为社会的整合提供了新的可能，同时带来了一些反向影响。网络提供了一个开放的平台，人们能够在该平台自由地分享信息、交流观点和表达自我。然而，网络中存在的虚假信息、造谣诽谤、侵犯隐私等问题，在一定程度上扰乱了社会的正常秩序，甚至可能引发社会冲突。

例如，某些人利用网络进行欺诈，通过编造虚假信息，骗取他人的财物，这显然是违反法律规定和道德规范的。这种现象可以视作文化反向功能的具体体现。尽管大部分人都会遵守法律规定和道德规范，但总有一些人会选择非法或者非道德的手段来达成自己的目的。这样的行为无疑会对社会的稳定与和谐构成威胁。针对这种情况，人们更应当认识到文化反向功能的存在，并在社会活动中加强对文化正向功能的弘扬和倡导。例如，有关部门可以通过加强网络素养教育，增强公众对网络虚假信息的辨别能力，防止公众上当受骗，损失个人财产，从而确保社会的稳定与和谐。

二、跨文化传播的定义与功能

（一）跨文化传播的定义

跨文化传播是一门相对年轻的学科，20世纪50年代，美国人类学家爱德华·霍尔（Edward Hall）在《无声的语言》一书中首次提出这一概念，即"intercultural communication"。[①] 但因研究背景、侧重点的不同，

---

① [美]爱德华·霍尔.无声的语言[M].侯勇，译.北京：中国对外翻译出版公司，1995：155.

人们对这一概念形成了不同的理解。

（1）从学科背景的角度来看，在传播学中，诸如跨文化传播这样的表述是比较常见的，因为这一学科主要关注信息是如何在不同的文化环境中传递，包括信息传播的方式、路径以及效果等。而对于拥有外语教学或外国语言学背景的学者而言，跨文化交际更为贴近他们的研究领域。他们更关心在语言学习过程中，如何培养学习者的跨文化意识和交际能力，以实现更有效的跨文化人际交往，至于跨文化交流这一表述，则常见于与政治外交或国际关系相关的学科中。研究者通常更关注不同文化背景下的人际交流、国际交流及其对国际政治产生的影响。

（2）无论表述形式如何变化，跨文化传播研究的实质都在于深化对不同文化以及处于不同文化中的人的交流与互动活动的理解。孙英春在《跨文化传播学导论》中对跨文化传播的定义，深入刻画了这一点。他认为，跨文化传播不仅包括各种类型的信息传播活动和人际交往活动，还包括全世界范围内文化要素的传输、共享、融合、渗透等。[①]

具体来说，孙英春的定义从两个维度描绘了跨文化传播的内容。第一个维度关注的是日常生活中的互动，涉及不同文化背景的人的交流和互动。例如，一名来自中国的留学生去美国学习，他在新环境中可能会面临各种文化上的挑战。在美国，与他的同伴、教师、房东等进行交流，都需要理解并适应西方文化的交际习惯。同样，他处理矛盾的方式也需要调整。在中国，人们更倾向于避免直接冲突，表达方式更委婉、含蓄。而在美国，开放、坦诚的沟通方式往往更受欢迎。因此，留学生需要学习如何直接地表达自己的观点。这种日常生活中的跨文化交流是一种实时、持续的过程，需要个体不断学习、调整，并在实践中增强跨文化交际能力。

第二个维度关注的是人类文化交往中的跨文化传播。在经济全球化背景下，不同的文化通过不断的相互碰撞、交融，形成新的文化。举例

[①] 孙英春. 跨文化传播学导论 [M]. 北京：北京大学出版社，2008：134.

来说，中国功夫的传播是一个典型的跨文化传播的例子。中国武术常被称为功夫，起源于中国的古代，并在中国的历史和文化中占据着重要地位。自20世纪下半叶以来，中国功夫在全球范围内得到广泛传播和认可。其中一个显著的例子是电影对中国功夫的传播。特别是20世纪70年代的功夫片热潮，李小龙参演的一系列影片在全球范围内取得了巨大成功。这些电影展示了中国功夫的独特风格和技巧，使得全球观众对中国武术有了更加直观的认识。随着时间的推移，越来越多的外国武术爱好者开始学习中国武术。在一些国家，中国武术已经成为一种流行的运动和休闲活动。同时，中国武术学校和太极班也在全球范围内广泛开展，中国功夫的元素也开始出现在其他国家的电影、电视剧等文化产品中。

在这个过程中，中国文化的全球影响力也得以提升。中国武术中的元素，对全球观众产生了影响，他们对中国文化有了更深入的理解。同时，国外一些文化元素反过来影响了中国武术的发展和传播，形成了一种文化交流和融合的现象。因此，跨文化传播是一种双向、互动的过程，有利于促进全球各地文化的发展。

（二）跨文化传播的功能

跨文化传播的功能突出体现在以下三个方面，如图1-2所示。

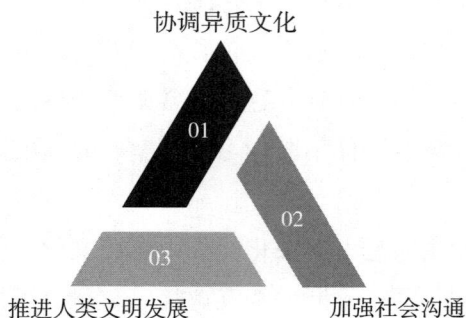

图 1-2　跨文化传播的功能

1.协调异质文化

文化，作为社会的精神纽带，不仅影响人们的思维方式和行为模式，也影响社会的结构和运行机制。在此基础上，跨文化传播有利于促进异质文化的整合和协调。在整合和协调的过程中，跨文化传播形成了一套人们普遍接受并遵守的社会规范，从而推动着人的社会化。在更深层次上，跨文化传播是个体对异质文化的传承和发展。跨文化传播作为一种信息和观念的传递，携带着各种异质文化的文明规则和社会观念，对人们的价值观、社会心态等方面的发展产生了深远影响。

（1）跨文化传播能够改变人们的价值观。价值观会影响人们对世界的理解和行为选择，不同的文化有着不同的价值观，通过跨文化传播，人们可以接触与自己文化背景不同的价值观，从而开阔视野，提高思考的深度。在这个过程中，人们可能会改变原有的价值观，接纳新的价值观，或者对原有的价值观有更深入的理解和反思。

（2）跨文化传播能够改变人们的社会心态。社会心态是人们对社会现状和未来发展的态度和预期。跨文化传播可以通过传播不同的社会观念，帮助人们理解和接受社会的多样性和复杂性，从而使人们的社会心态更加开放和包容。

2.加强社会沟通

跨文化传播为来自不同文化背景的人创造了更多进行语言和思想上沟通交流的机会。人既有自然属性，也有社会属性，而所有的文化信息都是为了满足人与人之间的沟通交流。不同社会文化的交流实际上是跨文化传播的一部分。如果没有跨文化传播，那么有交流意愿的、来自不同文化背景的人就无法找到实现交流的中介，交流就不可能实现。因此，跨文化传播在促进社会沟通方面的作用是毋庸置疑的。

在经济全球化背景下，跨文化传播的重要性变得越来越显著。比如，来自中国的小张即将前往美国的一所大学学习。在踏上异国他乡之前，他可能通过网络、电影、音乐等媒介了解美国的生活方式和社会规范等。

在这个过程中，小张通过跨文化传播的方式，对美国文化有了初步了解，减轻了语言和文化差异带来的困扰。又如，非政府间国际组织的工作。联合国教科文组织致力于保护和促进全球的文化多样性，通过举办各种活动，促使不同文化背景的人有机会了解和欣赏其他文化。在这个过程中，跨文化传播作为一种中介，起着促进不同文化之间交流的作用。

在商业领域，跨文化传播的重要性也不言而喻。例如，一家跨国公司要在新的市场推广产品，需要了解当地的消费者需求和文化背景，该公司可以通过市场调研、访谈等方式获取这些信息。该公司还需要将这些信息转化为营销策略。在这个过程中，跨文化传播起到了重要作用，即帮助该公司理解并适应新的市场环境。

3. 推进人类文明发展

经济全球化进程使得人类社会变得越来越多元化，而文化的多元化导致人类文明的发展呈现出明显的不均衡性。这种不均衡性不仅体现在经济发展水平上，更体现在文化发展水平上。有些地区因为地理、历史、社会等因素的影响，文化发展相对落后；有些地区因为资源丰富、科技发达，文化发展相对领先。这种不均衡性，无疑在一定程度上阻碍了人类文明的全面发展。

一个典型的例子是科技发达国家和科技发展水平较为落后的国家之间的数字鸿沟。在科技发达的国家，人们可以轻易获取和使用互联网、智能手机等高科技产品，这些产品的广泛普及促进了文化的创新和传播，人们可以在瞬间分享和接收来自世界各地的信息。然而，在科技发展水平较为落后的国家，由于基础设施不完善、经济条件欠佳以及教育水平较低，互联网接入率低，智能设备的普及率也较低，阻碍了人们获取和使用高科技产品，同时限制了他们提高吸收新文化的能力。因此，这些国家的文化发展速度相比科技发达国家显得较慢。

又如，经济全球化进程中的文化同化现象。在经济全球化的大潮中，西方文化，特别是美国文化，通过电影、音乐等媒介向全世界传播，其文化影响力进一步增大。在很多地方，尤其是发展中国家，由于接触到的外来文化主要是西方文化，本土文化逐渐被稀释甚至取代，这种文化丧失对地区文化多元性和人类文明的发展都有消极影响。

跨文化传播的目标是通过传播异质文化，消除文化发展上的差距，使人类文明的发展趋于均衡。方法是尝试建立一个平台，在这个平台上不同文化可以无障碍传播，从而有利于帮助文化落后地区接触和获取先进文化，启发其文化发展思路。同时有利于文化发达地区了解其他文化的智慧，为自身文化的发展带来新的灵感。

同时，跨文化传播也是一个文化交融的过程。各种文化通过传播，可以相互影响、相互融合，从而打破不同文化之间的隔阂，消除不同文化之间的偏见，进而实现各种文化共存。这种文化发展，不仅有利于保护和传承人类文化的多样性，也有利于推动人类文明的全面发展。因此，跨文化传播不仅是一个信息传递的过程，更是一个文化发展的过程，它有力地推动了人类文明的均衡发展。

三、跨文化传播研究的发展

跨文化传播作为一门学科，其发展历程相对较短。20 世纪 50 年代，跨文化传播研究被视为应用人类学的一部分。直到 20 世纪 70 年代，跨文化传播研究才从应用人类学中分离出来，成为传播学的一个重要分支。此时的研究主要依赖社会学和心理学对人际传播行为的理解，没有深入探讨信息在社会互动层面的影响。随着时间的推移，到了 20 世纪 90 年代，跨文化传播研究开始与许多边缘学科交叉，内容不断丰富，涵盖经济、社会、文化等多个领域。虽然研究成果显著，但也存在一些明显的不足之处：首先，一些研究仍然集中在由文化差异引起的传播障碍上，而并未深入不同文化背景人群之间真实、自然的互动，限制了研究的积极性和有效性；其次，大部分跨文化传播研究仍然立足西方文化视角，缺乏东方文化视角的理论体系，导致理论的实践性不强。

具体来说，一种文化的传播不仅受到文化差异的影响，而且不同文化背景的人之间的互动方式、交流模式及认知方式等都会对传播产生影响。因此，研究的重点不应仅仅关注文化差异带来的障碍，而且应更多地关注如何通过真实、自然的互动，提高跨文化传播的效果。再者，虽然西方的理论对跨文化传播的理解有一定价值，但东方文化视角也应被充分重视。因为在某些情况下，东方文化视角可以提供更贴近实际、更具针对性的理解和方法。当前，国内尚未建立起一个系统的、以自身文化为基础的跨文化传播研究体系，这无疑限制了理论的实践性和广泛性。

基于以上内容，笔者认为，我国的跨文化传播研究应实现以下两个转变：第一，将研究重心从被动的文化适应转移到主动的文化传播上来；第二，将跨文化传播研究的西方文化视角转移到东方文化视角上来，从构筑跨文化传播的文化身份入手，大力倡导发挥文化主动性的传播。

关于第一个转变，这是一个对跨文化传播研究方法的重要改变。过去的研究重点多集中在如何理解和应对文化差异带来的障碍、如何适应新的文化环境以及如何避免在交流中出现"误传"等问题上。这些研究都是基于被动的文化适应模式进行的，目的主要是使个体更好地适应新的文化环境。然而，这种研究方法忽视了文化传播的主动性。在实际的跨文化交流中，个体并不仅仅是被动地适应新的文化环境，同时他们也在主动地传播自己的文化。因此，研究的重心应该从被动的文化适应转移到主动的文化传播上来。这意味着需要研究如何主动地传播文化、如何协调合作以及如何构建文化传播的意义。例如，对一名外籍员工来说，他不仅需要适应新的工作环境和文化，同时需要通过自己的行为和交流，向周围人传播自己的文化。这既包括如何与他人有效地沟通和协作，也包括如何让他人理解和接受自己国家的文化。在这个过程中，他不仅是文化传播的接受者，也是文化传播的发起者。

关于第二个转变，这是一个对跨文化传播研究视角的重要转变。过去的研究多以西方的文化视角为基础，这无疑限制了研究的广度和深度。而将研究视角转移到东方文化上，既可以提供新的研究视角，也可以提供新的研究方法。这种转变的重要性体现在两个方面：一方面，由于文化的多元性，不同的文化有着不同的价值观、思维方式和行为规范，所以，从东方文化视角出发进行研究，可以提供更加全面和深入的理解；另一方面，通过构筑跨文化传播的文化身份，可以更好地发挥文化的主动性，推动文化的交流和传播。以中国为例，中国有着多元的文化价值观，如和谐、谦逊、互动等。这些文化价值观不仅在中国社会具有重要影响，也在全球范围内产生了重要影响。因此，以中国文化为视角进行跨文化传播研究，既可以帮助国外民众更好地理解中国的文化，也可以帮助他们更好地理解和应对文化差异，从而推动中西方文化的交流和传播。

第三节　中国文化传播的重要意义

一、中国文化的概念与特征

（一）中国文化的概念

1."中国"相关概念

中国，这个十分熟悉并让华夏子孙引以为豪的名称，在历史长河中经历了诸多变迁和发展。研究这一名称的历史变化，可以帮助人们更深入地理解中华文明的发展脉络以及中国自身的地位和形象。

据史书记载，"中国"这一称谓最初出现在距今约三千年的西周时期。那时，人们认为自己所居住的地方位于四方之中，于是用"中国"或"中央之邦"来形容自己的国家。这种地理观念的产生，可视为古代人们对自我定位的初步认知。此时，"中国"一词并不是一个专有名词，而是一个形容词，它有多重含义，既可以指帝王所在的首都，又可以指天子直接统治的王国，亦可以指中原地区或者华夏族、汉族居住的地区。古代的人们并没有将"中国"作为正式国名，这一点与现代人对"中国"这一名称的理解有显著的区别。

秦朝及之后，"中国"一词的含义开始发生变化，用来表示由汉族或其他少数民族建立起来的中原王朝。这种变化反映出当时社会对"中国"概念的广泛接纳和认同。然而，这一时期关于"中国"的含义也出现了一些争议。比如，在南北朝时期，北朝自称"中国"，却把南朝称作"岛夷"；辽与北宋、金与南宋都自称"中国"，而不承认对方是"中国"。这些例子显示出，"中国"一词的概念在古代充满了复杂性和多样性。

直到近代的辛亥革命后，"中国"才作为"中华民国"的简称正式出现。这是历史上"中国"第一次作为正式的国家名称，标志着"中国"这一词的概念的现代化转变。中华人民共和国成立后，"中国"也被采用为"中华人民共和国"的简称。这一点，无疑是对"中国"一词概念更深层次的确立和认可。

如今所称的"中国"指的就是中华人民共和国，这是全世界唯一的、真正意义上的中国。回顾"中国"一词的含义的历史变化，不仅可以看到它是如何从一个地理概念发展为一个国家名称的，也可以反映出中国历史和文化的发展轨迹。这是人们深入理解和认识中国历史文化的重要窗口，也是人们理解自身国家身份和定位的重要参考。

2.中国文化相关概念

在了解了"中国"的相关概念之后，再来讨论"中国文化"的相关概念。目前学术研究领域与"中国文化"含义相近的概念或术语有"中华文化""华夏文化""中华文明"等。例如，学者李建中在《中国文化概论》一书中将"中国文化"定义为，中华民族在古老华夏大地上创造出来的具有恒久生命力的文化。[①] 李新会等认为，华夏文化是华夏诸族在夏、

---

① 李建中.中国文化概论[M].武汉：武汉大学出版社，2005：4-7.

商、周时期形成的中国传统文化的主体文化，对后世文化的发展产生了广泛且深远的历史影响。[1] 学者张岱年指出，中国文化，即中华民族文化。中华民族是由许多少数民族（或种族）共同构成的一个整体。在长期的发展过程中，各族的文化相互交融，共同构成丰富灿烂的中华民族文化。从世界范围来看，中国文化是一个独立发展的体系，有一个连续不断的发展过程，在这一发展过程中，中国文化虽常吸收外来文化的长处，但始终保持着自己的独立性，因而成为世界上一种独特的文化类型，并对世界文化做出巨大贡献。[2]

根据以上学者的观点，"中国文化"是一个内涵广泛且影响深远的概念，涵盖了中华民族在其悠久历史中创造和发展的各种文化形式和实践，反映了中国人的思维方式、价值观、社会行为以及他们在面对生活挑战时的策略和解决方案。所谓"中国文化"的内涵，是指中华民族在其漫长历史中创造、积累和传播的丰富的文化遗产。这些文化遗产是多元且具有连续性的，既包括物质文化，如建筑、饮食、服饰、语言等；也包括非物质文化，如信仰、道德、礼仪、习俗、技艺和技法等，如儒家的五常之道、道家的无为而治、佛教的因果报应、法家的严格法制等思想，都深深地影响了中华民族的行为方式和思维方式。这些思想不仅塑造了中国社会的道德框架，也影响了中国人的生活方式和世界观。在当代社会，中国文化还体现在中国的基本国情和实践中，包括中国的政治体系、经济体制、教育制度、社会组织、家庭关系等。这些既是中国文化的现代表现，也是中国文化传承和发展的重要环境。

（二）中国文化的特征

与西方文化相比，中国文化具备以下特征，如图 1-3 所示。

---

[1] 李新会，宫红梅，周建 . 灿烂的文化 [M]. 北京：经济日报出版社，1997：97.
[2] 张岱年 . 论中国文化的基本精神 [C].// 中国文化研究集刊编辑部 . 中国文化研究集刊：第 1 辑 . 上海：复旦大学出版社，1984：51-52.

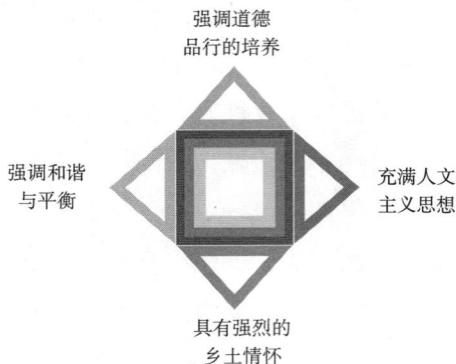

图 1-3　中国文化的特征

1.强调道德品行的培养

中国文化不仅强调智力或技能的提升，更强调道德品行的提升。在中国文化中，道德品行高尚是人们精神追求的最高目标。这种追求体现在各个方面，包括家庭教育、社会礼仪、政治伦理等。比如，儒家文化强调的是礼、义、廉、耻、孝、悌、忠、信等道德品质，而不是财富、地位或权力。这是中国文化与西方文化的一个显著差别，后者更强调个人的权利和自由，以及通过知识和技术实现个人和社会的进步。

2.充满人文主义思想

中国文化强调的是人文主义，而不是神学或宗教。尽管在历史上，佛教、道教和儒教都在某种程度上影响了中国的文化和社会，但是与西方相比，中国文化中的宗教元素并不强烈。在中国，人们更多的是以社会伦理和道德规范为生活的准则，而不是遵循某个神的教导。这种人文主义精神，使得中国文化更注重人与人之间的关系以及个人与社会的责任。

3.具有强烈的乡土情怀

中国文化具有强烈的乡土情结，这与中国的农业社会背景密切相关。在农业社会中，人们深深依赖土地，对土地有着深厚的情感。这种情感在中国文化中表现为对家乡、故土的深深眷恋。无论是古代诗词中的怀乡情结，还是现代文学中的寻根情结，都体现了中国文化中的乡土情怀。

这种乡土情怀也体现在中国人的生活方式和价值观上，如重视家庭和亲情，尊重自然的生活节奏。

4.强调和谐与平衡

中国文化强调的是和谐与平衡，而不是分离和对抗。这一点在中国的哲学思想中表现得尤为明显，如儒家强调的"和而不同"，道家强调的"无为而治"，都反映了中国文化对和谐与平衡的追求。中国人倾向于在各种对立的观念和现象口寻找平衡，而不是强调区别和竞争。这种对和谐与平衡的追求，也体现在中国的社会组织、政治理念，甚至日常生活中。

二、中国文化传播的意义分析

（一）对中华民族的发展意义重大

中国文化的传播对弘扬民族精神、增强民族自信及促进社会主义精神文明建设等均具有重大意义。

1.有利于弘扬民族精神、增强民族自信

民族精神是一个民族赖以生存和发展的重要支撑，中国文化以其深厚的历史积淀，衍生出了丰富的民族精神特质，这些精神特质是中华民族积淀下来的独特品质，对塑造民族认同感、增强民族凝聚力起到了关键作用。然而，随着当前文化交流与碰撞的日益频繁，这些传统的民族精神也面临挑战。这就需要开展中国文化的海外传播，让更多的人了解中国文化，感受中国民族精神的魅力。比如，通过孔子学院等平台，对中国的历史、文化等进行全面系统的讲解和传播，使全球各地的人都能接触和了解中国文化，感受中华民族精神的独特之处。

当前，低俗文化、商业文化等对中国传统文化产生了冲击，这就需要在文化传播过程中，坚定中国文化的理想信念，反映中国文化的时代精神和人文价值，引导全球公众形成对中国文化的正确认识。例如，我国可以通过参与海外的电影节、文化节、艺术展览等，传播中国传统文化，突出其深厚的历史底蕴和独特的审美价值，让全球公众更深入地理解中国文化，增强中国文化的影响力和公信力。

在增强民族自信方面，中国文化的海外传播过程，实际上也是激发和培育中华民族自信的过程。在中国文化被更多的海外公众认知、理解和欣赏的过程中，中国人可以感受到自己国家文化的价值和影响力，从而增强文化自信。比如，中国人看到京剧、书画、陶瓷等在国际舞台上获得广泛认可和赞誉时，就会对自己国家的文化更有自信，进而更有动力去传播和弘扬。

从另一个角度来分析，进行中国文化海外传播的原因还在于有文化底蕴的民族才能在世界竞争中立足。中国文化历经几千年的沉淀，形成了独特的文化底蕴，包括丰富的思想理论和实践知识。将中国文化传播到海外，不仅有助于提升中国在国际舞台的影响力，而且有助于推动文化多元化发展。例如，中国的农业科技、中医药学、哲学思想等，都是中国文化的重要组成部分，也是全人类文明宝库的重要组成部分，中国文化的传播者可以通过国际会议、学术交流、公开课等途径，将这些知识传播到海外，进而推动全球科技和文化的进步。

2. 有利于社会主义精神文明建设

（1）有利于弘扬社会主义核心价值观。传播中国文化对弘扬社会主义核心价值观具有重要意义，因为中国文化的核心观念与社会主义的基本理念具有深度的共通性。

中国文化中的集体主义精神是社会主义文明的重要组成部分。中国文化对集体重要性的强调，可以追溯到儒家思想中的"仁""义"理念。中国人看重家庭、亲情、友情和邻里关系，倡导集体利益高于个人利益。这种集体主义精神与社会主义强调的公有制、公平、公正的理念有很深的共通性。比如，西汉戴圣的《礼记·礼运》中写道："大道之行也，天下为公。"其中，"天下为公"的"公"字，按照东汉经学家郑玄的解释，即"共"的意思。因此，"天下为公"，即天下是所有人共有的天下。这体现了中国古人追求公三、平等与和谐的思想理念。

中国文化中的"以人为本"理念也与社会主义核心价值观紧密相关。在中国的哲学和文化传统中，人是社会和自然的中心。例如，儒家强调"仁者爱人""与人为善""爱人者，人恒爱之"，这种人文关怀思想与社会主义强调的以人民为中心、实现人的全面发展的价值观有很深的共通性。

因此，通过中国文化的海外传播，不仅可以让世界了解中国的历史和文化，更能以此为载体，向世界传递社会主义核心价值观，从而既可以提升我国在全球的影响力，也可以为构建全球命运共同体提供强有力的思想指引。

（2）有利于构建社会主义和谐社会。中国文化中的和谐观是与构建社会主义和谐社会的思想深度相吻合的。这主要体现在两个方面：一方面是社会和谐；另一方百是人与自然的和谐。

在社会和谐方面，中国传统文化主张"和而不同"，强调不同文化、不同观点和不同的生活方式可以和平共处，共同发展。这种价值观与社会主义追求的公正、平等、自由和人的全面发展是完全一致的。例如，孔子提倡的"己所不欲，勿施于人"现被看作是处理人际关系的黄金法则，它既是社会和谐的基础，也是追求公平、公正的表现。同时，中国传统文化强调社区与个人的相互关系，认为社区的和谐依赖每个成员的贡献，这与社会主义集体主义精神高度一致。

在人与自然的和谐方面，中国文化提倡"天人合一"，认为人应该尊重自然、顺应自然、保护自然。这与当代中国倡导的人与自然的和谐发展，以及对环境保护的重视是一致的。中国的道家思想强调人与自然的和谐共处，主张人应该学会适应自然，而不是对自然进行无度的开发和破坏。这种对环境的尊重和保护理念，与当代中国倡导的对环境保护的重视相一致。

3.有助于发展社会三义市场经济

中国传统文化在社会主义经济发展中的独特作用突出表现在其与市

场经济的紧密结合、并肩前进，从而推动市场经济顺畅运行和完备发展上。社会主义市场经济并不仅仅是一个简单的市场经济体系，更是在中国文化引导下运行的市场经济。具体分析，将中国传统文化应用于市场经济，能充分发挥传统文化的作用，同时实现对传统文化的创新，这无疑为社会主义市场经济的健康、有序运行提供了强大的推动力。

市场经济被视为一种信誉经济，必须在公正、合理、平等原则的基础上运行。中国传统文化中的"勤劳、仁爱、廉洁、公正、智慧、诚信、节俭、勇敢、恭敬"等优良品德，构成了引导市场经济活动的行为准则。因此，人们只有具备良好的工作态度、勇敢面对困难、坚守信用、尊重他人、节约使用资源，才能在经济活动中取得成功。

由此可见，中国文化中的品德文化，对市场经济主体具有积极的引导作用，为市场经济活动创造了良好的氛围，并成为构建社会主义市场经济的文化基础。对传统文化价值观的理解和认识，是现代人树立价值观的重要基础。因此，政府应鼓励和引导社会公众深入理解和应用传统文化价值观，以促进社会主义市场经济的健康发展。

（二）对人类文明的发展意义重大

中国文化作为世界多元文化中的重要组成部分，对人类文明的发展具有重要促进意义，如图 1-4 所示。

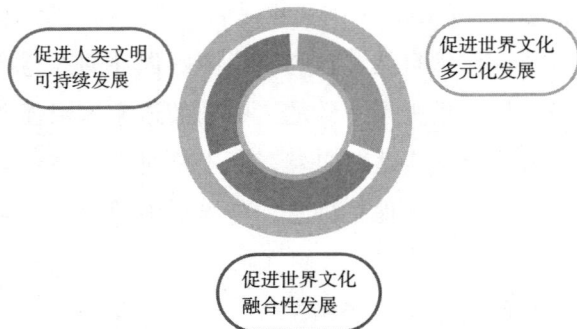

图 1-4　中国文化对人类文明发展的重要促进意义

1.促进世界文化多元化发展

中国文化，作为人类文明的重要组成部分，具有深厚的历史底蕴和丰富的文化内涵，其传播可以对世界文化多元化发展起到关键的推动作用。中国文化包含的伦理道德观、艺术审美观、科学认知观等，对丰富全球文化多样性、提供新的文化研究视角，具有重要意义。

（1）中国文化包含的儒、道、佛三大思想体系，提供了对生命、宇宙和自然的深邃理解，以及人类对生命和宇宙的全新理解方式，从而丰富了全球文化的多元性。儒家文化强调仁爱、孝道、人和，道家文化倡导天人合一、无为而治，佛家文化强调四大皆空、解脱苦海。这些理念既为人类提供了一种对世界的全新解读方式，也为人类提供了新的生活和思考方式。

（2）在艺术领域，中国文化的影响力更是深远。无论是在音乐、舞蹈、戏剧领域，还是在美术、书法、建筑领域，中国文化都有着深厚的艺术积累。例如，中国传统音乐以其独特的旋律和和谐的音色，为世界音乐提供了新的创作灵感；中国传统舞蹈以其富有表现力的肢体语言，向世界展示了中华民族的艺术才华；中国传统戏剧则以其丰富的表演形式和深厚的文化内涵，向世界传达了中华民族的智慧和创新精神。这些艺术形式和表现手法，为世界文化的多元化发展提供了丰富的素材和灵感。

（3）中国文化的传统道德观念，如孝顺、仁爱、忠诚、节俭等，是中国文化的核心价值观，对提升世界文化的道德层次、塑造全球公民的公共精神有着重要的作用。孝顺，作为中国传统文化的重要价值观，是维系中国家庭和社会的重要纽带；仁爱，倡导人们心怀仁慈，对人以爱，这是构建和谐社会的基础；忠诚，倡导人们对国家、对社会、对工作要忠诚，这是社会秩序和谐稳定的保证；节俭，倡导人们珍惜资源，厉行节约，目的是保护环境、实现可持续发展。

中国文化的传播能促进世界文化的多元化发展的另外一个原因是，中国文化支持世界各国、各民族文化的多样化发展。中国文化提倡文发展的多元化，认为各个民族的文化都是特定时期、特定环境下的产物，虽然其特点、内容和形式有所不同，但其在世界文明中的地位是平等的，没有高低贵贱之分。中国文化这种尊重其他文化，愿意与其他文化开展交流、互动的友好理念得到了世界其他国家和民族的认可，既有利于世界文化的和谐发展，更有利于世界各国、各地区的和平相处。

2. 促进世界文化融合性发展

中国文化的传播对促进世界文化的融合性发展具有重要意义。融合性发展强调文化间的交流、互鉴、互补和共享。随着经济全球化进程的加快，世界各地的文化在交流互动中相互影响，实现了各取所长，共同发展。中国文化强调"和而不同"，倡导对文化差异的尊重和文化多样性的保护，这为世界文化的融合提供了思想基础。中国文化的包容性和兼容性，使其能够与各种文化接轨，取长补短，实现互利共赢。同时，中国文化中的人文关怀、和谐共生、公平正义等理念，也对世界文化融合性发展提供了重要启示。

中国的集体主义思想和西方的个人主义思想被视为全球文化中两个重要的、不同的维度。中国的集体主义思想强调集体的利益大于个体的利益，倡导互助和合作，鼓励人们在决策时首先考虑集体的利益，以及个人行为对集体的影响。例如，在中国人的观念中，个人通常会考虑自己的行为对家庭和社会的影响，而非仅仅从个人的角度出发。与之相对，西方的个人主义思想强调个人权利和自由，认为个人的价值和权利不应被集体的利益侵犯，鼓励个性发展。例如，西方社会通常鼓励个体追求个人兴趣和发展，而非首要满足集体的期望。

中国文化在全球的传播过程中，并没有排斥或抵制这种与其相反的观念，反而在促进二者的互动与融合，强调在维护集体利益的同时，尊重和保护个人权利，实现集体主义和个人主义之间的平衡。例如，中国在经济改革中提倡市场竞争和个体创新，尊重个体的发展需求和权利。同时，社会政策也强调公平和公正，以保护弱势群体的权益。这种平衡的实现，说明中国文化和西方文化可以共存和互动，而不是互相排斥，同时鼓励了更广泛的文化交流和理解，促进了世界文化的融合发展。中国文化的传播将这种融合的可能性带给了全球，提醒人们在看待文化差异时，不应以一种对立的角度来看，而是从中寻找共享和互补的可能性。

3. 促进人类文明可持续发展

中国文化传播对促进人类文明的可持续发展同样具有深远意义。在经济全球化的大背景下，人类社会面临更多挑战，如生态危机、资源短缺、社会不公等。中国文化中的天人合一观念以及重视人与自然和谐共处的智慧，为应对这些挑战提供了宝贵的思想资源，为推动全球生态文明建设、实现可持续发展提供了理论支持。中国文化也强调社会公正、人人平等的原则，这对推动全球社会公正、消除贫困和不平等，也有着积极的作用。总的来说，中国文化的传播为推动人类文明的可持续发展提供了独特的文化资源和智慧支持。

站在人类历史发展的角度来说，东西方文化应该是相辅相成、相互依存的；站在世界文化发展的角度来说，世界文化是一个整体，这一整体既包括科学文化，也包括人文文化。在全球文化大发展的背景下，科学文化和人文文化被视为相互补充和依存的重要部分。其中，科学文化在不断发展并取得了显著的成就，而人文文化则需要进一步提高，尤其是在处理人与人、民族与民族以及国家与国家之间的关系方面。

在这些方面，中国文化提供了一种独特的视角和解决方案。中国文化倡导的"以礼相待"原则，可以被应用到人与人、国家与国家之间的互动中，无论是在日常交往还是在国际外交场合。举例来说，中国的外交政策强调和平共处、互利共赢，这体现了以礼相待的原则，也为处理国际关系提供了一种积极和平的方式；不仅有助于促进人与人、国家与国家之间的和谐共处，而且有助于实现人类文明的可持续发展。

第四节　翻译在文化传播中的作用

翻译是一种跨文化交流的方式，也是人类社会向互相理解和交流的进程中迈出的第一步。无论是在东方社会还是在西方世界，翻译的历史都是一部记录人类社会跨文化交流、交往与发展的生动史册。从人类开始形成自身的语言、文化和习俗的那一刻起，各民族之间的信息传递和文化交流就依赖翻译。翻译如同一座桥梁，将不同的文化紧密连接在一起，在跨文化交流的过程中发挥着至关重要且不可或缺的作用。深入探讨翻译在文化传播中的作用，可以发现翻译不仅是简单的语言交换，更推动了思想和价值观的交流，从而促进了不同文化群体间的相互尊重和理解。

在数字化时代，翻译在文化交流中的重要性被进一步凸显。随着全球化通信和数字平台的发展，翻译有助于推动文化领域的思想交流。通过翻译，来自其他国家的文学作品、电影等可以被全球观众阅读和观看，从而促进了文化的多样性和包容性。

一、翻译促进物质文化传播

（一）物质文化的定义与内涵

物质文化是指人类为了满足生存和生活的需求而创造的物质产品中所蕴含的文化内容。这是一种外显的、容易被感知的文化要素，其形式和内容丰富多样，既包括具体的器物及其生产工艺和技术，也包括器物所体现出的人们的精神、欲望、智慧和趣味等。在日常生活中，物质文化主要表现在服饰、饮食、居住和交通等方面。例如，不同地域和民族的服装风格、饮食习惯、建筑风格和交通工具，都是其物质文化的重要组成部分。这些物质文化既具有实用性，满足了人们的生活需求，又具有象征性，表达了人们的文化认同和生活理念。

物质文化不仅是人类创造的物质财富的总和，也是文化整体演进的基础；不仅是人类在物质生活中的创新和积累，也是人类社会发展的重要载体和标志。人类历史上的每一个时期，都有其特定的物质文化，其如实地记录和反映了人类在不同历史阶段的生产力水平、生活方式和审美情趣。也就是说，物质文化并不只是单纯的物质，更是人类社会发展和历史变迁的见证。每一件物质文化产品，都蕴含着创作者的智慧和努力，都承载着某种历史信息和文化记忆。这些信息和记忆，通过物质文化的形式，被传递、保存和发扬下来，成为人类文化遗产的重要组成部分。

（二）翻译促进物质文化传播的表现

1. 促进饮食文化传播

（1）在中国饮食文化的传播过程中，翻译起到了关键的作用。例如，川菜的麻辣特点如何在英语中表达出来呢？很多译者习惯用"numbing and spicy"来形容，但它实际上并不能完全传达"麻辣"的真正含义。因此，译者需要进一步通过译文的注释或解释，向读者传达这种特殊口感的细节和背后的饮食文化。同样，包子、饺子等食物，尽管在英语中也有直译的名称，如"steamed bun"或"dumpling"，但其背后的文化含义，如春节包饺子的习俗，还是需要进一步的翻译，才能更全面地传达。

（2）翻译也在将西方饮食文化传播到中国的过程中发挥了重要作用。例如，"pizza"在汉语中常被翻译为"比萨"，但是仅凭这个名称，中国人可能无法理解这种食物的特色和制作方法。因此，需要通过详细的翻译，如"一种通常有番茄酱、奶酪和各种配料的意大利烤面包"，才能更好地帮助中国消费者理解。再比如，"brunch"被翻译为"早午餐"，但它不仅仅是一餐，更是西方周末休闲、享受生活的一种方式，因此需要在翻译过程中对其背后的文化进行解释。

2. 促进服饰文化传播

（1）中国服饰文化历史悠久，其中尤以丝绸最为瞩目。汉代的丝绸之路便是中国丝绸与其背后的服饰文化传播至中亚、西亚和欧洲地区的重要载体。而在这一传播过程中，翻译发挥了举足轻重的作用。

在中国古代，丝绸被视为身份和权力的象征。因此，译者不仅需要翻译有关丝绸的相关事实，如其制作工艺、质地等，还要解释其背后的文化含义，如为何丝绸在中国被赋予如此重要的地位。此外，丝绸的各种使用方式，如作为服装材料、装饰品，甚至是货币和礼品，都反映了中国复杂、多样的社会文化。译者需要通过准确、生动的语言，把这些复杂的信息和含义传达给外国读者。

丝绸的传播也带动了汉服等中国传统服饰文化的传播。汉服的设计、结构、色彩、纹样等都体现着中国的哲学思想、道德观念、审美情趣等。在汉服传播到国外的过程中，翻译家需要把这些细节及其背后的文化含义传达给外国读者，让他们不仅理解汉服的外在特征，更能理解其内在的文化精神。

（2）西方服饰文化的传播，尤其是至中国的传播，无疑也得益于翻译的力量。西方的服饰文化有其独特的历史和社会背景。从古罗马时期的托加长袍到近代的西装，每一种服饰都反映了其产生时期的社会风貌和历史背景。译者需要了解这些背景，才能更准确地将这些服饰的信息和含义翻译给中国读者。

翻译还将西方服饰文化独特的审美和哲学观念传播到了世界各地。例如，西装作为西方服饰文化的一个象征，其简洁、利落的设计和严谨的裁剪反映了西方的实用主义和理性主义思想。这种设计理念的背后，是西方社会对效率、精确和公正的尊重。这种尊重不仅体现在社会结构和工作环境中，也体现在日常穿着中。译者在翻译有关西装的描述时，不仅需要准确地翻译其外观特征，更需要深入理解其特征背后的文化含义。事实证明，西装的设计风格和设计理念得到了世界各地人们的认同和喜爱。

此外，西方服饰文化还展示了西方社会对自由、平等和个性的追

求，对这种追求的翻译也促进了西方服饰文化的传播和流行。例如，20
世纪 60 年代的嬉皮士运动带来的牛仔裤和 T 恤的流行，就是这种追求
的一个具体表现。这些衣物的设计简单、舒适，同时能够表达出穿着者
的个性和态度及其所代表的自由精神和反叛情绪，通过翻译广泛传播
开来。

对西方服饰品牌和设计师的翻译也推动了西方服饰文化的全球传播。
像香奈儿、迪奥、阿玛尼等品牌的成功，都离不开译者的努力。通过翻
译，他们将设计师的灵感、设计理念、作品背后的故事等传递给全球消
费者，从而推动了西方服饰文化的全球传播。

二、翻译促进精神文化传播

（一）精神文化的定义与内涵

精神文化或称非物质文化，主要包含人类社会的观念、知识、信仰、
艺术、道德、法律、习俗和其他能力和习惯，这些关乎人们对世界的感
知、理解和评价，包括人们对自然、社会和个人的解读，以及人们对权
利与义务的理解、对正确与错误的判定。这些观念和价值观的形成和发
展是一个不断适应和改变的过程。人们需要通过学习，在社会和文化环
境中形成和发展自己的精神文化。精神文化有很强的包容性，因为它可
以容纳来自不同背景和经验的人的思想和观念。

精神文化的内涵极为丰富，包括人类社会的价值体系、道德观念、
宗教信仰、科学知识、艺术创作等各个方面。它既可以体现在一部古老
的神话故事中，也可以体现在一部现代的科幻小说中；既可以体现在一
幅壮丽的油画中，也可以体现在一段动人的音乐中；既可以体现在一部
具有深度的哲学著作中，也可以体现在一段富有洞见的社会评论中。这
种文化形式的多样性和丰富性是其具有持久生命力的重要原因。

（二）翻译促进精神文化传播的表现

1. 翻译促进思想观念传播

翻译作为一种跨文化的沟通方式，在东西方思想观念的传播中发挥了至关重要的作用。无论是西方的进化论思想、人文主义理念，还是东方的天人合一、以人为本思想，都通过翻译被介绍到了对方的文化环境中。

从"西"向"东"的视角来看，西方的进化论思想和人文主义理念通过翻译的方式对中国产生了深远影响。19 世纪末，中国翻译家严复所译的《天演论》是将进化论引入中国的里程碑式的作品。其中的主要观念"物竞天择，适者生存""优胜劣汰"在当时的中国社会引起了强烈反响。《天演论》不仅将西方的科学知识引入了中国，更重要的是，通过《天演论》，严复提出了科学、理性和进步的新观念，这些思想观念为中国的资产阶级革命提供了理论依据。他倡导的"物竞天择，适者生存"的观点，实际上是对旧的社会秩序和思维方式的一种挑战。他认为社会应该不断进步，新的、更适应环境的事物应该取代旧的、不适应环境的事物，这种观念无疑给当时正处在变革中的中国社会带来了新的启示。①同样的，西方的人文主义理念，特别是对个体价值的尊重和对个体自由的追求，也通过翻译传入了中国。例如，恩格斯的《家庭、私有制和国家的起源》传入中国后，引发了中国知识分子对性别平等的深入思考，对中国早期的女权运动起到了一定的推动作用。

而从"东"向"西"的视角来看，中国的传统哲学理念通过翻译被介绍到西方。例如，道家的"天人合一""无为而治"思想被翻译成英语，对西方的环境伦理学产生了重要影响。这一思想主张人与自然和谐共处，强调人须顺应自然，而非掠夺自然，对西方的环保运动具有深远的启示意义。同时，儒家先贤孔子的"仁者爱人""己所不欲，勿施于人""克

---

① 严复. 严复文集 [M]. 北京：线装书局，2009：92-97.

己复礼"等思想也通过翻译传入西方，这大多是在中国活动的外国传教士的功劳。在清朝，意大利传教士利玛窦是向欧洲传播中国文化的杰出代表。他不仅熟练掌握汉语，而且对中国的文化和学术思想进行了深入研究，尤其对儒家学说有深刻见解。

利玛窦在中国期间与欧洲的通信是中国文化向欧洲传播的重要媒介。他在通信中对儒家的高度评价，如将孔子与古罗马哲学家塞内加并提、称"四书"为优秀的伦理文献，都让欧洲人初次认识到中国文化的深度和独特性。利玛窦指出，儒学是一种主张理性的学说，对维持社会稳定和社会和谐起到了重要作用。[①] 他将儒家流派的目标描述为追求社会的和平与秩序、家庭的经济安全和个人的道德修养，这些都体现了他对儒家思想的深刻见解。此外，利玛窦还对儒家的伦理观给予了很高评价，并将中国人的祖先崇拜视为儒家伦理观的典型体现，这对欧洲人对中国文化的理解和接纳起到了积极的推动作用。他的翻译和文化传播活动使得欧洲人有机会了解中国的传统文化，从而促进了东西方文化的交流与互鉴。

2. 翻译促进科学知识传播

中国的四大发明——造纸术、火药、印刷术和指南针，不仅对中国古代社会的发展产生了深远影响，而且通过丝绸之路等途径，借助语言翻译，成功地传播到了中亚、欧洲等地区，极大地推动了世界文明的发展。例如，火药在欧洲的传播直接打击了欧洲封建贵族的军事优势。冷兵器时代的骑士战争模式被火炮、火枪等火药武器的战争模式所替代，战争模式的这一转变减弱了封建贵族的军事地位，进而削弱了他们的社会和政治优势。又如，指南针在欧洲的传播和改良促进了欧洲大航海时代的到来。15 世纪末，哥伦布利用指南针的导航，成功发现了美洲新大陆。这一发现，不仅开启了欧洲的海洋扩张和殖民地建立，而且改变了

---

① 利玛窦，金尼阁.利玛窦中国札记 [M].何高济，王遵仲，李申，译.桂林：广西师范大学出版社，2001：23，70，465.

全世界的经济和文化格局。接下来的几个世纪，欧洲的航海家依靠指南针，成功地实现了环球航行，打通了东西方的交通线，促进了全球范围内的文化、科技和商品交流。

近代以来，随着工业革命的到来，西方科学技术在中国的传播也得到了极大推进。最初，对西方科学技术知识的翻译主要是由传教士进行的，随后，中国的一些有识之士开始加入翻译的队伍。他们将天文学、地理学、医学、数学、生物学等学科知识传入中国。后来，随着中国的开放，更多的西方科学知识传入中国，如爱因斯坦的相对论、玻尔的量子力学、费曼的物理学讲义等。同时，来自西方的管理学、经济学、社会学、心理学等社会科学理论和研究，通过翻译也被引入中国，并在中国的教育、科研和实践中得到应用。通过上述例子可以看出，无论是古代还是近代，无论是从西方到东方还是从东方到西方，翻译都在科学知识传播中起到了至关重要的作用，使得科学知识能够跨越语言和文化的壁垒，成为全人类的共同财富。

3. 翻译促进文学艺术传播

翻译作为一种跨文化的传播方式，对文学艺术的全球传播起到了关键作用。从古希腊悲剧、莎士比亚戏剧到列夫·托尔斯泰和弗兰兹·卡夫卡的小说，这些作品的影响力和价值在很大程度上得益于翻译。具体分析，翻译可以使优秀的文学艺术作品跨越语言的壁垒，被不同文化背景的读者接触、理解和欣赏。这样的传播不仅让全球读者得以体验各地独特的文化景观，也使得文学艺术的多元性和丰富性得到全球范围的认可和传承。在这个过程中，译者发挥了重要作用，他们通过对作品的准确理解和巧妙再现，搭建起了文化和语言之间的桥梁。

例如，当弗兰兹·卡夫卡的《城堡》被翻译成汉语时，中国读者可以通过译文了解欧洲的封建社会和人性的本质。相应地，当鲁迅的《呐喊》被翻译成其他语言时，外国读者也可以通过译文对中国社会的剧变和人民的精神状况有更深的理解。这些都离不开译者的精心工作，他们不仅准确地传达了作品的文字，更在尽可能地传递作品的精神内核和文化氛围。然而，这个过程并不简单。翻译不只是语言的对应和转换，更是一种对文化精神和艺术内涵的理解、消化和再现。这需要译者不仅要有足够的文化底蕴和语言技巧，而且要具备敏锐的洞察力和丰富的想象力，才能在尊重原文的基础上，写出生动、准确的译文。

第二章 汉英翻译的跨文化理论基础

第一节 翻译的发展与流派

一、翻译的起源与发展

（一）翻译的起源概况

翻译作为一种语言活动，几乎与人类的交际需求同步出现。其具体的起源时间和地点已无从考证。然而，可以肯定的是，自古以来，随着不同语言和文化的碰撞与交融，翻译在人类社会中扮演了重要的角色。关于翻译的起源问题，中国的古典文献揭示了翻译起源的部分历史，即翻译主要发生在不同部落、民族之间的文化、政治和商业交流中；西方关于翻译起源的讨论，大多源于《圣经·旧约》中对巴别塔的传说的记载。

1.中国记载的翻译活动起源

早在中国史前时期，一些部落和民族便开始了他们的交际和融合。这种交际和融合随着华夏民族与远在异邦的民族的交往而变得越来越广泛。据历史记载，早在夏代，黄河流域的先民就开始了与贝加尔湖地区居民的交流。这种早期的交往面临的挑战是如何跨越语言障碍，因为不同的民族和部落有不同的语言表达方式，这就促进了翻译活动的产生。最初的翻译活动主要是口译，这是一种基本的、面对面的交流方式。尽管那时的口译并不像现在这样复杂，但它满足了当时的基本交际需求。至于笔译，它产生于人类发明了文字，并通过书面文字进行交流之后。

周代时期翻译活动得到进一步发展。根据《礼记》记载，越裳国的使者通过三位"象胥"（翻译官）的多重翻译，与周朝的官员进行交流，这可以被认为是世界上最早的口译记录。这些翻译官，或者说最早的口译译员，对促进经济发展和文化交流做出了重要的贡献。《周礼》《礼记》两部古籍中还记录了周王朝对翻译官的专门职务，这说明翻译活动在这个时期已经得到了官方的认可和重视，也标志着口译正式成为促进各民族和国家之间交流的重要工具。特别值得一提的是，《礼记》中对"五方之民，言语不通，嗜欲不同"的描述，表明了翻译工作的复杂性和重要性。

中国最早的、有真正文字记载的笔译活动可以追溯到战国时期。西汉时期的刘向在《说苑·善说》中记录了一首包括越语原文和楚语译文的《越人歌》。公元前528年，楚国的鄂君王子皙乘船夜游，驾船的越女唱了一首歌，但是子皙听不懂歌词，他只有通过翻译才能理解这首歌的含义。刘向在记录这首歌的汉语译文时，也保留了原始的越语音译。这首《越人歌》被视为中国历史上保存下来的第一首译诗。这首诗的存在，使得人们有机会一窥当时不同地区、不同语言民族之间的交流方式。

《越人歌》不仅是中国历史上第一部有文字记载的笔译作品，而且展示了翻译在文化交流和理解中的重要作用。子皙借助翻译才能理解越女的歌，这不仅说明了翻译活动在促进跨文化理解方面的重要性，而且揭示了翻译的本质——一座跨越语言障碍、连接不同文化和民族的桥梁。

2.西方传说中的翻译活动起源

在西方的翻译历史中，翻译活动的起源与文化传承和社会变迁密切相关。巴别塔的传说常被当作翻译起源的象征，它表明翻译的历史与人类文明的发展是同步的。巴别塔的传说出自《圣经·旧约》。故事讲述了人类起初只有一种语言，人们决定建造一座高塔直接通向天堂。然而，上帝在得知此事后担心人类的力量过于强大而决定下凡将人们的语言区分开来，使他们无法沟通，从而阻止了塔的建设。由于语言的混乱，人们开始需要一种方式来跨越语言的障碍进行沟通，也就是现在所说的翻译。

有文字可考的最早的西方笔译活动发生在公元前250年，罗马人李维乌斯·安德罗尼库斯将荷马史诗《奥德赛》翻译成拉丁语。尽管罗马在军事和政治上征服了希腊，但他们深深地意识到希腊文化的价值，于是开始大规模地翻译希腊文化的典籍。翻译为罗马人提供了一种接触和理解希腊文化的方式，也使得希腊文化得以在罗马传播和弘扬。事实上，翻译在罗马时期以来的西方文化发展中起到了至关重要的作用，如果没有翻译，古希腊文化就无法在罗马传播，欧洲各民族的文化也就无法得到充实和发展。

根据中西方对翻译起源的记载，翻译的起源和发展是与人类社会的历史、文化和交际需求紧密相连的。巴别塔的传说使人们看到了翻译在跨越语言障碍、促进文化交流中的重要性。李维乌斯·安德罗尼库斯的翻译活动又让人们看到了翻译在文化传播和文化发展中的关键作用。尽管翻译的形式和技巧随着时间和社会的变迁在变化，但其核心的目标——连接不同的语言和文化，促进不同文化的交流和互动——始终没有改变。这不仅是从翻译历史中获得的宝贵经验，也是人们在未来继续研究和发展翻译学的动力和指导。

（二）翻译的历史发展进程

1.中国的翻译历史发展进程

中国的翻译历史悠久且丰富，可以大致划分为五个主要时期，如图 2-1 所示。

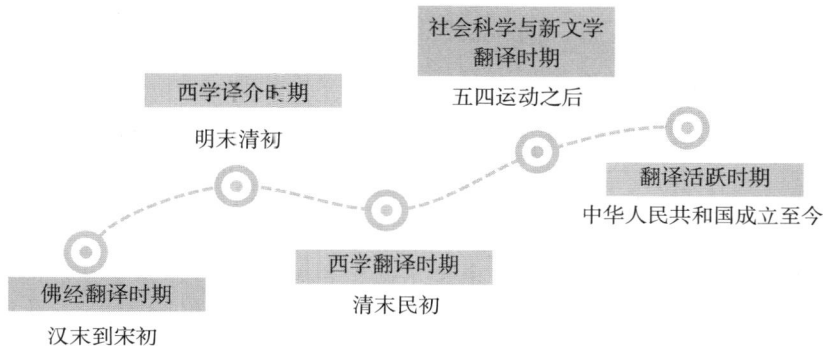

图 2-1　中国的翻译历史发展进程

（1）佛经翻译时期。佛经翻译不仅丰富了中国的翻译理论和实践，也深深地影响了中国的文化、宗教、文学等领域。中国佛经翻译的发展可以概括为四个阶段：早期、发展期、成熟期和衰落期。其中，早期的阶段大约为东汉至西晋，标志着中国开始从国外引入宗教文化，主要是佛教。这个阶段的翻译家不仅完成了大量的译作，还提出了自己的翻译思想和理论。例如，支谦在《法句经·序》中提出了他对文与质的关系以及翻译标准的见解。

第二个阶段，也就是发展期，大约为东晋至隋代，此时佛经翻译事业进入兴盛时期。这个阶段出现了许多重要的翻译家和评论家，如鸠摩罗什、彦琮、道安等。他们的理论贡献包括道安的"五失本""三不易"和彦琮的"八备""十条"。到了第三个阶段，即成熟期，也就是唐代，此时中国的佛经翻译事业达到了顶峰。这个阶段的特点是主译者主要是本国僧人，他们精通梵汉两种语言，并深入理解佛理。这个阶段出现了许多杰出的翻译家，如玄奘、不空、义净等。其中，玄奘的译作数量超过了其他人,他独创了"既须求真,又须喻俗"的翻译主张,旨在结合直译和意译的翻译方法。最后一个阶段是衰落期,也就是唐朝以后,佛经翻译事业开始走向衰落。到了北宋仁宗景祐年间,翻译佛经的活动基本结束,也标志着中国翻译史上第一次翻译高潮的结束。

(2)西学译介时期。这一时期,大量西方传教士来到中国,他们以宣扬基督教为主要任务,同时积极地将西方的科学技术知识传播给中国人。这一时期的翻译工作不再局限于宗教文本,而是拓展到了具有独立学术价值的哲学、伦理学等人文社会科学领域,以及天文学、数学、机械工程、生物医学等自然科学领域。可以说,这一时期拉开了中国科技翻译高潮的序幕。

在这个重要的历史时期,出现了两位影响深远的翻译家,他们是徐光启和李之藻。徐光启被誉为中国的"科学译祖",他的贡献主要体现在两个方面。一方面,他是第一个使用汉语翻译和解释西方数学知识的人,引入了平行线、三角形、对角、直角、锐角等术语,为中国近代科技翻译奠定了基础。另一方面,他不仅翻译了大量的科技著作,还积极推广科学知识,并提出了"取人之长,补己之短"的科学精神,对推动中国科学的发展起到了重要作用。

李之藻的贡献主要在于他对科学和哲学的翻译。与当时众多的思想开明的学者一样,他很早便与来华传教的利玛窦接触,学习西方历算,并与之合作翻译了许多天文历算著作,深刻地影响了明清时期中国科技的发展。

(3)西学翻译时期。清末民初,即从19世纪末到20世纪初,中国社会处于深重的危机中。这时,一群有远见的仁人志士站了出来,他们以无比的勇气和智慧引导人们接触外部的世界、学习外部的知识。他们热衷于翻译和传播西方的自然科学、哲学和社会科学知识,以期在短时间内培养出科学人才,为民族的独立和自强打下基础。这场西学翻译运动可以分为三个阶段:洋务运动时期、维新时期和五四运动前的民国时期。

　　洋务运动时期的翻译活动取得了辉煌的成就，这些成就在科技、教育、社会改革等方面产生了深远的影响。一方面，翻译活动极大地推动了新式教育的发展。清政府开始设立新式学堂，如京师同文馆、上海同文馆等，这些学堂不仅培育了一批杰出的科技翻译家，也为中国的科技发展储备了大批人才。同时，政府也积极派遣学生到欧美留学，他们学习新的科学技术，了解西方文化，回国后成为推动国内变革的重要力量。另一方面，翻译活动促进了西方科学的传播。清政府设立了专门的翻译机构，如俄文馆、英文馆、德文馆和法文馆，它们承担着翻译西方科学书籍的重任。这些机构翻译的科学书籍种类丰富，为中国的科学发展提供了丰富的学习资源。值得一提的是，洋务运动时期的翻译活动还形成了中外合作翻译的新模式。许多书局聘请了外国的教会人士和汉学家，与中国学者共同进行科技翻译。这种合作方式使得翻译工作既确保了原文的精确度，又能更好地贴近中国读者的实际。这个时期诞生了许多一流的科技翻译家，如李善兰、华蘅芳、徐寿等，他们的翻译工作对后来的中国科学发展产生了深远的影响。

　　在19世纪末的维新运动时期，中国在翻译领域取得了空前的进步。这一时期的翻译事业不仅在规模上远超洋务运动时期，而且在深度和广度上也达到了新的高度。维新运动时期，中国社会出现了大量专门从事翻译工作的机构，这些机构负责翻译外国科技、哲学、社会科学领域的书籍，从而使中国读者能更全面地了解西方的学术和思想发展趋势。翻译活动的兴盛，为中国社会提供了新的思想资源，并对中国的教育和文化产生了深远的影响。

　　这一时期，翻译家的地位得到大大提升，他们被更广泛地承认为学术界的重要成员。其中，严复是这一时期杰出的翻译家之一。他在《天演论》一书中，阐述了生物进化论，并用此理论支持他的改革主张。他的译文简洁明快，并首次提出了"信、达、雅"的翻译标准，严复的其他重要译著包括亚当·斯密的《原富》、斯宾塞的《群学肄言》等。通过这些译著，他将西方的经济学、政治学、自然科学和哲学系统地引入中国，启蒙了一代国人。

20世纪初至五四运动前的民国时期，这一时期主要是对西方社会科学领域作品的翻译和传播，这对中国社会的现代化起到了重要的推动作用。其中章士钊、胡以鲁、容挺公、朱自清等发起的"译名大讨论"更是引起了社会的广泛关注。

（4）社会科学与新文学翻译时期。五四运动后，中国的翻译事业步入全新的历史阶段。这一时期，翻译主题的多元化和翻译领域的深度发展特征显著，翻译作品中包含大量具有无产阶级思想的西方文学作品和马克思主义经典著作。其中，以鲁迅、瞿秋白、郭沫若等为代表的翻译家，在文学翻译方面取得了杰出的成果。他们以扎实的学识和高超的翻译技巧，将大量优秀的外国文学作品介绍到中国，极大地丰富了中国的文学景观，也推动了中国新文化运动的发展。鲁迅等的翻译工作，不仅体现了新文化运动的精神内核，更为中国文学的现代转型注入了新的活力。

除此之外，马克思主义经典著作的翻译也是这个时期的一项重要工作。李大钊、李汉俊、李达、李立三等早期马克思主义著作的翻译家，他们的翻译工作为中国接受和理解马克思主义提供了重要的思想资源。尤其是陈望道翻译的《共产党宣言》和郭大力翻译的《资本论》，对中国新民主主义革命产生了深远影响。

在翻译方法上，这一时期的翻译家也取得了重要的进步。他们不再仅追求字面上的忠实，而且更注重在语言、文化、思想等多个层面上的准确传达，力求翻译文本既忠实于原著，又符合中国读者的阅读习惯和审美需要。

（5）翻译活跃时期。中华人民共和国成立后的翻译事业可以分为两个主要阶段：中华人民共和国成立至"文化大革命"前和改革开放以来。

中华人民共和国成立至"文化大革命"前，翻译实践与翻译理论研究同步进行，推动了翻译事业的飞跃发展。这一阶段，翻译理论得到新的拓展，如"四论"（茅盾的"意境论"、傅雷的"神似说"、钱钟书的"化境论"和焦菊隐的"整体观"）的产生，为后续的翻译实践和理论研究打下了坚实的基础。同时，一批学者型的翻译家如茅盾、傅雷、钱钟书等的出现，也使得翻译质量大幅提升，为中国的翻译事业注入了新的活力。

改革开放以来，我国的翻译事业进入新的繁荣期，迎来了中华人民共和国成立以来的第二次翻译高潮。这个阶段的翻译事业具有明显的开放性和多元性特点。中国与外国的政治、经济、文化交流日益频繁，推动了对外国文化的全方位、大规模的翻译和介绍。翻译内容覆盖的范围更广，题材与体裁更为丰富，信息量更庞大，翻译技术和手段更加先进，翻译人员和受益者的规模也进一步扩大。这一阶段，杨宪益、季羡林、王佐良、许渊冲等翻译家以精湛的翻译技艺和深厚的学识，为中国的翻译事业做出了突出的贡献。他们的翻译作品，无论是在艺术性方面还是在学术性方面，都达到了极高的水平，对提升中国翻译事业的整体水平起到了关键的推动作用。

2. 西方的翻译历史发展进程

在西方国家，翻译活动也是一项持续时间很长的文化实践活动，西方的翻译历史可分为六个时期，如图 2-2 所示。

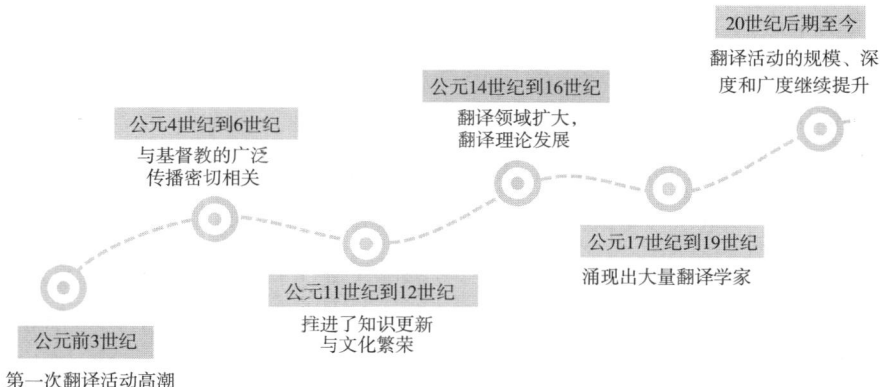

20世纪后期至今
翻译活动的规模、深度和广度继续提升

公元14世纪到16世纪
翻译领域扩大，翻译理论发展

公元4世纪到6世纪
与基督教的广泛传播密切相关

公元17世纪到19世纪
涌现出大量翻译学家

公元11世纪到12世纪
推进了知识更新与文化繁荣

公元前3世纪
第一次翻译活动高潮

图 2-2　西方的翻译历史发展进程

（1）公元前 3 世纪。西方翻译的历史可以追溯到公元前 3 世纪，其最早的翻译实践和文学发展是紧密相连的。李维乌斯·安德罗尼库斯的《奥德赛》拉丁文版被视为西方翻译历史上最早的译作，也标志着翻译在西方文化中的地位得到提高。

安德罗尼库斯是一位杰出的翻译家，同时是罗马文化发展的推动者，他的翻译帮助罗马人民理解并吸收了希腊文化的精髓。此后，包括西塞罗、贺拉斯在内的许多文学家，也开始尝试用拉丁语翻译或改写希腊的戏剧作品。这一阶段的翻译活动特点带有强烈的文学色彩，翻译不仅仅是文本的转换，更是文化的传播和交流。西塞罗等文学家的翻译工作，不仅在形式上复制了原作，也在内容上增添了罗马文化的特征，创造出了具有罗马风格的新的艺术作品。这就引起了西方翻译史上的第一次翻译活动高潮。其间，翻译被提升为一种高级的艺术创作形式，成为文化交流的重要手段。然而，到了古罗马后期，随着文学创作活动的减少，文学翻译也相应地趋于衰退。但这并不意味着翻译的结束，相反，翻译的形式和内容在这期间都有了新的发展和变化。

（2）公元 4 世纪到 6 世纪。这一时期，西方翻译实践进入另一个重要阶段，翻译活动与基督教的广泛传播密切相关。在这一时期，《圣经》在罗马帝国得到广泛传播，成为西方社会的主导信仰。翻译实践在宗教的推动下走向了一个新的高峰。

这时的翻译活动主要由教士负责，他们将原本用希伯来语和希腊语写成的《圣经》翻译成拉丁语，以便更多的罗马人民理解和接受基督教的信仰。在众多的译本中，圣杰罗姆的通俗拉丁文本《圣经》被公认为最具权威性。圣杰罗姆以其出色的语言学才华和神学素养，用数十年的时间和巨大的精力完成了这项伟大的翻译工作。由于当时的译者多数受到宗教的影响，他们以保持原文的忠实性为首要原则进行翻译，以确保神圣的教义不受侵犯，但这种直译的方式往往导致译文难以被理解。圣杰罗姆对此进行了创新，他的译文在尊重原文的同时，具有较好的通顺性和较强的文化适应性。这使他的译作具有很好的可读性，因此深受人们的喜爱。

另一位著名的翻译家是奥古斯丁，他提出在翻译中要考虑原文"所指"的含义、译者的"判断"和译文"能指"的表达，从而实现精确和恰当的翻译。在翻译时，译者的任务不仅仅是传递原文的字面意思，更是揭示和传达原文的深层含义，这需要译者具有敏锐的洞察力和丰富的语言表达能力。奥古斯丁的这种翻译观点强调译者的主观能动性和创造性，认为译者在翻译过程中应当是积极的、有主观判断的。这一观点对后来的翻译理论发展，特别是动态对等理论的形成产生了深远影响。

（3）公元11世纪到12世纪。这一时期，西方的翻译活动开启了一个新篇章，其焦点主要集中在文化互通、知识传递以及宗教改革上。当时，基督教世界对穆斯林文明产生了浓厚的兴趣，相应地，大量的阿拉伯语被翻译成拉丁语和古叙利亚语。在这个特定的历史阶段，西班牙的托莱多成为欧洲翻译活动的重要枢纽，吸引了无数的翻译家、学者和知识分子。

托莱多翻译学派在此期间取得了引人注目的成果，译介了大量的阿拉伯语学者和希腊学者的著作。这些著作覆盖了哲学、医学、数学、天文学等诸多学科，其流传使得西方世界得以接触到伊斯兰和古希腊文化的丰富知识，对欧洲文化、科学和哲学的进步起到了推动作用。这场翻译活动的繁荣期持续了近一个世纪。这一时期的翻译活动极大地推进了中世纪西方的知识更新和文化繁荣，为文艺复兴的兴起打下了坚实的基础。

译者在这一时期不仅仅是语言的转换者，更是文化的中介者和知识的传播者。通过翻译，他们为西方社会引入了新的思想、理念和知识，促进了文化的交流和理解。此外，这一时期的翻译活动也推动了语言学、翻译学、比较文学等学科的发展。

（4）公元14世纪到16世纪。这一时期，欧洲的翻译活动呈现出显著的加速趋势。在这一时期，翻译工作不仅局限于宗教领域，而且延伸到了思想、政治、文学和艺术等诸多领域。德国的宗教改革者和翻译家马丁·路德用大众化语言翻译了《圣经》，其译本被誉为德语的典范，对德国语言的一体化发展起到了巨大的推动作用。这部译本的普及让更多的民众得以亲自阅读《圣经》，增强了人们对宗教信仰的认识和理解，进一步推动了宗教改革的进程。

在文艺复兴时期，英国戏剧创作的繁荣与当时的翻译活动有很大关系。译者大量翻译、介绍罗马作家的戏剧作品，同时翻译普鲁塔克的《希腊罗马名人传》等古典文化作品。这些翻译作品为英国戏剧家提供了丰富的素材，同时引导他们吸收古典戏剧的表现手法和主题内容，进而涌现出一系列深受观众喜爱的戏剧作品。

以莎士比亚为例，他的许多作品受到了古典文化的强烈影响。在《裘力斯·凯撒》《安东尼与克莉奥佩特拉》等作品中，他明显借鉴了普鲁塔克的《希腊罗马名人传》中的故事情节和人物形象，将其转化为生动的戏剧情节和复杂的角色形象。这些作品不仅显示出莎士比亚对古典文化的深刻理解，同时彰显了他的翻译与创作才华。通过这种方式，莎士比亚将古典文化的普世主题与英国本土的戏剧传统相结合，创作出了一系列富有艺术魅力的戏剧作品。

托马斯·怀亚特首次将十四行诗形式引入英国诗歌中，标志着英国诗歌从中世纪的形式走向更加现代化的形式。十四行诗具有特定的韵律结构和句子结构，对于诗人来说，需要在这种结构内灵活运用语言，表达出丰富的情感和思想，这对于诗人的创作能力提出了新的挑战。莎士比亚是受怀亚特影响较大的诗人之一。他的十四行诗，不仅在形式上继承了怀亚特的传统，而且在内容上体现出了深厚的情感和思想。莎士比亚的十四行诗涵盖爱情、友情、生活的沉思等主题，他精妙的语言运用和深沉的情感表达，让这些诗篇成为英国文学的经典。

在法国，雅克·阿米欧和艾蒂安·多雷在文学翻译实践和理论上取得了卓越的成就。阿米欧在翻译中向希腊语和拉丁语借用并创造了大量词汇，大大丰富了法语词汇。多雷的主要成就在于他对翻译理论的研究。他于1540年在《论如何出色地翻译》一文中，论述了翻译的几条基本原则。这些原则与后世翻译理论家提出的原则有紧密的联系，使多雷被誉为西方近代翻译史上第一个系统地提出翻译理论的人。

（5）公元17世纪到19世纪。这一时期，欧洲经历了一个文学上的繁荣时期，特别是在翻译领域涌现出了大量专家和理论家，如英国的约翰·德莱顿和亚历山大·弗雷泽·泰特勒，德国的歌德、弗里德里希·施莱尔马赫和威廉·洪堡等等。他们对各种人文科学作品的精彩翻译，使得西方世界的人们可以深入理解和欣赏来自不同文化背景的思想和艺术。

约翰·德莱顿的翻译理论主张尊重原文的意境和风格，他的作品在世界范围内受到高度评价。亚历山大·弗雷泽·泰特勒则以其独特的翻译风格和对原文深入的理解闻名，他的作品往往能够将原文的精髓完整地传递给读者。德国的歌德、弗里德里希·施莱尔马赫和威廉·洪堡特也在翻译领域做出了突出贡献。他们的作品不仅对原文进行了精确的翻译，也尽可能地保留了原文的文化和历史背景。这些作品的出版，不仅丰富了欧洲人的文化生活，同时推动了不同文化的交流和理解。

（6）20世纪后期至今。从20世纪后期至今，西方翻译活动的规模、深度和广度都得到了显著提升。人们开始对翻译理论、翻译艺术、翻译技巧等进行深入的研究。在科技领域，翻译成为国际交流和合作的重要工具。科研人员可以通过翻译分享他们的发现和研究成果，进而推动科技的发展。在教育领域，翻译则可以帮助人们更好地理解和学习不同的文化和语言。在艺术领域，翻译则为艺术家提供了一个展示自己作品的机会，使得他们的作品能够被全世界的人阅读和欣赏。在商业和旅游领域，翻译更是发挥了无可替代的作用。商业翻译使得跨国公司能够更好地开展国际业务，而旅游翻译则为游客提供了便捷的语言服务，使得他们可以更好地享受旅游的乐趣。

二、翻译的中西方流派

近现代以来，翻译活动的领域不断扩大，不再仅限于文学、艺术或学术领域，而是延伸到各种社会经济活动中。这种发展趋势使得翻译成为各相关学科和领域学者关注的焦点。在对翻译理论的探讨中，逐渐形成了一些有代表性的学派或观点，这些学派或观点不仅为翻译理论的发展贡献了独特的见解，而且一定程度上，对翻译活动的实践和研究方向产生了重要影响。接下来，将梳理一些国内外比较有影响力的学派。

（一）中国的翻译流派

1.清朝晚期的两大流派

在清朝晚期的翻译活动中，意译派和直译派的理论和实践对中国翻译事业发展起到了积极的推动作用，且至今仍能在翻译领域引起广泛的关注和讨论。

意译派是以林纾为代表的翻译流派。虽然林纾不懂外语，但他的译作广受欢迎。因为他无法理解原文的结构，所以他的翻译方法偏向于意译，即以传达原文的意思为主，而不过分强调形式上的对等。他的译文的语言风格较为古雅，反映了他倾向于用文言文翻译的立场。同时，严复也主张用文言文翻译，因此可以将他也归入"意译派"。

与意译派对立的是直译派，该流派以鲁迅和周作人为代表。他们反对林纾的意译方法，主张直译，即尽可能忠实于原文的语言结构和形式。他们主张用白话文进行翻译，推动了新文化运动的发展。周桂笙、徐念慈等也是直译派的重要代表人物。此外，还有一种关于译名问题的音译派，以章士钊为代表。这一派的特点是将原文的发音尽可能直接地转化为汉语发音，而不过分追求意义的对等。与之相对的是吴稚晖、胡以鲁等，他们主张意译，可以将他们也看作意译派的代表人物。

2.民国时期的翻译流派

民国时期的翻译理论得到了显著发展，伴随着新文化运动的兴起，涌现出了一系列富有影响力的译学派别。这些派别的形成和发展，既与当时的文学社团和文学流派有着密切联系，又各具特色，共同推动了中国翻译事业的繁荣。

（1）新青年派以胡适、刘半农等为代表，他们反对林纾过于自由的译法，主张用白话文进行直译，即尽可能忠实地传达原文的形式和意义。他们的译作风格明快，语言活泼，注重使译文接近当代人的语言习惯。

（2）文学研究会以郑振铎、茅盾、蒋百里等为代表。他们主张在尽可能忠实于原文的基础上，使译文流畅，反对过度的意译。这一派的翻译特色是文学性与准确性并重，既注重艺术魅力，又追求对原文的忠实。

（3）创造社以郭沫若、郁达夫、成仿吾等为代表，他们倾向于把个人情感投入译作中，强调译者的主观创造性。这一派的翻译特点是情感丰富，具有强烈的艺术感染力。

（4）新月派以闻一多、陈西滢为代表。陈西滢提出了"形似、意似、神似"说，强调对原文形式、意义和精神的全面把握。

（5）翻译哲学派的代表人物有艾思奇、朱光潜、金岳霖等，他们将哲学理论运用到翻译理论中，以辩证的观点分析直译与意译。金岳霖还提出"译味"的观点，强调翻译的情感和气质传达。

（6）论语派以林语堂为代表，他将翻译视为一种艺术，注重译文的美感和艺术表达。

3.中华人民共和国成立之后的翻译流派

自中华人民共和国成立以来，中国翻译事业得到了前所未有的发展，在继承传统翻译传统和借鉴国外翻译经验的基础上，出现了诸多富有特色的翻译流派。

（1）归化派与异化派的出现，标志着翻译研究从语言层次上升到文化层次。归化派以傅雷、钱钟书为代表，他们强调译者向目标语读者靠拢，消除原文的陌生感，使译文符合目标读者的语言习惯和文化背景。与之对应的是异化派，以董秋斯为代表，他主张尊重原文，保存原文的内容和风格，强调译文的外来性和陌生感，以此启发读者对原文文化的理解和接受。

（2）科学派与艺术派对翻译本质进行了探讨。科学派以刘宓庆、罗新璋等为代表，他们认为翻译是一门科学，需要寻找和遵循客观规律，以此建立翻译学科。相对而言，艺术派的代表人物如傅雷、钱钟书等，强调翻译的个人主观创造性，认为翻译是一种艺术，译者应具备较高的创新性和独立性，而不受理论的过度约束。

（3）此外，还有被称为神化派的学者，如郭沫若、林纾、傅雷等。他们关注翻译中的神韵和气韵，注重将原文的神韵和气质以一种难以言明的方式进行传递，以实现对原文精神和情感层次的准确翻译。

（二）西方的翻译流派

1.布拉格学派

布拉格学派，也称功能语言学派，由马泰修斯（Mathesius）创建，雅各布森（Jakobson）、特鲁别茨柯依（Trubetzkoy）等为重要代表人物。布拉格学派提出了许多重要的翻译观点，以下是其中一些有代表性的观点。

（1）翻译必须考虑到语言的多种功能，包括认识功能、表达功能、工具功能等。这是因为语言不仅仅是一种传达信息的工具，还承载着文化、情感、价值观等深层含义，所以在翻译时，需要对这些功能进行全面考虑。

（2）翻译应当重视语言之间在语义、语法、语音、语言风格和文学体裁等方面的比较。在翻译过程中，译者需要全面了解源语和目标语在这些方面的异同，以实现更为精准和恰当的翻译。

（3）在翻译类别上，雅各布森提出了三类翻译：语内翻译、语际翻译和符际翻译。语内翻译是指在同一种语言中，用一种语言符号来解释另一种语言符号，也就是人们通常说的"换句话说"。语际翻译是指两种不同语言之间的翻译，也就是用一种语言来解释另一种语言。符际翻译则是通过非语言的符号系统解释语言符号，或者用语言符号解释非语言的符号系统。

（4）在词义理解上，雅各布森指出，人们对词义的理解是依赖翻译的。他强调准确的翻译取决于信息对等，也就是说，译文需要在信息内容上尽可能等同于原文。他还主张所有语言都具有同等的表达能力，这意味着任何语言都能够准确地表达出任何想法或感情。[①] 其中，语法是翻译中最复杂的问题，因为不同语言的语法规则往往存在较大的差异，这对译者提出了很高的要求。

2.伦敦语言学派

伦敦语言学派的主要代表人物为约翰·卡特福德（John C. Catford）和韩礼德（Halliday）等。这一学派的核心观点是，语言的意义由其在社会环境中的使用情况决定，译文中的词汇选择是否符合原文，也需要视其语言环境来判断。

卡特福德在其《翻译的语言学理论》中详细地阐述了他的翻译理论。

（1）关于翻译的性质问题，他认为翻译是将一种语言的文字材料对等替换为另一种语言的文字材料的过程。

（2）他将翻译分为全文翻译和部分翻译两种类型。全文翻译是指将原文的全部内容翻译为目标语言，部分翻译则是指只翻译原文的部分内容。这两种翻译类型的选择取决于翻译的目的和目标读者的需求。

（3）他认为，实现真正的对等翻译是一项挑战，因为每种语言都有其独特的语法规则和表达方式，译者需要具备深厚的语言功底和丰富的文化背景知识。

---

①JAKOBSON R. On linguistic aspects of translation[M].//VENUTI L. The Translation Studies Reader. New York: Routledge, 2000.

（4）关于翻译的转换问题，他认为包括层次转换和范畴转换。层次转换是指译文和原文使用的词汇可能处于不同的语言层次，范畴转换是指翻译可能会偏离两种语言的形式对应。这两种转换都可能对翻译的准确性产生影响。

（5）关于翻译的限度问题，他认为主要包含两个方面：语言的不可译和文化的不可译。语言的不可译指的是不同语言之间在语义、语法等方面的差异导致的翻译困难；文化的不可译是指源语言和目标语言背后的文化差异导致的翻译困难。

3. 美国结构主义学派

美国结构主义学派是 20 世纪上半叶美国语言学的主流派别，该派别注重研究语言的形式结构，为后续的翻译理论发展奠定了基础。尽管该学派并未直接产生一套完整的翻译理论，但其思想对后来的翻译理论家，如乔姆斯基（Chomsky）和奈达等产生了深远影响。

乔姆斯基的贡献在于他提出了转换生成语法，强调人类天生就具有语言能力，所有语言都受到一套规则的约束。他指出，语言包含两层结构：表层结构和深层结构。表层结构是指人们在口头或书面语言中实际表达的内容，而深层结构则是隐藏在语言中的深层含义和结构。这两层结构通过转换规则相联系，这种规则可以把深层结构转换成表层结构。乔姆斯基的这一理论对语义学的研究产生了推动作用，同时为翻译理论的发展创造了条件。

值得注意的是，美国结构主义学派孕育出了一些重要的理论派别，这些派别在各自的领域中进一步研究和探索语言学和翻译学的各种问题，丰富了语言学和翻译学的理论体系。

4. 文艺学派和语言学派

（1）文艺学派的代表人物为加切奇拉泽（Gachechiladze）。他在其代表作《文艺翻译与文学交流》中，将文学翻译视为文学创作的一种形式，属于美学范畴。他认为，文学翻译的主要任务是在艺术层面寻求对应，而非仅仅在语言层面上寻求对应。翻译的基本处理单元是印象、情感和形象，而翻译的最终目标是从整体上重塑原文的艺术现实。文艺学派的学者多为作家和翻译家，他们关注的是如何通过翻译传达出原文的艺术精神和情感内涵。

（2）语言学派的代表人物是费道罗夫（Fedolov），他在《翻译理论概论》一书中阐述了自己的主要观点。他将翻译过程视为语言使用过程，认为翻译理论属于语言学研究的范畴。他将翻译理论划分为翻译史、翻译总论和翻译分论三个部分。翻译史部分介绍了西欧文献中关于可译性问题的争论、古罗斯时期的主要翻译文献、18世纪俄国翻译家活动中的主要现象、19世纪中叶俄国文学翻译的状况、19世纪末至20世纪初的俄国翻译作品等内容。其中，翻译总论是从具体翻译现象中总结出来的、经过系统化处理的一般性翻译理论。翻译分论则涉及两种具体语言的互译特性。语言学派的学者多为语言学家和翻译教学工作者，他们注重研究语言的结构和功能在翻译中的作用。

5. 解构主义学派

解构主义学派是一个颇具影响力的学派，主要代表人物包括法国的德里达（Derrida）、福柯（Foucault）、巴特（Barthes）及德国的本雅明（Benjamin）。其中，巴特主张一旦文本形成，作者就失去了存在的价值，因此有"作者已死"的说法。在他看来，文本的意义来源于读者对语言符号的解读。这里的读者，不仅包括阅读者，也包括译者。换句话说，解构主义认为，文本的意义不是由文本自身决定的，而是由译者（读者）决定的。本雅明在《译者的任务》一文中，将译作比作原作的"后来生"，他认为原作并没有固定不变的"本体"，而是需要依靠译作来完成自己的"生命"过程。

到了20世纪70年代，德里达提出，文本的意义是不定的，它不存在于文本之中，而是在读者阅读文本的过程中生成的。他们深入挖掘理解的历史性，以及读者介入文本时的先验理解，得出结论：同一文本对不同的读者具有不同的意义。这从根本上颠覆了源语的中心和权威地位，消解了译作必须忠实于原作的传统观念。

6. 释意学派

释意学派着重强调理解的过程和重新表达的活动，主张翻译并非机械的语言转换，而是一个深度解读和再创作的过程。在释意学派的理论中，"释意"被理解为"解释其意义"，它并非随心所欲地任意翻译，而是受到释意规则的约束。翻译的过程首先是一个理解的过程，这里的"理解"指的是译者借助自己的认知，掌握源语言字词和句子的真正含义，是一个借助大脑机制进行理解的过程，因此译者的认知水平对理解源语言起到关键的作用。

释意学派与其他翻译学派的主要区别在于，它不仅仅关注语言本身的问题，更重视译者在翻译过程中的思维过程，以及译者在翻译中的作用和地位。在释意学派看来，翻译是一个在理解源语言思想的基础上，尽可能正确、完整地表达思想的动态行为，而不是从源语言到目标语言的单向解码。在实际的翻译操作过程中，译者首先需要完成对目标语言符号或语言单位的认知，然后根据语境加入自己的理解，最后再选择合适的形式进行表达。这样看来，翻译的思维过程在整个翻译工作中占据重中之重的地位，正如语言是语言学的研究对象一样，翻译的思维过程是释意学派理论研究的重点。

第二节 文化翻译理论

一、西方学者的文化翻译理论

20 世纪 80 年代后期，西方的翻译学领域迎来了一次里程碑式的变革，不少翻译学家开始研究翻译的文化元素，这为解析翻译问题注入了新的活力。翻译不再被限定于两种语言间的简单互译，而是被视为一个包含了诸多文化因素的信息转换过程。从文化角度探究翻译，提升了研究成果的丰富度。同时，随着翻译研究的进一步发展，人们对文化含义的理解也得以拓展。文化研究与翻译研究之间的互动和交流，都为这两个学科的演进注入了新的生机。此时，埃文·佐哈尔（Even-Zohar）、吉迪恩·图里（Gideon Toury）、玛丽·斯内尔－霍恩比（Mary Snell-Hornby）、苏珊·巴斯奈特（Susan Bassnett）等纷纷提出了自己的文化翻译理论。

（一）埃文·佐哈尔的文化翻译理论

20世纪70年代，埃文·佐哈尔推出了引人瞩目的多元系统理论，该理论从全新的角度出发，将文学作品研究融入文学、社会学和历史学的综合研究中。他反驳了传统美学研究的观点，即将研究的焦点仅聚焦在高雅的文学作品，而忽视悬疑小说、儿童文学以及翻译文学。在他看来，翻译文学需要被视作一个具有活力的、运行着的系统。此系统的运作可在以下两个方面得以体现：一方面，译者如何决定何种作品值得翻译；另一方面，翻译的行为及其规范如何受到其他系统的制约与影响。

佐哈尔通过提出多元系统这一概念，强调了系统之间的交互性和关联性。他认为，这个多元系统是由多种层次和类型的系统构成的有机整体。在这个系统中，如果创新的文学类型占据了最高的层次，那么保守的文学类型就占据较低的层次；而当保守的文学类型占据最高层次时，创新的文学类型就占据较低层次，这样一来，整个系统就会持续动态演变。①

在这个多元系统中，翻译文学的地位并非一成不变，有时它处于主导地位，有时则处于次要地位。如果翻译文学位于主导地位，那么它就能积极地塑造并影响多元系统，赋予其革新的精神。如果翻译文学处于次要地位，那么它就可能成为边缘系统，无法直接影响中心系统，并扮

---

① [以] 埃文·佐哈尔，张南峰 . 多元系统论 [J]. 中国翻译，2002（4）：19-25.

演保守的角色，坚守传统的形式。然而，翻译文学处于边缘地位这种情况是非常常见的，也是其在多元系统中的正常存在状态。

（二）吉迪恩·图里的文化翻译理论

吉迪恩·图里，作为佐哈尔的同行研究者，针对翻译的目标提出了自己的观点。他强调，翻译的首要目的在于明确目标语文化在社会和文学系统中的地位，这一地位将进一步指导翻译策略的选择。① 基于此观念，图里对佐哈尔的多元系统理论进行了深入探究，并提出了描述性翻译理论，进而引出了他的著名的三段式方法论。

第一阶段，将源语文本在目标语文化和语言系统内进行解析，对其含义进行评价，并衡量目标语读者的接受程度。第二阶段，对原文和译文进行比较，分析其转换过程，以便总结和归纳更深入的翻译观念。第三阶段，对翻译方法和策略的选择提供关键的指导。在这三个阶段的方法论中，还有一步额外的操作需要进行，那就是反复实施第一和第二阶段的步骤，探索更多类似的文本，以丰富语料库。这样就可以从对各种文学类型的归纳分析角度出发，对翻译行为进行总结和描述，确认每一种类型的适应规范，并创建相应的翻译法则。

对于规范的理解，图里将其定义为一种由社区共享的观念和价值转化而来的行为指南。翻译自然也受到这些规范的约束，这些规范在实际的翻译行为中对等值问题有决定性的影响。值得注意的是，不同的翻译阶段，需要遵循的规范会有所不同。

（三）玛丽·斯内尔－霍恩比的文化翻译理论

玛丽·斯内尔－霍恩比，她的研究基于格式塔的整体性原则，提出翻译不仅仅是语言之间的转换，而且是跨文化的转换。

---

① 图里. 描述翻译学及其他 [M]. 上海：上海外语教育出版社，2001：23-40.

斯内尔－霍恩比的文化翻译理论认为，原文是一个融合了语言、文化、经验和感知的整体。译者的任务是理解这个整体，并在理解之后，将这个整体在目标语文化中重现。她引用古迪纳夫（Goodenough）和戈林（Gohring）的观点，认为文化是知识、能力和认知的总和，与行为和事件紧密相关，而且是由社会群体的期待和社会规范决定的。因此，语言并不是独立存在的，而是文化的一部分。①

特定文化中的语言具有动态性，能够反映社会文化和个体文化的发展。文本的文化内涵在多大程度上能被完整翻译，取决于原文对特定文化的依赖程度，以及原文和目标语文化之间的时空距离和差异。同时，原文的可译性也受到原文类型和目标文化翻译标准的影响。如果原文是一部诗歌，由于诗歌的特性，它的翻译就相当复杂。诗歌往往富有象征意义，语言表现形式也有特殊的韵律和节奏，如果直接按照原文的字面意思进行翻译，很可能就无法保留其原有的美感。而且，在不同的文化中，翻译的标准也是不同的，如在一些对诗歌的翻译更加强调保留形式的文化中，对诗歌的翻译就要更加注重韵律和节奏的再现。

由于语言与文化的紧密关系，斯内尔－霍恩比认为，翻译是一种跨文化活动，优秀的译者不仅需要掌握源语和目标语，还需要具备双重文化背景。例如，当将一部描述美国南方生活的英语小说翻译为法语时，译者不仅需要理解英语和法语，还需要理解美国南方的文化，如其独特的方言、习俗等。同样，译者也需要理解法国读者的背景和期待，这样才能将小说以更容易被法国读者接受的方式呈现出来。

斯内尔－霍恩比还提出了翻译研究的综合法。当语言学在扩展研究范畴，从微观向宏观转变时，翻译研究，特别是关注文本及其情境和文化背景的研究，应该采取反向的策略。她引用格式塔心理学派的观点，

---

① [德] 玛丽·斯内尔－霍恩比. 翻译研究：综合法 [M]. 李德超，朱志瑜，译. 北京：外语教学与研究出版社，2006：39-44.

主张研究应从整体出发，只研究部分不能达到研究的目的。[①]

（四）苏珊·巴斯奈特的文化翻译理论

苏珊·巴斯奈特是当代英国文化翻译论的重要代表人物，她在翻译研究领域的重要贡献享誉全球。她在华威大学创建了翻译与比较文化研究中心，并担任教授。巴斯奈特是一位对翻译领域影响深远的学者，在她的理论体系中，翻译被视为一种在文化内部及其之间的交流方式。翻译并非简单的语言行为，而是深深根植于语言背后的文化环境。从这个角度出发，翻译等值的真正意义在于源语和目标语在文化功能上的对等。巴斯奈特引用玛丽·斯内尔–霍恩比的论述，主张翻译的单位应该从语篇转向文化，这被称为"文化转向"。[②]

在巴斯奈特看来，文化翻译观的主要含义可以分为四个方面：翻译的单位应是文化而非语篇。传统的翻译研究范式关注的是语篇，而巴斯奈特强调将文化作为翻译的单位；翻译并非简单的译码重组过程，而是一种交流行为；翻译的重点应该是源语文本在目标语文化中的等值表现，而非源语文本自身的解释；翻译的原则和规范因不同历史时期和需求的变化而变化。翻译旨在满足不同文化和不同群体的需求。

因此，巴斯奈特主张文化转向，强调了文化在翻译过程中的重要性，同时指出了翻译对文化的影响和意义。她认为翻译的功能受到翻译的服务对象和源语文本在源语文化中的功能的影响。因此，译者在翻译时应使目标语文化和源语文化在功能上达到等值，使目标语文本对译语文化的读者产生与源语文本对源语文化读者的同样效果。值得注意的是，巴斯奈特的功能等值与奈达的功能对等是不同的。奈达的功能对等是在目

①［英］霍恩比.翻译研究：综合法［M］.李德超，朱志瑜，译.北京：外语教学与研究出版社，2006：33-39.
②谢天振.当代国外翻译理论导读［M］.天津：南开大学出版社，2008：282-304.

标语中寻找与源语最贴近且最自然的对等语，以再现原文的信息。而巴斯奈特的功能等值更强调以文化为翻译的单位，追求不同文化间的等值。

二、中国学者的文化翻译理论

（一）叶君健的文化翻译理论

叶君健是我国著名的翻译家，其一生致力于翻译工作，翻译了大量的中外文学作品，如《论持久战》《安徒生童话》等。他的翻译作品具有丰富的学术内涵和较高的艺术价值，不仅能使中国读者接触和欣赏外国的优秀文学作品，也能使国外读者对中国的文化有更深的理解。

叶君健在翻译实践中形成了自己独特的翻译理念。在他看来，文学翻译并非简单的符码转化，也非翻译技巧的问题，而是一种跨文化交际活动，其中译者的角色至关重要。在这个过程中，译者作为翻译的主体，其价值观念、思维定式都会对其翻译产生影响。译者的文化身份和意识形态立场不仅会影响其对原文的解读，还会影响译文的倾向和功能。也就是说，译者在翻译过程中所做的决策，都会受到其意识形态的影响。

叶君健一直关注译者在翻译过程中的主体性和创造性。他鼓励译者发挥创新精神，充分运用自己的理解和翻译技巧，在尊重原文的同时，创造出独特且出色的译文。他在《翻译也要出"精品"》一文中，提出了精品理论，强调优秀的翻译作品应能体现出译者的翻译人格和人格翻译。在他看来，译者的翻译人格是其翻译作品的灵魂，人格翻译是译者对源语文本的深度理解和诠释，能体现出译者的文化素养和审美情趣。他希望通过精品理论，鼓励译者在翻译实践中创作出更多的优秀翻译作品。

（二）王佐良的文化翻译理论

王佐良，中国的翻译巨匠，他强调要将翻译与文化联系在一起，洞察翻译的本质，并提出了"翻译者必须是一个真正意义的文化人"这一观点。① 他的见解既具有理论深度，又具有实践的指导价值。在《翻译中的文化比较》《翻译与文化繁荣》这两篇文章中，他特别强调了翻译和文化的紧密关系：翻译研究需要置于文化背景下，而非仅局限于语言层面。在他看来，翻译中最大的困难并非语言问题，而在于两种文化的差异，译者表面上是在处理个别的词，但实际上他面对的是两种文化。

王佐良深信，如果能够将翻译与新兴学科比较文化学结合起来展开研究，那么就可以帮助人们在文化交流过程中全面理解不同文化，同时在比较中区分不同文化之间的联系和区别，从而加深对各种文化的理解。因为在本质上，文学翻译不仅仅是对语言的研究，更是对社会、历史、文化等的研究。

20 世纪 80 年代末至 90 年代初，王佐良的观点引起了翻译界的广泛反响，激发了"文化翻译热"，并推动了文化学派的出现。他提出的从文化角度看待翻译的观点，是我国翻译理论研究领域的一个本质性进步。王佐良的翻译理论与西方的"文化转向"理念同步，彰显了他对翻译作为一种文化行为的深刻理解。谢莉·西蒙（Sherry Simon）对翻译研究领域的"文化转向"进行了生动且深刻的描述。她认为，从 20 世纪 80 年代开始，翻译研究领域最引人瞩目的变化就是发生了"文化转向"。② 这一转变意味着翻译研究已经迈进一个全新的阶段，人们开始摆脱过去"如何翻译"和"什么是正确的翻译"的固有困扰，转而关注翻译在社会文化环境中的实际作用和影响。在这个新的阶段，人们开始探究"译本是如何在世界中流通并产生影响"的问题。这个观点与王佐良的观点有着惊人的一致性，它们都强调了翻译的社会文化意义，并以此为基础理解和评估翻译活动的重要性。

---

① 王佐良. 翻译与文化繁荣[J]. 中国翻译，1985（1）：3-7.

②IMON S. Gender in Translation: Cultural Identity and the Politics of Transmission[M]. New York: Routledge, 1996:7-8.

（三）许渊冲的文化翻译理论

许渊冲是多语翻译家，他在英语和法语翻译领域都有着深厚的造诣。他提出了"三美""三化""三之"的翻译理论，分别对应着翻译的本体、方法和目的。[①]

（1）"三美"指的是翻译应当追求"意美、音美和形美"，这是许渊冲对翻译本体的理解。他强调翻译不仅要传达原文的意思，还要注意音韵的美感，以及形式上的优雅。他认为翻译是一种艺术创造，需要译者以创新的方式表达原文的精神和形式。

（2）"三化"是许渊冲的翻译方法论。他提出翻译应该实现"等化、浅化、深化"。"等化"强调的是翻译应保持原文和译文之间的平衡，既不过度解读，也不过于等化。"浅化"指译者需要将复杂的原文以更容易理解的方式传达给读者。"深化"是指在翻译的过程中，译者需要深入理解原文，挖掘其深层含义，以使译文不仅要忠实于原文的表面，还要忠实于原文的内在。

（3）"三之"是许渊冲对翻译目的的阐述。他认为翻译的目的应该是"知之、好之、乐之"，分别强调了翻译的教育价值、欣赏价值和娱乐价值。在他看来，翻译是一种文化交流的重要方式，通过翻译，读者应能了解、欣赏和享受其他文化。

在1997年的国际翻译学术研讨会上，许渊冲进一步阐述了自己的翻译观，主要包括科学与艺术、理论与实践、创作与翻译三个方面。例如，他强调翻译理论并不是一个固定不变的科学规则，而是需要根据实际情况和特定的艺术创造进行调整和变化的。他认为，如果理论和实践之间存在矛盾，应该以实践为主，因为翻译是一种实践活动，其目标是传达信息，而不是坚持理论。他还指出，21世纪是世界文学的时代，文学翻译应得到改进，其重要性不亚于文学创作。他提出的"优势竞赛论"，即

---

① 许渊冲. 再谈"意美、音美、形美"[J]. 外语学刊，1983（4）：68-75.

最好的翻译不一定是最忠实于原文的翻译，而是用最适合的方式表达原文的翻译，引发了 20 世纪末长时间的学术辩论。

（四）杨仕章的文化翻译理论

杨仕章对"文化翻译"的理解和定义是多元化的，他从三个不同的视角对这个概念进行了阐述。[①]

（1）杨仕章将"文化翻译"视为一种翻译策略。从这个视角看，"文化翻译"是对源语言中包含的文化因素进行转化，目的是使之适应目标语的文化环境。在此过程中，他强调了文化转换和文化移入两种方法。文化转换有可能实现文化的等价性，而文化移入可以创造一个透明的文本，且该文本能够清晰地反映原文的文化特色。

（2）杨仕章将"文化翻译"视为一种翻译内容。从这个视角看，"文化翻译"是一种微观的变化，这种变化以语言为载体来实现。其中原文语言涉及的文化信息和意义，构成了翻译的特性。这意味着在翻译的过程中，译者不仅要准确地传达原文的语言信息，更需要传达原文蕴含的文化信息和意义。

（3）杨仕章指出，"文化翻译"也是翻译研究的一部分，是"文化翻译研究"的简称。从这个视角看，翻译是跨文化交流的工具，译者则充当两种文化之间沟通的桥梁，而文化翻译是在跨文化层面进行的转化、沟通和交流。

---

① 杨仕章 . 文化翻译刍议 [J]. 天津外国语学院学报，2003（5）：18-21.

第三节　跨文化交际理论

一、交际的基本认知

（一）交际的概念

交际，这一词语源自拉丁文"commonis"，意为"共享"或"共同"。交际的根本目标即建立起共享的意义或理解，达成有效的沟通。在这个过程中，如果交流双方共享相同的文化背景，那么通常交际的有效性会提高，因为他们在诸多方面都有着共通之处。然而，对于来自不同文化背景的人来说，文化认知的差异可能会给他们带来沟通上的困难。这就是为什么跨文化交际的目标是增进人们对不同文化的理解，从而消除交际障碍。

从学术的角度来看，交际被赋予了多重定义，其中一个被广泛接受的观点是将交际定义为人与人之间的相互交往和信息交换过程。这个过程可以划分为五个阶段：信息编码、信息发送、信息传递、信息接收和信息解码。其中，信息发送者对信息进行编码，即将信息转化为某种符号形式，而接收者则需要解码，即对这些符号进行解读。编码和解码过程都依赖符号系统，而这个符号系统是文化体系的一部分，同时受到文化体系的制约。这一点再次凸显了交际与文化的密切关系，可以说，交际本质上就是一种文化交流，因此交际的过程是文化传承与发展的过程。

关于交际理论研究，首先，研究者通常会从交际主体和客体的角度进行考察，主要关注交际过程中主体和客体的心理变化，如文化心理、社会心理及历史心理等。其次，研究者会从编码和解码的角度进行探究，从本体论的角度出发，将交际的元素分为信息、符号、语言和文化。在这个过程中，文化成为参照系，编码和解码则成为研究对象。

由此可以看出，交际不仅产生于文化，同时受限于文化，这表明交际和文化有着不可分割的关系，且文化的异质性凸显了跨文化交际的重要性。因此可以说，交际是一种文化的表达和传递，是一种社会活动，是一个人类通过符号系统传递、交流信息的过程。从更深层次的角度看，交际是建立人与人之间理解的桥梁，它涉及的不仅仅是信息的交流，更是文化的交流，是社会连接和个人表达的重要方式。

（二）交际的特征

从交际的定义来看，交际需要通过符号的形式传递信息，且传递过程受心理、文化等多种因素的影响，因此交际呈现出以下几点特征。

1. 动态性

交际具有鲜明的动态性特征。它是一个连续的、充满变化的过程，更像是一段流动的电影而不是一张静态的照片。在交际的过程中，每个人都在不断地影响着其他人，同时也被他人的信息所影响。交际的各个元素之间持续互动，无时无刻不在改变，呈现出强烈的动态性。

2. 符号性

符号性是交际的重要特征。符号是交际的关键工具，是人们传递和共享意义的媒介。符号可以是语言的，也可以是非语言的，如各种能代表某种意义的词语、行为或物体。而制造和使用符号，是人类区别于其他动物的一个重要特性。每种文化都有其特定的符号系统，且对于同一个符号，不同的文化可能会赋予其不同的意义。这表明符号和它所代表的意义之间的关系是任意的，也是交际过程中人们需要克服的一个重要挑战。

3. 系统性

交际的系统性贯穿其整个过程。在任何情况下，交际都不是独立发生的，而是建立在一个复杂且庞大的系统之上。这个系统包括众多要素，如场合、场所、时间及参与者等。每一个交际的实例都发生在一定的环境中，这个环境中的元素影响着交际者可能的语言和行为产出，以及他们所使用的符号的含义。例如，正式的商务场合需要正式的服装和规范的话语，而朋友间的聚会则允许更为轻松和随意的表达。不同的场所，如教室、餐厅、公共广场，对人们的行为产生不同的规范和预期。时间也是交际系统的一个重要因素，如商务会议和休闲谈话的时间长短就有所不同。同时，交际中参与的人数也会对交际过程产生影响。总的来说，系统性强调的是交际的环境因素和情境因素在交际过程中的重要作用。

4. 自省性

交际的自省性是指交际者在交际过程中对自身行为的反思和评估。人们使用符号不仅是为了描述周围的世界，也是为了审视自己的交际行为。这意味着在交际中，人们不仅是交际的参与者，也是交际的观察者。人们在进行交际时，也会观察、评价和调整自己的行为，以达到更好的交际效果。不同的文化对自省的重视程度有所不同。在一些文化中，人们可能更倾向于关注自己在交际中的表现。而在另一些文化中，人们可能更多地关注他人在交际中的反应和情绪。

5. 目的性

交际的目的性是指人们进行交际活动时都带有一定的目标和动机。这一特性强调了交际不是无的放矢的行为，而是为了实现某种特定目的或满足某种特定需求的行为。在一些情况下，交际的目的性表现为功利性，也就是为了实现某种具体的利益或目标。例如，商务会议的交际是为了达成某项交易，政治演讲是为了获得选民的支持，教师与学生的交际是为了传授知识和技能。交际的目的性通常比较明确，交际的参与者都清楚自己的目标是什么，也明白如何通过交际来实现这些目标。

然而，交际的目的性并不总是如此明确和直接。在许多情况下，交际的目的可能是隐性的，甚至是潜在的。例如，朋友之间的闲谈并没有明确的目的，但最终会达到维护和增进友谊、满足自己的社交需要的效果。在这些情况下，交际的目的并不是在交际开始时就已经明确的，而是在交际完成后才显现出来的。

6.不可逆性

交际具有显著的不可逆性。一旦话语发出，被听者接收到，说话者就无法再将其收回。这一点表明交际具有"完成性"，一旦开始，就无法撤销或逆转。这是因为话语一旦发出，就已经产生了实际的影响，即使试图撤回或更正，也无法消除其在听者心中留下的痕迹。这种不可逆性也是对交际参与者的一种挑战，要求交际参与者在说话之前深思熟虑，以免后悔。

（三）交际的模式

根据交际的参与者数量、形式和内容等因素，可以将交际模式划分为人际交流、组织交流、全体交流及大众传播四种，如图 2-3 所示。

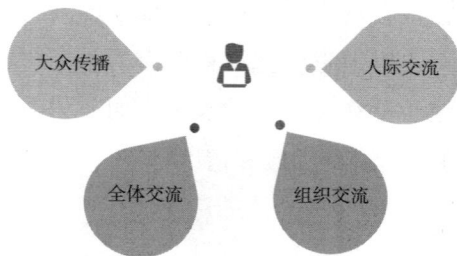

图 2-3　交际的模式

1.人际交流

人际交流是最基本的交际模式，通常涉及两个或者少数几个人之间的直接沟通。这种模式的交际可以是面对面的，也可以通过电话或网络进行。这种模式的交际最常见的例子就是朋友间的聊天或者家庭成员间的对话。例如，两个朋友在咖啡馆里面对面坐着，互相分享彼此的生活琐事或者感受。又如，家庭成员在晚餐时谈论一天的事情。这种模式的交际通常要求参与者都能在交际过程中即时给出反馈，因此它强调的是实时性和互动性。

2.组织交流

组织交流通常发生在某个组织或机构内部，或者是在几个组织或机构之间。组织交流的内容通常与组织的目标和活动有关，包括决策制定、任务分配、问题解决等。这种模式的交际通常涉及更多的参与者，并且需要通过各种形式的会议、报告、电子邮件等方式进行。例如，在一个公司里，经理通过电子邮件向所有员工传达新的公司策略，或者组织部门会议，讨论即将进行的项目。又如，一个非政府组织内部的成员互相讨论和规划即将实施的慈善活动，这些都是组织交流的实例。

3. 全体交流

全体交流是指在一个大的集体或社区内进行的交际。例如，在学校里，校长在全校师生会议上发表演讲，传达新学期的教育理念和目标；在社区中，工作人员组织邻里会议，讨论社区安全问题或者即将进行的社区活动。全体交流的内容通常与这个集体或社区的共同目标或问题有关，包括政策宣传、教育训练、问题讨论等。这种模式的交际需要通过公开演讲、集会、宣传活动等方式进行。

4. 大众传播

大众传播是一种独特且深具影响力的交际模式，它最显著的特点就是覆盖范围广。这种模式依赖各种广播、出版和电子媒体，如电视、电台、报纸、杂志、互联网等，由一方或少数几方向大众传递信息。大众传播的内容非常丰富，从严肃的新闻报道到生活娱乐节目再到广告营销，应有尽有。大众传播可以在短时间内产生广泛影响，因为它可以将信息快速、广泛地传递给大众。而且，大众传播的信息形式也多种多样，包括文字、图片、音频、视频等，这使得信息的传播更加生动、有趣，更容易被接受和理解。

然而，大众传播也有其局限性。例如，信息传播方向单一，只是从发送者到接收者，缺乏双向交流和反馈。除此之外，大众传播的信息容易被操纵或歪曲，导致接收者误解。因此，大众传播也需要遵守道德和法规，以确保信息的准确性和公正性。

二、跨文化交际的基本认知

（一）跨文化交际的概念

跨文化交际是一个复杂但同时吸引人的研究领域，涉及不同文化背景的人们如何通过言语和非言语的方式进行沟通和理解。其英语表达"intercultural communication""cross-cultural communication"由美国人类学家爱德华·霍尔在其著作《无声的语言》中提出。虽然有一部分学者尝试对这两个词进行细致的比较，强调其中的"文化比较"与"交往差异"，但大多数学者并未特别区分这两个词。事实上，无论是"intercultural"还是"cross-cultural"，都在试图描述一种在不同文化环境中发生的交流形式。

《朗文语言教学及应用语言学辞典》写道：（跨文化交际是）指不同文化背景的人之间的思想、信息等的交流。跨文化交际中出现的问题一般要比相同文化背景的人之间的交际出现的问题多。每位交际参与者都根据自己的文化习俗和预见理解别人的话语。如果交际参与者的文化习俗迥异，就很容易引起误解，甚至导致交际的完全失败。

美国学者拉里·萨莫瓦尔（Larry A. Samovar）认为，跨文化交际是指那些其文化观念和符号系统的不同足以改变交际事件的人们之间的交流。[①]

美国学者威廉·古迪昆斯特（William B. Gudykunst）认为，跨文化交际是一个交流性的和象征性的过程，涉及来自不同文化背景的人们之间的意义归因。[②]

[①]SAMOVAR L A, PORTER R E, STEFANI L A. 跨文化交际[M]. 3版. 北京：外语教学与研究出版社，2000：48.

[②]GUDYKUNST W B. Cross-cultural and Intercultural Communication[M]. Thousand Oaks: Sage Publications, 2003：7-34.

德国学者格哈德·马勒茨克（Gerhard Maletzke）从文化归属角度对跨文化交际活动进行了解释：当不同文化归属的交际者走到一起，互相清楚与对方的文化是不同的，但他们还是愿意分享自己的认知，开展交际行为，进而产生了跨文化交际活动。①

中国英汉语比较研究会英语教学研究分会会长、中国跨文化交际研究会会长胡文仲表示，具有不同文化背景的人员从事交际的过程，是文化认识和符号系统不同的人员之间的交际，这些不同的文化认识和符号系统足以改变交际事件。②

中国语言学及应用语言学家吴为善、严慧仙对跨文化交际的定义：来自不同文化背景的人在特定的交际情境中使用同一种语言进行口语交际。③

基于以上定义可知，跨文化交际涉及不同文化背景的人通过语言、符号或文字进行信息交流、文化传播以及表达个人观点。在国内的研究环境中，跨文化交际的定义主要围绕教师展开，特别是在语言和文化教学领域。从这个角度来看，跨文化交际常常被看作一种学科教学。然而，这种定义并不全面，因为跨文化交际在现实生活中的实际应用远远超过了学科教学范畴。

从一个更广泛的角度来看，跨文化交际可以被视为一种在特定情境下，不同文化背景的人进行面对面交流的过程。在这个过程中，参与者的语言、符号或文字的使用都受到自身文化背景的影响，且他们不仅是在传递信息，更是在传播和展示各自的文化思想。再进一步说，跨文化交际也可以被看作一种文化思想的交流和互动。在交际过程中，参与者的文化观念、价值观以及行为规范都可能体现出来，而这些都是对他们自身文化背景的反映。这种交际活动不仅有助于增进参与者间的理解，

①[德]格哈德·马勒茨克.跨文化交流：不同文化的人与人之间的交往[M].潘亚玲，译.北京：北京大学出版社，2001：32.

②胡文仲.跨文化交际学概论[M].北京：外语教学与研究出版社，1999：3.

③吴为善，严慧仙.跨文化交际概论[M].北京：商务印书馆，2009：21.

也有助于推动文化的交流和融合。

在现实中，跨文化交际的研究并不仅限于学科教学，还涉及社会交往、商业交流、国际关系等多个领域。随着经济全球化的发展，各种文化交融活动日益增多，跨文化交际的重要性日益凸显。通过有效的跨文化交际，人们可以更好地理解不同的文化，更好地适应多元化的世界。

（二）跨文化交际的分类

1.根据交际范畴的不同

根据交际范畴的不同，跨文化交际可以分为宏观跨文化交际和微观跨文化交际。宏观跨文化交际是指在国际范围内，不同国家、种族、民族之间的交际。例如，中国人与法国人的交际。他们来自不同的文化背景，有着不同的语言、信仰、价值观和习俗，因此他们的交际是跨文化的。这种跨文化交际的复杂性和深度常常需要参与者具备良好的跨文化交际能力，包括理解和尊重他人的文化、有效使用语言和非语言交际手段，以及应对文化差异带来的挑战。

微观跨文化交际是指在同一国家内，不同民族、种族或地域之间的交际。例如，在印度，同样是印度人，但南印度人和北印度人，或者具有不同宗教信仰的人之间的交际，也是跨文化的。他们使用不同的方言，有着不同的习俗和生活方式，因此他们的交际也涉及文化的理解和适应。

2.根据文化圈的不同

根据文化圈的不同，跨文化交际可以分为文化圈内的交际和文化圈际的交际。文化圈内的交际是指在同一主流文化中，不同个体之间的交际。比如，英格兰人和苏格兰人的交际。

文化圈际的交际是指在不同主流文化中，个体之间的交际。例如，巴西人和韩国人之间的交际。

3.根据交际群体的不同

根据交际群体的不同，跨文化交际可以细分为跨种族的交际和跨民族的交际。这两种交际方式实质上都涉及对文化差异的理解和处理，但其内容、特点和挑战有所不同。

跨种族的交际是指来自不同种族的人们之间的交际，这种交际常常包含着对种族身份和种族差异的认知和处理。例如，澳大利亚的白人与土著人之间的交际。他们在历史、语言、习俗和社会地位上都存在着明显的差异，因此在他们的交际中，常常需要处理这些差异带来的误解和矛盾。例如，土著人的语言和习俗在澳大利亚社会中常常被边缘化，因此白人在与他们的交际中，经常需要思考如何理解和尊重他们的语言和习俗，以避免种族主义和文化霸权的出现。

跨民族的交际是指来自同一国家或者不同国家的不同民族的人们之间的交际。这种交际常常包含着对民族文化和民族身份的认知和处理。例如，加拿大的魁北克省的法裔人与英裔人之间的交际。他们虽然都是加拿大人，但他们的语言、文化和历史背景都有所不同。因此，他们在交际中，不仅需要处理语言差异，也需要处理对民族文化和民族身份的理解和认同。比如，魁北克省的法裔人对他们的法语和法兰西文化非常自豪，因此英裔人在与他们的交际中，要将"如何尊重和接纳法裔人的法语和法兰西文化"作为一项重要的交际问题去处理。

（三）跨文化交际的影响因素

跨文化交际的影响因素包括多个方面，具体可从主观和客观两个方面展开论述。客观方面的因素主要是环境因素，主观方面的因素包括心理因素、语言交际因素和非语言交际因素，如图 2-4 所示。

环境因素

非语言交际因素　　　　　心理因素

语言交际因素

图 2-4　跨文化交际的影响因素

1.环境因素

（1）物理环境因素。物理环境是指交际活动进行的实际空间环境，包括建筑风格、布局、照明、音响、温度等物理条件。这些物理环境会构成一种"无声的语言"，对交际活动产生影响。例如，茶室的设计和布局对传递茶文化起到了关键的作用。因此，在跨文化交际中，交际者需要理解这种物理环境对交际活动的影响，以便更好地适应和参与交际活动。

（2）自然环境因素。自然环境包括地理位置、气候、地形等因素，这些因素对一个民族的文化发展和交际方式都有深远的影响。例如，在中东，人们习惯在傍晚才开始繁忙的活动，白天则一般在室内休息，这主要是受高温气候的影响。这种生活习惯不仅影响了他们的生活节奏，也影响了他们的交际方式和时间。而在北欧国家，长期的冬季和短暂的夏季造就了人们勤劳、创新和追求高效的民族性格，这在他们的交际方式中也有所体现。因此，在进行跨文化交际时，交际者需要理解自然环境对目标语民族文化和交际方式的影响，以便更好地适应和理解他人。

（3）社会环境因素。跨文化交际不仅受到物理环境因素和自然环境因素的影响，同样受到社会环境因素的深远影响。社会环境因素包括但不限于社会制度、社会经济、社会教育及社会价值观等方面，它们都对跨文化交际起着至关重要的作用。其中，社会制度是构成社会环境的重要因素之一。每一个国家或地区都有其特殊的社会制度，而这些制度往往会影响其民众的行为习惯和交际方式。例如印度的"种姓"制度。因此，在跨文化交际中，理解和尊重这些社会制度是非常重要的，这不仅能够帮助人们避免文化冲突，更能够帮助人们深入地理解他人的文化。

社会经济环境也会对跨文化交际产生影响。经济水平的高低直接影响着人们的生活方式和价值观，进而影响人们的交际行为。例如，发展中国家和地区可能更重视家庭和社区，而发达国家可能更注重个人主义和自我实现。这些不同的价值观将反映在人们的交际方式上，形成截然不同的交际模式。与之相关的社会教育水平是决定一个民族跨文化交际能力的重要因素。教育程度高的人们通常更能够理解和接纳其他文化，更有能力进行有效的跨文化交际。例如，北欧国家的教育体系强调培养学生的全球视野和跨文化交际能力，因此他们在跨文化交际中往往表现得更出色。社会价值观无疑也是影响跨文化交际的重要因素。不同的社会有不同的价值观，这些价值观不仅影响人们的思维方式，更影响人们的行为方式。例如，在东方社会中，尊敬长者、尊重集体和谦虚谨慎等价值观被广泛接受，并在交际中得到体现。

2. 心理因素

心理因素是影响跨文化交际过程的关键因素。心理因素内涵丰富，其中心理定式和民族中心主义是影响跨文化交际的两个重要因素。

（1）跨文化交际过程中的心理因素涵盖众多元素，其中之一便是心理定式。心理定式是人们将复杂的社会信息简化并组织成一个易于理解和记忆的分类系统。这种心理定式来自各种渠道，包括但不限于家庭教育、社交网络、个人经验和大众媒体。这种简化的分类方法虽然便于快速处理社会信息，但同时可能造成误解和偏见。

在跨文化交际的背景下，人们往往倾向于对一文化群体的特征归进行类，并假定某一群体中的所有个体都符合这种分类。例如，人们会默认西方人更重视个人主义，而东方人更偏向集体主义。这种方式被称为文化定式，常常被用来解释和预测他人的行为。然而，这种方式存在的问题是，忽视了群体内部的个体差异，以及文化群体间可能存在的共性。单纯根据人们的文化背景进行分类，可能会导致跨文化交际过程中的误解和冲突。

人们在交际过程中，如果仅依赖定式去理解和评估他人，将难以全面认识个体的复杂性和独特性。因为定式将人们的认知限定在了一个有限的框架内，人们可能会忽视许多不符合定式的个体特质和行为。举例来说，如果人们仅依赖文化定式，会产生诸如法国人都喜欢喝红酒、巴西人都会踢足球、中国人都擅长数学等方面认知。

然而，如果使用交互社会语言学的理论框架和语篇系统分析法，就可以从特定的语言、行为中获得更深入、更全面的理解，就能尽最大可能避免过度依赖文化定式导致的误解。

（2）民族中心主义，作为一种视自身文化或民族优越、以自身文化标准评价其他文化的心态，无疑是影响跨文化交际的重要心理因素。这种观念存在于多数文化群体中，因为大多数人从内心深处都认为自己的文化是卓越的。在跨文化交际的过程中，民族中心主义的存在可能导致交际双方的误解、冲突，乃至不信任、仇恨，形成无形的交际隔阂。

以美国文化和中国文化为例。美国文化强调个人主义，倡导直接、坦率的沟通方式。而中国文化更注重集体主义，讲究间接、委婉的交际方式。如果一个美国人以自身文化为标准看待中国人的沟通方式，可能会认为中国人过于含蓄，甚至不真实、不诚实。同样，一个中国人如果以自身文化为标准看待美国人的沟通方式，可能会觉得他们过于直接、冲动，缺乏对他人的尊重。这种基于民族中心主义的判断，容易引发交际双发的误解，扩大交际距离。

为了避免民族中心主义带来的跨文化交际障碍，应该倡导文化相对主义的观念，即对待其他文化，应以其他文化为标准去解释和评价拥有这种文化的人的交际行为。比如，美国人与中国人交际时，应该理解和尊重彼此的沟通方式，美国人可以尝试接受和理解中国人间接、委婉的交流方式，而中国人也可以尝试接纳美国人直接、坦率的交际风格。只有这样，才能缩小交际距离，推动有效的跨文化交际。

3.语言交际因素

在跨文化交际中，语言是不可或缺的要素。语言并非简单的文字或语音交流，更多的是一种思维方式和文化表达。语言包含诸如语音、语法、词汇、习语、礼貌用语和交际用语等多种元素，这些元素都会影响跨文化交际的效果。在跨文化交际中，音律、语气和语体的使用是较为重要的。

（1）音律。音律在跨文化交际中扮演着重要的角色，特别是在标点和停顿的使用上，它能够明显影响句子的解读和理解。请看以下两个句子。

例1：

我知道，你喜欢狗。

在这个例子中，句子的音律特征和停顿位置表明"我知道"是一个独立的陈述，然后跟随的是另一个陈述"你喜欢狗"。

例2：

我知道你，喜欢狗。

在这个例子中，音律的改变和停顿位置的移动使得句子的意思发生变化。现在，"我知道你"和"喜欢狗"变成了两个独立的句子，意思是"我认识你，而且知道你喜欢狗"。

这两个例子说明，即使句子的词语和结构没有改变，但只改变停顿的位置和音律，也能改变句子的含义。这种微妙的语言特征在跨文化交际中尤其重要，因为不同的文化对停顿和音律有不同的理解和习惯。如果不能正确理解和使用音律，就可能导致交际障碍。

（2）语气。在全球范围内的跨文化交际中，语气的差异与使用方式可以极大地影响沟通的效果。语气是指说话者在说话时对话语含义的态度或者情感，它通过改变语境化线索以及说话者与听话者之间的社会关系框架，形成不同的语言表现形式，从而影响听话者对说话者话语的理解。

一方面，语气不仅是个人风格的体现，而且是文化习惯的体现。每种文化都有其独特的表达方式，包括表达请求、建议、批评和赞扬等。这种文化特征在跨文化交际中表现得尤为明显。以中国文化和美国文化为例，两者在表达请求时的语气存在明显的差异。在中国文化中，人们在表达请求时，通常采用间接和委婉的方式，避免直接命令或要求，以体现对他人的尊重和避免冒犯他人。

另一方面，语气也可以反映文化中的权力关系和社会地位。在一些文化中，社会地位高的人通常可以使用更直接和强硬的语气，而社会地位低的人则需要使用更间接和谦逊的语气。

（3）语体。在跨文化交际中，语体的选择对接收方理解信息具有重要影响。语体通常可以分为正式和非正式两种，这两种类型各自又有一系列的子类。这些不同的语体各有特点，分别适用不同的场合和目的。

在正式语体中，如演讲，一般会使用标准词汇和语法，语速较慢，发音清楚，有助于听众理解。这种语体不仅关乎语言的精确性和标准化，也需考虑如何吸引并保持听众的注意力，如何进行互动和建立与听众的连接。例如，在联合国大会的演讲中，各国领导人通常会使用正式的、慎重的语体，以表达他们的观点和立场，并努力说服听众。

另一种正式语体是朗读，它是书面语言的有声化，通常会使用清晰的词汇和语句，按照规定的语速、语流和节奏进行。与演讲不同，朗读往往是单向的信息传递，不涉及与听众的互动。例如，播音员在电视或广播节目中朗读新闻，他们需要使用清晰、准确的语言来传递信息。

在非正式语体中，如交谈，使用的语言通常更加自由和灵活，且语言形式受环境的影响。这种语体常用于熟人之间的交流，或者在非正式场合的交流。例如，在家庭聚会或者朋友聚餐中，人们会使用这种轻松、随意的语体。

在跨文化交际中，了解和适应不同文化的语体习惯是至关重要的。在某些文化中，非正式语体可能被视为不尊重或者粗鲁，而在另一些文化中，过于正式的语体又可能被视为生硬或者距离感太大。因此，了解不同文化的语体习惯，并在恰当的场合使用恰当的语体，可以大大提高跨文化交际的效果。例如，当在国外进行商务谈判时，了解和遵循该国的正式语体习惯可能会有助于建立信任和尊重，从而提高谈判的成功率。

4.非语言交际因素

跨文化交际不仅依赖语言交流，非语言交际的作用也不可忽视。实际上，非语言交际在许多情况下能起到关键的作用，它通过一系列非言语信号，帮助表达者传达他们的意思、情感和态度。这些非语言信号与语言信息密切相关，共同构建了交际的意义和内容。非语言交际包括各种各样的元素，如肢体语言、副语言、环境语言、客体语言以及体距等。这些元素通过一系列视觉、听觉和触觉信号，参与交际活动。下面详细论述肢体语言和体距对跨文化交际的影响。

（1）肢体语言。在跨文化交际中，肢体语言的重要性不可被忽视，它包括目光交流、手势以及面部表情等非语言行为，这些行为常常能直接或者间接地表达出一个人的情绪、态度和意图。其中，目光交流在跨文化交际中有着显著的影响。例如，在中国，人们会避免持续的眼神接触，特别是在异性间的交流中，过度的眼神接触会被视为失礼。而在美国文化中，直接的眼神交流被视为一种友好和合作的表现，有助于增进彼此之间的交流和理解。

与此同时，手势在跨文化交际中也起着至关重要的作用。例如，在西方文化中，在交谈中大量使用手势被认为可以增强表达的生动性和感染力。相比之下，在中国文化中，过度地使用手势被视为不适当，而适当地使用手势则被视为更具有修养和文化素质。需要注意的是，同一手势在不同的文化背景下可能有着截然不同的含义，所以在跨文化交际中使用手势时需要特别注意。除此之外，面部表情是表达个体内在情感的一条重要途径，在跨文化交际中同样起到至关重要的作用。比如，在美国文化中，夸张的面部表情被认为可以增强交流效果。而在中国文化中，人们更倾向于在正式场合控制面部表情，以使举止得体。

（2）体距。体距在跨文化交际中起着举足轻重的作用。体距涉及两个主要的维度：一是领域感；二是个人空间感。交际双方的体距及其交谈音量，往往取决于他们之间的关系以及交际场所。霍尔的研究揭示了体距变化对交际的影响，并提出它在交际中起着超语言的作用。

人们通常认为，在美国文化中，体距有四种类型，分别是亲密距离、私人距离、社交距离和公众距离。亲密距离适用于非常亲近的人之间，如恋人或家庭成员；私人距离适用于比较熟悉的人之间，如朋友；社交距离则常在商务环境或正式场合中使用，如会议或办公室；公众距离则适用于公共场合，如公开演讲。

然而，这些体距的标准在不同的文化中可能有所不同。例如，在拉丁美洲的文化中，人们在交谈时的体距通常更为接近。相反，在亚洲文化中，人们更倾向于保持更大的体距。在跨文化交际活动中，非语言交际因素往往具有一定的模糊性，如果没有语言交际的配合，容易引起误解，导致交际障碍，甚至引发文化冲突。因此，理解并恰当地保持体距，可以有效地帮助人们进行跨文化交际。

第四节　跨文化修辞学理论

一、修辞的性质与特点

（一）修辞的性质

修辞通过对语言材料的调整、修饰，能美化语言，从而帮助人们更好地交流思想、表情达意。所谓"调整"，主要指依据题旨情境的需要，对词语、句式、段落、篇章做恰当的选择和安排；所谓"修饰"，主要指恰当地选择一些修辞手段、修辞手法，增强语言表达的艺术效果。最终目的是达到语言准确、鲜明，没有丝毫的模糊，也没有丝毫的歧义，使人们能清楚地明白意思。

以上定义主要介绍了修辞的使用方法和使用意义，对修辞的性质没有过多的探讨。实际上，修辞已在文学、演讲及日常交流等许多领域得到广泛应用。它的核心在于通过精选和调整语言材料，并用恰当的修辞手法进行修饰，以提升语言的精确度、清晰度和艺术性。

在解读修辞的本质时，可以将其看作一种深度的思维活动。修辞不仅仅关乎语言的选择和使用，更关乎如何巧妙地运用语言，将抽象的想法和情感转化为具象的文字，并清晰、鲜明地展现出来。例如，在写作一篇关于环保主题的文章时，合适的语言材料和表达方式至关重要。如果仅是平铺直叙地列出一些环保数据和事实，可能无法引起读者的深度关注。然而，通过使用修辞手法，如比喻，将地球比喻为人类的母亲，呼吁人们爱护环境，就可能产生更深远的影响。修辞的运用，无疑是一种思维技巧，需要选择和整理语言材料，精练表达方式，以达到最佳的交流效果。

修辞也被广泛认为是一种艺术，因为它要求人们深入理解和娴熟掌握语言，借由修辞手法的运用，赋予语言美感，从而增强语言的感染力和影响力。例如，在诗歌中，比喻、拟人等修辞手法的使用，使得抽象的情感和想法在文字中得到了鲜活的体现，不仅极大地增强了读者的共鸣，也提升了诗歌的美学价值。所以，修辞不仅仅是装饰语言的工具，还可以增强语言的感染力和影响力。

学习和运用修辞需要一个过程。实际的语言使用是提升运用修辞技巧能力的重要途径。在日常生活中，不断地使用语言、进行各种形式的交流和写作、不断尝试用巧妙的语言表达想法和情感，都是学习和运用修辞的重要环节。例如，一个好的演讲者会借助一系列修辞手法，如比喻、夸张、反讽等，使语言生动有趣，同时达到更好地说服听众的目的。这种实践，不仅锻炼了语言技巧，更提升了对修辞本质的理解和把握。只有不断尝试，才能更好地理解和掌握修辞，从而达到良好的语言表达效果。

修辞不仅是对语言使用技巧的学习，更是一种能力的提升，这种能力包括选择和调整语言材料以适应特定的主题和情境，以及使用各种修辞手段增强语言表达的艺术效果。修辞不仅仅是对语言的装饰，更重要的是使语言表达更为准确、鲜明，没有任何模糊和歧义，使听者或读者能更清楚地理解讲话人的意图。

（二）修辞的特点

修辞的特点突出体现在以下三个方面，如图 2-5 所示。

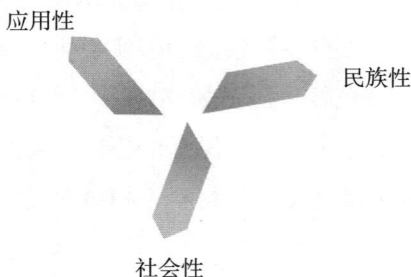

应用性

民族性

社会性

图 2-5　修辞的特点

1.民族性

修辞作为一种语言艺术，其内涵和表达方式受到具体文化的深刻影响，因而呈现出鲜明的民族性特点。修辞的民族性，就是说修辞的各个环节，包括语言材料选择、手法的选用等，都受民族的文化心理和价值观念的影响。这种影响在宏观和微观两个层面都有所体现。

从宏观层面看，修辞的民族性是修辞辅助开展社会交际行为的自然反映。在不同的社会和文化环境中，人们的思想观念和行为模式会有所不同，这种不同就反映在修辞上。在一定程度上，修辞也可以视为民族文化的一种表现形式。例如，中国文化重视谦逊、含蓄，这在修辞表达中，就体现为大量使用借喻、反衬等手段。而西方文化倡导直率、开放，这在修辞表达中，就体现为更倾向于使用明喻。

从微观层面看，修辞的民族性更多地体现在修辞手法的选择和运用上。不同的民族，由于其文化和生活习俗的差异，所选择和使用的修辞手法也会有所不同。例如，中国文化中，大量成语中包含修辞手法，如草木皆兵、三头六臂等，这是中国五千多年文化积淀的独特表现。而在西方，诸如比喻、夸张等修辞手法的使用更为常见，这体现了西方文化的直接。

此外，民族的伦理道德观念也在一定程度上影响修辞手法的选择和运用。例如，西方社会强调个体的自由和平等，因此在修辞中，往往避免使用带有自谦意味的表达方式。而在东方社会，由于对社会阶级和尊卑关系的特殊认识，常常会在修辞中体现出谦逊和尊敬的语言表达方式。

2. 社会性

修辞作为一种基于语言的表达和沟通方式，在社会生活中扮演着重要的角色。无论是在公共场合还是在私人空间，无论是在传统的文化交流还是在现代的社会互动中，都离不开修辞的运用。一个恰当的比喻、一段生动的描绘、一种独特的表达方式，都能增强语言的感染力和影响力，使得表达更为生动，理解更为容易，从而实现有效的交际。

随着社会的不断进步和发展，尤其是经济全球化的推动，各种文化、观念和价值观相互交融和碰撞，不断增强语言交流的复杂性和多样性，使得修辞的运用变得更为重要。修辞不仅可以使语言表达更具有吸引力，而且能够将复杂、抽象的思想和观念转化为人们容易理解和接受的形式，从而实现文化、观念和价值观的有效传递。另外，在现代社会，人们面临的场景更加多样化。从商业广告、公关活动到求职面试、公开演讲，甚至日常生活中的聊天、交谈，都涉及修辞技巧的运用。在这些场景中，恰当的修辞，可以使表达更具有吸引力，更能打动听者或读者，从而顺利达到传达信息、表达观点、影响他人的目的。

在此基础上，可以说每个人都是一个修辞家。不论是在公共场合还是在私人空间，人们都在不断地运用修辞进行语言表达和沟通，从而使得修辞具有广泛的社会性特点。

3. 应用性

修辞作为一种基于语言符号的艺术表达，深刻地展现了其应用性的一面。修辞的应用性主要体现在其所具有的实际效用上，通过对语言材料的选择和修饰，帮助人们更有效地传达思想、情感以及信息。例如，运用修辞手法，可以使语言表达更加得体、准确，从而确保信息接收者能更为直观和深入地理解传达者的意图，避免误解和误导，进而达到沟通和交流的目的。

如同工具，不同的修辞手法具有不同的效果，运用与交际场景相符的修辞手法会使语言更有力量，更能准确传达表达者的意图。修辞并不是孤立存在的，而是在特定语境中才能发挥出最大效用。这就要求人们在使用修辞的过程中，要充分考虑语境的影响，以确保修辞的准确性和得体性。同时，对修辞的评价，也需要结合具体的语境，才能更准确地判断其效果和价值。

二、修辞与文化的关系

修辞与文化是互为存在条件的关系。修辞既是文化的表达，又是文化的创新。文化为修辞提供了丰富的素材和深厚的底蕴，修辞则以其独特的方式再现和传播了文化。在跨文化交际中，理解修辞的文化内涵和联想意义至关重要。

以"龙"为例，它在中国和西方文化中代表的意象是截然不同的。在中国文化中，"龙"象征着权威、尊贵和吉祥，是一个积极正面的形象。而在西方文化中，"龙"通常被描绘为邪恶的生物，象征着破坏和灾难，具有贬义。又如"白色"，在一些文化中，白色象征着纯洁与和平，而在一些文化中，它可能代表哀伤和死亡。

联想意义可以理解为某一词语在特定的语境和文化背景中引发的特定情绪和感触，这在跨文化交际中尤为重要。如果不能理解词语的联想意义，就很难全面接受并理解该词语承载的全部信息，也就无法达成真正有效的交际。因此，在学习修辞的过程中，学习者需要着重把握词语的文化意义，而不能仅依赖词语的概念意义进行主观判断。

除了词语，修辞手法也深深植根于特定文化的土壤中。比喻就是一个很好的例子。比喻是一种常用的、以一种事物来描述或表达另一种事物的修辞手法，这种手法在不同的文化背景中会产生不同的理解。比喻的产生是文化对语言影响的结果，对比喻的理解又离不开文化的参与。换句话说，比喻的意义和效果是由文化赋予的，而理解比喻的关键在于理解其中蕴含的文化内涵。在各种文化中，比喻的运用是普遍存在的，但对其的理解会受文化背景的深深影响。为了更好地说明这一点，可以看一些具体的例子。

先看一个来自英美文化的例子："Time is money."。这个表达明显运用了比喻，用金钱比喻时间，表达了在工业化、商业化的社会中，时间的重要性和价值。这个比喻深受英美文化的影响，反映了商业社会对效率和时间管理的高度重视。如果没有理解这个文化背景，读者就很难理解这个比喻的深层含义。再看一个来自中国文化的比喻："远水解不了近渴。"在这个比喻中，"远水"和"近渴"形成鲜明的对比，表达了一个深层的哲理——对于迫在眉睫的问题，需要及时的解决方法，而不是遥不可及的希望。这个表达反映了中国传统文化中的实用主义和现实主义价值观念，强调实事求是和面对问题的直接性。对于没有理解这种文化背景的人来说，理解这个比喻可能会存在困难。

三、跨文化修辞学的前身及其发展

跨文化修辞学的诞生可追溯到 20 世纪 60 年代，其概念源自美国学者罗伯特·卡普兰（Robert Kaplan）的开创性研究，最初被称为对比修辞学。卡普兰在 1966 年的《跨文化教育中的文化思维模式》一文中，首次深入探讨了文化与语言的紧密联系以及文化思维模式对外语写作的影响。

卡普兰通过研究自外语学习者撰写的 600 多份作文，发现了一个显著的现象：来自不同语言和文化背景的学习者，他们在写作中展现的论证策略和语篇模式各具特色。他将这种现象归因于文化思维模式和修辞方式的差异，认为学习者在学习外语写作时，往往会保留母语写作的习惯和方式。虽然持续的外语写作指导有助于学习者调整其语言使用偏好，但母语思维的影响不会被完全消除。这使卡普兰注意到文化和语言差异对外语写作教学的深远影响，为对比修辞学的发展铺平了道路。

然而，一些学者质疑卡普兰的理论，认为他过于片面，忽视了其他影响写作的因素。也有一些学者批评他的文化分类过于武断，显得过于偏向某种民族优越感。此外，还有一些学者认为对比修辞学研究过于强调修辞间的差异，这对不同修辞间的平衡发展不利。

在受到诸多批评后，卡普兰对对比修辞学做出了一些重大调整。例如，扩大了对比修辞学研究的文本范围。除了学生作文，还开始对学术写作文体进行探讨，包括学术论文、研究报告、研究方案等。不仅如此，应用文体如商业信件、律师函等也成为对比修辞学研究的重要对象。这种改变不仅丰富了对比修辞学的研究领域，也使其对语言运用的理解更加深入和全面。

与此同时，对比修辞学开始更加注重写作的社会情境。写作的社会情境，包括目标读者、写作目的、严谨性要求等，这些对学习者的写作过程以及最终作品都有着重要影响。不同的社会情境需要学习者进行不同的修改次数，他们的注意力集中点也会有所变化。这些社会情境中的期望和规范往往源自特定的文化或学科群体，因此理解这些情境对理解文本的修辞具有重要意义。此外，对比修辞学不再只关注文本的表面意义，也开始关注意义的构建过程。这一转变的背后是对意义的深入理解：意义并非静止的，而是动态的，是社会认知行为的产物。因此，理解文本的意义需要深入意义构建的过程中去，而不能仅仅停留在文本的表面。

海因兹（Hinds）和康纳（Connor）是对比修辞学领域中具有代表性的人物，他们的研究具有广泛的影响力，加深了人们对修辞使用的理解。

一方面，海因兹的研究主要关注英语、日语、汉语、韩语、泰语等多种语言在写作和修辞方面的差异。他的工作揭示了不同语言和文化背景下的写作实践和修辞方式的多样性。这不仅强调了不同语言和文化的独特性，同时提示人们在研究和教学中需要注意到这些差异。海因兹的研究着眼于具体的语言文本，揭示了严谨的语料分析在语言学研究中的重要性。另一方面，康纳的研究覆盖了更广泛的领域，主要涉及以下五个方面：探索了美国写作语篇分析与欧洲写作语篇分析之间的联系，尝试在两种不同分析系统中寻找共同点和不同点，并探讨其对写作教学的影响；她研究了对比修辞学和修辞学之间的关系，旨在更深入地理解两者的内在联系；她关注了语类分析和基于语料库的对比修辞研究，这个方面的工作进一步展示了数据驱动的研究方法在对比修辞学中的应用；她探讨了对比修辞学和特殊用途英语教学之间的联系，试图为教学实践提供更多的理论支持；她关注了对比修辞学研究方法的革新，旨在提出更有效的研究方法来研究修辞现象。

四、跨文化修辞学的研究内容

（一）语篇的跨文化研究

跨文化修辞学的研究内容——语篇的跨文化研究，是一个复杂的领域。语篇的形成与运用不仅仅取决于语言本身的规则，而且深受文化因素的影响，这意味着研究者需要从更宽广的角度分析语篇，应考虑到不同文化的表达方式和社会功能在语篇形成过程中发挥的作用。除此之外，研究者还需要对文化的界定和研究进行深入探讨。在特定的教育实践中，所谓的"小文化"可能会起到关键的作用。这些"小文化"可以是学生的社群文化，也可以是学者、专业人士等特定群体的专业文化。

与此同时，在特定的文化背景下，语言教学对写作的影响也需要被关注。语言教学不仅需要教授学生语言技能，还需要向学生传递文化理念，因此，教育背景会对个体的语篇形成产生深远的影响。因此，语篇的跨文化研究需要考虑语言学习者的背景。语言学习者的语言素养不仅与他们的语言技能有关，也与他们的文化背景和身份特征有关。随着科技的发展，线上学习成为越来越重要的学习方式，这为语篇的跨文化研究提供了新的研究空间。对于学习者来说，在线学习环境可以帮助他们比较不同文化的修辞风格，提高他们的学术写作水平。

（二）基于课堂的跨文化研究

基于课堂的跨文化研究的主要目标是揭示课堂对话、小组活动、教师与学生的讨论以及过程化写作等教学实践在跨文化语境中的差异和影响。这一研究深入关注文化差异以及种族间的差异如何影响课堂的交流和沟通。

基于课堂的跨文化研究通常会分析具体的教学案例，如深入观察二语写作课堂上教师与学生的互动以及学生之间的交流，从而更全面地理解跨文化修辞学在教学实践中的应用和影响。除了课堂互动，基于课堂的跨文化研究也会关注学习者对语篇修辞结构的认知和理解。比如，在外语教学中，研究者可能会考察学习者在学习新语言时，如何理解和应用该语言的修辞结构。这样的研究，可以揭示跨文化修辞学对语言学习过程的影响，并为改进教学方法提供依据。此外，基于课堂的跨文化研究也需要考虑社会、政治和学术话语对二语写作教学的影响。在某些情况下，一些占统治地位的社会话语对教学实践产生的影响更大，甚至超过教师的主导作用。最后，基于课堂的跨文化研究还需要关注网络教学环境中的语篇差异。例如，在一项涉及加拿大、墨西哥和美国研究生的网络课程中，研究者可能会比较学生在网络教学环境中使用的人称代词和情态动词的差异。这样的研究不仅可以揭示网络教学环境中的跨文化差异，也可以为设计更有效的网络教学策略提供参考。

（三）写作体裁的跨文化研究

在跨文化修辞学的研究中，一个重要的研究领域是探索各种写作体裁在不同文化背景下的应用和表现。早期的对比修辞学研究主要集中在说明文的分析上，随着研究的深入，人们开始认识到写作的目的和语境对外语写作的重大影响，进而将研究范围扩展到特定的写作体裁，如议论文等。写作体裁可以根据其功能和用途分为学术英语、专门用途英语和职业写作等。学术英语主要包括学位论文、学术论文、会议论文等，研究者通过比较论文摘要、引言和元语篇等部分的结构和修辞用法，结果发现存在明显的跨文化差异。一些研究发现，在生物医学学术论文中，不同语言背景的作者对第一人称复数"we"的使用频率和用法存在显著差异。这样的研究有助于揭示不同文化背景下学术英语写作的特点和规律。

专门用途英语主要涉及商业信函、申请书、筹款信等专业文体，研究者会从宏观和微观两个层面比较不同语言的商务信函语篇模式的异同，从而揭示不同文化间商务信函的语篇差异。这样的研究对理解和掌握商务英语写作规则具有重要价值。

职业写作研究主要关注职业场合的书面沟通方式。比如，研究发现不同文化背景的职员写的电子邮件的语篇结构和修辞方式存在显著差异。这样的研究有助于揭示职业写作的跨文化特点和规律，为职场人士提供有效的写作指导。

（四）研究语言层面的扩展

跨文化修辞学的研究内容在语言层面上有着广泛的扩展，尤其是在语言影响和语言文本比较方面。

（1）对二语学习者来说，母语对外语学习的影响已被广泛研究。母语的修辞习惯、语法规则和词汇使用等会在一定程度上影响学习者的二语写作。但近年来，跨文化修辞学的研究者开始关注二语学习对母语写作的影响。例如，学习者在学习二语的过程中可能会习得一些新的语言规则和修辞习惯，这些新的规划和习惯可能会反过来影响他们的母语写作，这种影响可能体现在词汇使用、句法结构、修辞风格等各方面。这一研究方向为人们提供了一个全新的视角，能帮助人们更深入地理解语言学习和使用的复杂性。

（2）跨文化修辞学的研究内容也从一种语言文本的比较扩展到不同语言文本的比较。早期的跨文化修辞学研究主要关注两种语言之间的对比，但随着研究的深入，学者开始将更多的语言引入研究范围中，进行多语言文本的比较。这种比较不仅可以揭示各种语言之间的修辞差异，还可以帮助人们理解各种文化之间的相互影响和交流。例如，通过比较不同语言的学术论文，人们可以了解不同文化对学术写作的不同理解和要求；通过比较不同语言的报纸，人们可以了解不同文化的新闻报道风格和偏好等。

五、跨文化修辞学的研究方法

跨文化修辞学的主要研究方法有语篇分析法、体裁分析法、语料库语言学分析法和民族志研究法，其中前三种研究方法主要用于定量分析，而最后一种研究方法主要用于定性分析。

（一）语篇分析法

语篇分析法是跨文化修辞学研究的一个重要方法，它通过深入挖掘和解读文本，探索不同文化背景下的修辞模式和语言特征。此方法的发展与语篇语言学息息相关，特别是布拉格学派的语篇语言学、系统语言学等为其提供了坚实的理论基础。该分析法的核心在于语篇，通过探究语篇结构，人们可以清楚地了解如何有效地传达信息，并理解不同文化背景下的人们表达习惯，进而引导人们了解并比较母语和二语写作的不同模式。初期，这种方法主要集中在学术语篇的分析，现在已扩展到专门用途语篇的研究，如报纸社论、索赔信等。

在研究实践中，该分析法的应用非常广泛。比如，在索赔信的研究中，通过对比分析，发现无论是英语还是汉语的索赔信，其修辞模式都有趋同化的现象。又如，在分析报纸社论时，发现不同报纸为了传达其特定的意识形态，会采取不同的语篇和修辞策略。再如，在对比硕士论文的引文修辞功能时，发现不同文化背景的作者所写论文的引文修辞功能存在明显的差异。

该分析法的优势在于，其可以科学客观地展现英语写作模式，并为比较母语和二语写作提供有效的分析技巧，极大地减少了初期的主观臆断，使研究变得更为科学严谨。然而，为了进一步保证分析结果的客观性，一些研究者开始将语篇分析法与其他方法结合使用。这无疑为跨文化修辞学研究提供了一个新的视角，使人们可以更深入地了解不同语言的修辞特征。同时，语篇分析法也在不断地自我更新和发展，从基于句子的分析逐渐发展为基于语篇的分析，并进一步扩展到研究语篇的社会语境和意识形态，从而使人们对跨文化修辞有了更全面的理解。

（二）体裁分析法

体裁分析法在跨文化修辞学研究中发挥了重要作用。通过对特定体裁的深入分析，研究者能够更好地理解和比较不同文化下的写作模式和修辞特性。这种方法的发展，可以追溯到"创建研究空间"模式的提出，该模式指出了建立研究领域、指明研究空白、占据研究空白的三个语步，这些语步又可以细分为一步或多步。通常，体裁分析从语步和步骤出发，以学术语篇为主要分析对象。

该分析法的应用范围不仅包括学术语篇，还包括专门用途语篇。例如，在研究阿拉伯语研究论文引言部分的修辞特性时，该分析法就发挥了关键作用。同时，对于比较同一体裁的英语和其他语言论文，该分析法也是一种常用的工具。除此之外，该分析法还可以用于比较不同语言的博士论文引言，结果发现英语论文引言更倾向于强调论文的原创性和贡献。因此，该分析法的范围已经扩展到包括商务信件、申请书、筹款信等在内的特殊体裁。

此外，体裁分析法在二语写作教学中的重要作用也被各地的学者所认识。例如，将体裁分析、对比修辞学和语篇分析等语言学理论和写作教学法结合起来，能有效地解决学习者的写作问题。然而，在使用体裁分析法时，需要注意体裁的混杂性，因为语篇往往会跨越多种体裁。同时，将体裁分析与语料库语言学分析有机结合，可以增加研究的全面性和准确性。

（三）语料库语言学分析法

语料库语言学分析法在跨文化修辞学研究中扮演了重要的角色，其精度和实证性使其成为理解和比较各种语言文化修辞模式的关键工具。在定义上，该分析法的运用离不开语言使用实例的帮助，它依赖一个被称为语料库的工具，该工具收集了真实的、基于特定目标的书面或口头语言实例。分析者可以根据研究需要创建各种类型的语料库，如通用语料库和专门语料库。专门语料库在实践中得到了广泛的应用，因为它能根据研究者的兴趣，聚焦特定体裁或主题的语言实例，提供具有针对性的研究素材。

语料库语言学分析法可以分为两种类型：语料库驱动的方法和基于语料库的方法。前者被视作一种理论研究，因为它的目标是基于语料库发现新的语言模式或规则；而后者是一种研究方法，因为它的目标是使用语料库来测试和验证已有的语言模式或理论。该分析法的优势在于，它能够提供大量的、实证的语言证据，提高语言学研究的准确性。此外，该分析法和其他定性研究方法相结合，可以使跨文化修辞学研究得出更准确的结论。

在跨文化修辞学研究中，语料库语言学分析法的运用能够显著提升研究的精确性。分析者可以找出各种语料库的对等点或比较点，作为对比分析的基础。例如，通过比较两种语言背景下的研究论文，可以发现整篇论文中作者自我提及的次数和在文中各部分的使用频率之间的差异。又如，态度标记语在不同社会语境中的使用情况，以及西班牙语和英语的历史写作中关于语境词块使用的语义韵和语义偏好，都可以通过语料库语言学分析法得出。

（四）民族志研究方法

民族志研究法作为一种源自人类学和社会学的研究手段，在现今的跨文化修辞学研究中占据了显著的地位。这种方法的核心特征是在特定的社会环境中进行实地、自然和持续的观察及参与。随着研究的不断深入，民族志的内涵已经超越了原始的学科边界，成为一系列研究范式的代名词。从广义上看，民族志研究方法包括观察、访谈、问卷调查和个案研究等多种质性研究方法。这些方法为揭示语篇背后的社会因素提供了丰富且深入的手段。通过直接参与特定的社会实践，研究者能够捕捉到那些单纯从语言文本中难以获得的细微信息，如社会情境、社区规范、行为习惯等。

民族志研究法已经在跨文化修辞学领域得到了广泛应用。例如，针对某一学生群体，可以研究单语课堂语境对学生二语议论文写作的影响。又如，探讨特定医疗场景中的修辞策略运用，这可以通过直接观察或参与医疗实践进行。此外，也可以通过对特定语言学习者的观察和访谈，了解他们母语和二语议论文的差异，从而探讨二语水平、写作主题、读者等因素如何影响修辞模式的选择和转换。

民族志研究法在特定领域中的应用情况也得到了重视，被认为有助于理解语篇与语境之间的互动，可以揭示语言的社会使用语境，从而扩展跨文化修辞学研究的深度和广度。

第三章 跨文化语境下语言与文化的关系

第一节 语言对文化的影响

一、语言记录文化的发展

正如一盏灯照亮黑暗、一扇窗揭示新世界一样，语言为理解特定国家或民族的文化提供了强大的工具，它不仅能帮助人们交流思想、表达情感，更能有效地捕捉和记录文化。

语言的诞生，是人类适应并改造自然的结果。为了生存和发展，人类通过观察、思考和实践，理解并把握了客观世界的发展规律和法则。而语言，则是人类记录这一切的工具。通过语言，人们对外部世界进行了分类、描述和解释，并将其转化为具体的文化现象，如风俗习惯、信仰观念、科技发明等，这些都是人类社会生活的产物。人们通过语言交流这些文化现象，积累并传承知识，从而发展和完善文化。这也是文化和语言密不可分的原因。语言无时无刻不在记录文化的发展和变迁，反映着特定时代、地区的特色和特质。例如，通过研究一门语言的词汇、语法和习语，矿研究者可以洞察该门语言所属文化的核心价值观，理解其历史变迁、信价体系等。语言的变化和发展，反映着文化的演进和变迁。科技发明、社会变迁和流行文化会引发新词汇的出现，反映着社会发展的步伐。

（1）科技发明。随着互联网和信息技术的发展，一大批新词汇诞生，如微博、自媒体、云计算等。

①微博，微型博客的简称，是一种基于用户关系网的信息分享、传播和获取平台。

②自媒体，指通过互联网平台，以文字、图片、视频等多种形式进行信息传播的个体和组织。

③云计算，是一种以网络为基础，共享软件、信息等资源的计算模式。

④大数据，是用传统数据处理应用软件不足以处理的大或复杂的数据集的术语。

⑤AI绘画，即人工智能绘画，是一种利用人工智能技术生成或辅助生成艺术作品的过程。人工智能绘画系统通过学习大量的图像数据，理解并模仿人类的绘画技巧和风格，进而创作出新的艺术作品。

⑥ChatGPT（Chat Generative Pre-trained Transformer），可以翻译为"聊天生成预训练转换器"。GPT代表"生成预训练转换器"，是一种语言处理AI模型，由OpenAI开发。这种模型被训练来理解和生成人类语言。通过大量的训练数据，ChatGPT可以学习语言的语法、句子结构，从而生成连贯、有意义的文本。

（2）社会变迁。社会变迁也引发了新词汇，如烟火气、新赛道、数字藏品、新型实体企业等。

①烟火气，来源于古汉语，其本义指"烧煮食物的气味"。时下流行的"烟火气"则指生机盎然、充满活力的生活气息。

②新赛道，可指一切新的起点、新的征程以及新的努力、新的气象。

③数字藏品，是指使用区块链技术，对应特定的作品、艺术品生成的唯一数字凭证，在保护其数字版权的基础上，实现真实可信的数字化发行、购买、使用和收藏。

④新型实体企业，是指通过技术创新，获得不可替代的、独特的数字能力，从而有效提高整个供应链效率并带动供应链上下游的企业实现数字化转型和网络化、智慧化发展的实体企业。

（3）流行文化。流行文化也是新词汇产生的重要来源，如网红、段子手、吃瓜群众、社牛、摆烂、拿捏等。

①网红，指在互联网上有较高知名度和影响力的人。

②段子手，指在互联网上专门创作和传播笑话或趣事的人。

③吃瓜群众，指对热门事件旁观、评论但不直接参与的网民。

④社牛，是"社交牛人"的简称，形容那些和谁都能游刃有余地交谈的人。

⑤摆烂，指事情已经无法向好的方向发展，于是就干脆不再采取措施加以控制，任由其往坏的方向继续发展下去。

⑥拿捏，表示做起某事来游刃有余、没有压力。可以"拿捏"人，表示对某人完全掌握；也可以"拿捏"事，表示将某事彻底搞定；可以"拿捏"过程，表示对整个活动设计精准掌握。

二、语言促进文化的传播与交流

（一）通过横向与纵向两种方式进行传播

语言作为文化的重要载体和通道，其核心功能是建立和发展人类的社会交往，与此同时，它还是文化发展和传播的最佳中介。无论是同一时期不同地域之间的文化信息交换（横向传播），还是某一特定文化遗产的代代相传（纵向传播），都离不开语言的作用。这两种传播方式相互融合，构成了文化交流的纵横格局。

1.横向传播

文化的横向传播是现代社会最活跃的文化交流方式。无论是地理上的距离，还是文化背景上的差异，都不能阻挡文化交流的步伐。同一时间点不同地域的人们，借助语言这一载体，相互传递、分享、交流自己的文化内涵和价值理念，实现了文化的全球化交流。

例如，通过语言的翻译和传播，好莱坞电影中彰显的美国文化，如自由、民主、个人英雄主义等，被全球观众接受和理解。这就是一种文化的横向传播。

又如，随着互联网技术的发展，全球的信息交流变得更为快捷和便利。在社交媒体平台上，各国网民可以使用共通的语言，分享交流各自的生活方式、思想观念等文化内容。中国的古诗词、茶文化、饮食文化、服饰文化等，也通过网络平台传播到世界各地，这都是文化的横向传播。

2.纵向传播

文化的纵向传播是文化遗产世代相传的重要方式。语言，作为人类文化遗产的载体，将文化内涵和价值观念传承下去，保证了文化的持久性和连续性。通过文献的传承，中国古代的思想观念、历史事件、生活习俗等都得以保留下来。例如，《诗经》《易经》等古籍，以及《三字经》《百家姓》等启蒙读物，都传承了下来。又如，各民族的神话、传说、民歌等，如新疆的十二木卡姆、蒙古族的长调等，也是通过口传心授，一代代传下来的。

（二）利用语言的特性进行传播

语言的特性——可感性、能指性和可操作性，使其成为文化传播的最佳媒介。

1.可感性

可感性是指语言的物理声学特性，它使得信息能够通过声带的波动进行编码和传播。日常生活中的对话是可感性的直观例子。当人们通过说话来表达思想时，说出的每一个词都通过声带的波动传输到听者的耳朵，然后听者的大脑将之解析成相应的信息。另外，音乐、戏剧等艺术形式，也可以通过声音传达情感，同样展示了语言的可感性。这种基于声音的信息交流方式简单且直接，是人际交流的主要方式。除此之外，文字的视觉形象也体现了语言的可感性。在阅读过程中，每一个字、每一个符号，都能引发阅读者相关的联想，从而理解其代表的含义。这种基于视觉的信息传递方式，也是语言可感性的重要体现。

2. 能指性

语言的能指性是指语言符号对实际物体或抽象概念的指称和替代，这使得人们能够在头脑中建立与现实世界相对应的模型。例如，当人们听到"苹果"这个词时，会在脑海中浮现出苹果的形状、颜色甚至味道等具象信息，这就是语言的能指性在起作用。在更复杂的层面，能指性能使语言表达抽象的概念，如"爱""自由""公正"等。这些词语都是对一系列复杂感情或者理念的抽象描述，使得人们能够在交流中传递抽象的、复杂的思想。

3. 可操作性

语言的可操作性是指语言对思维活动的支持和推动，它能帮助人们在概念层面上理解和表达世界。例如，通过叙述、讨论、辩论等语言活动，人们可以更深入地思考问题，更有效地解决问题。因为语言可以让人们把复杂的现象和问题简化成可以理解和操作的符号系统，从而提高思维的效率和深度。在科研领域，语言可操作性的体现尤为明显，科学家通过专业的语言和符号系统，表达复杂的科学概念和理论，进行科学研究和交流。

（三）利用文字进行传播

特别值得注意的是，文字作为语言的重要组成部分，能够有效地保存和传播文化信息，对文化的传承和发展起到了至关重要的作用。

（1）文字的出现打破了信息传播的空间限制。无论是古代的书信、公告、宣言，还是现代的报纸、书籍、网络文章，都可以跨越千万里，将信息传递到各地。例如，古代的丝绸之路，不仅是物质交流的通道，同时是文化的传播路径。通过文字，东西方的文化得以相互交流，促进了世界文化的交融与发展。

（2）文字的存在，使得人类的知识、经验、思想、感情、故事等得以精准、长期保存，形成了历史记载，成为后人了解过去、认识历史的重要方式，对文化的传承和发展起到了关键作用。例如，古埃及的象形文字，记录了古埃及的宗教、政治、经济等多方面的信息，这些信息成为现代人们了解古埃及文明的重要途径。又如，中国古代的《道德经》《孙子兵法》等经典著作以及近现代的科学论文、文学作品等，都是通过文字记录作者的思想，并一代代传承下去的，使得中华文化得以源远流长，延续至今。

第二节　文化对语言的影响

一、文化是语言产生的基础

语言无法独立于文化存在，因此，文化是语言的根基和源泉。每一种语言都是其特定文化的反映，而文化的深度和广度决定了语言的丰富性和多样性。

（一）文化影响词汇的产生

文化对语言的影响无所不在，其中一个明显的影响就是词汇的变化。每种语言中的词汇数量及其意义都受其文化的直接影响。例如，一种文化对某领域的重视程度，将影响该文化的语言在该领域的词汇数量。中国文化高度重视饮食文化。因此，在汉语中，与食物相关的词汇非常丰富。比如，中国有数百种面条的做法和命名，包括拉面、刀削面、油泼面、烩面、炸酱面、打卤面等。

（二）文化影响语法规则的产生

文化不仅影响词汇的产生，还影响语言的规则——语法规则。这些规则，包括词法、句法和篇章结构，深刻地反映了语言背后的文化特征。可以说，语法规则是在特定文化背景下，人们对世界的理解和表达方式的结晶。

（1）从不同语言中句子的顺序差异可以看出文化的影响。在一些语言，如德语中，句子的主要动词通常放在句子的最后，这反映了德国文化对全面和仔细思考的重视，因此直到句子的最后才能完全理解其含义。相反，在英语或法语等语言中，主要动词通常位于句子的开头或中间，这反映了这些国家文化对直接性和清晰性的重视。

（2）用于表达时间和空间概念的词法和句法规则也受文化的影响。例如，阿拉伯文化中时间的表达方式与西方文化中的表达方式不同。在阿拉伯文化中，人们认为过去的时间更为重要，因为它包含了历史和传统，应该被充分地描述和理解。因此，在阿拉伯语中，过去时态的表达形式更为复杂，也更为丰富。与阿拉伯文化对过去的特别重视不同，西方文化，特别是美国文化，往往更加注重现在和未来。这一点在英语的时间表达上得到了体现。

（3）文章的结构也深受文化的影响。例如，在东方文化中，人们在撰写文章或进行口头表达时，往往采用"由大到小"的逻辑顺序，先陈述主题或主要观点，然后再详细阐述。相比之下，在西方文化中，人们在撰写文章或进行口头表达时，往往采用"由小到大"的逻辑顺序，先介绍具体的例子或事实，然后再得出总结或主要观点。这反映了西方文化对事实和数据的重视，以及对逻辑推理的依赖。

（4）从动词的使用中也可以看到文化的影响。在一些文化中，动词的使用需要考虑对象的社会地位、受尊敬度等因素。例如，在韩语中，动词的形式会根据说话人和听话人的关系而变化，以反映他们的社会等级和受尊重度。这反映了韩国文化对社会等级观念的重视。

二、文化促进语言的发展

（一）文化交流促进语言的融合

全球化时代的到来，使得不同文化间的交流变得更加频繁，语言作为一种主要的交流方式，自然也不会被全球化大潮所遗漏。在这个进程中，本土语言开始向其他语言借鉴和吸收词汇、句型甚至语法，从而实现语言的融合。

比如，英语中吸收了大量的外来词，如"piano"（钢琴，来自意大利语）、"sushi"（寿司，来自日语）等。与之类似的，随着西方文化的输入和全球化进程的推进，汉语中也出现了大量的外来词。例如，"沙发"这个词就来源于法语的"sofa"，"咖啡"来源于意大利语的"caffè"，"香槟酒"来源于法语的"champagne"，"巧克力"来源于英语的"chocolate"，还有"派对""音乐会""博客"等，都是从其他语言借鉴过来的词汇。这些词汇被引入汉语后，不仅丰富了汉语的词汇库，也在一定程度上推动了汉语的发展。

不仅是词汇，语言的融合还体现在句型和语法的借鉴上。例如，汉语中的被动句型，传统上更常见的表达方式是"被"字句，如"我被他打了"。然而，近些年来，受到英语等其他语言的影响，出现了一种新的被动句型，就是"受"字句，如"他受这件事打击很大"。这样的表达在过去的汉语中是较少见的，但在全球化的语言交流中，这种表达方式被引入并开始在汉语中流行。

（二）文化传承促进语言的延续

文化传承是文化得以延续的重要方式，而语言是文化传承的重要工具。在特定的文化传统中，一些特定的语言形式、方言或词汇会被保留下来，这也是语言得以延续的一种体现。

在中国，与传统节日相关的词汇和表达往往会被传承下来，这些词汇和表达，使得人们可以从中体会到中华文化的深厚底蕴。例如，端午节的"粽子"、元宵节的"元宵"、中秋节的"月饼"。这些词汇不仅丰富了汉语的词汇，也在一定程度上反映了中国传统节日文化的特色。在过年的时候，人们还会有一些特定的表达，如"恭喜发财""大吉大利""年年有余"等，这些表达，不仅增添了节日的气氛，也成为汉语文化的一部分。

语言的延续不仅体现在词汇的传承上，还体现在方言上。在中国，尽管大部分人都使用普通话交流，但是很多方言仍然得以保留。这些方言中的特殊词汇、语音和语法，都是该地区文化的重要载体。方言的存在，有利于外界了解该地区的文化。

三、文化决定着语言的应用

文化对语言的应用起着决定性的作用，因为文化构成了语言运用中不可或缺的语境部分。这一语境由诸多元素构成，包括但不限于文化传统、社会规则和个体经验。这些元素共同塑造了语言应用的方式，使得语言成为一种精准、情感丰富的信息传递工具。

（一）文化传统

语言的形式和内容都深受文化的影响。例如，某地的道德观、信念体系、历史经验和社会习俗都会对当地人的语言使用产生直接影响。在那些强调个体权利的社会中，人们的语言中可能会充满关于个体自由和自我表达的内容；而在那些强调社群和谐的社会中，人们的语言可能更注重礼节和对集体的尊重。这些都反映了文化对语言应用的深远影响。

（二）社会规则

社会规则也在语言应用中扮演了关键角色。在特定的社会环境和情境中，相同的词句可能会有截然不同的含义。例如，在工作环境中，人们会使用更为专业和正式的语言；在与家人或朋友的交流中，人们会使用更随性、更亲切的语言。这是因为在不同的社会情境中，语言的选择和使用都要遵循特定的社会规则。

（三）个体经验

同样重要的是，个体经验也塑造了语境，进而影响了语言的应用。每个人的生活历程、情感体验和思维方式都会对他们选择和理解语言的方式产生影响。在与他人交流时，这些个体经验也会塑造语境，使得语言在特定的语境中产生特定的含义。比如，在沿海城市长大的人可能会拥有丰富的与海洋相关的词汇，他们更倾向于使用"海浪""潮汐"等词语来形容生活中的起伏变化，而在内陆地区长大的人可能就不会有这样的习惯。这样的差异不仅体现在词汇的选择上，更体现在由个体的生活经历、环境因素等塑造的独特语境上。只有理解了这样的背景和语境，才能更深入地理解他们的语言和交流方式。

第三节 跨文化语境中的语言文化冲突

一、语言表达逻辑的冲突

（一）表达思维与表达逻辑的冲突

在跨文化语境中，语言文化冲突往往体现在表达逻辑和推理方式上。

不同文化对思维模式和逻辑推理的理解不同，反映在语言中，就可能引发混淆和误解。

西方文化的线性思维和因果逻辑在西方语言中得到了明显的体现。例如，英语中的陈述句通常遵循主—谓—宾的句式结构，这种结构可以直接明确地展示出谁是行为的主体，什么是行为，谁或者什么是行为的对象。另外，英语中的句子构造也经常明确展示出因果关系，如会使用because、therefore、since、thus等单词，让读者或听者可以清晰地理解到观点之间的逻辑关系。西方的论证或表达方式，特别是在学术、法律或商业环境中，强调精准、明确和直接，论据必须清晰，逻辑必须连贯，任何的模糊或歧义都可能导致沟通的困扰。

相比之下，东方文化更倾向于整体思维和情境描绘，这在东方语言中也得到了体现。比如，汉语中的句子结构灵活多变，在一些情况下，主语和谓语可以省略，这就给描绘语境和强调情感创造了更多空间。汉语的表达更多是通过陈述事实、描绘情境和描述内在感受，而不是通过明确地表达因果关系实现的。

（二）抽象概念与具体阐述的冲突

西方语言倾向于使用抽象概念来表达观点，而东方语言更倾向于使用具体的例子或比喻来阐述，这种区别也可能引发沟通中的误会。例如，在英语的学术论文中，通常会使用诸如liberty、justice、democracy等抽象概念来论述主题，这些抽象概念在不同的情境中可能有不同的含义。但是在特定的学术语境下，这些词语被赋予了特定的、精准的定义，通过引用这些定义，作者可以更直接地表达自己的观点。这样的论述方式对于习惯于抽象思考和逻辑推理的西方读者来说，是清晰、直接和易于理解的。

而东方语言，如汉语，通常更倾向于使用具体的例子、故事和比喻来阐述观点。例如，中国的四字成语、寓言故事等都是富有深意的表达方式，它们通过具体的故事或情境，表达深刻的道理。比如，"掩耳盗铃"这个成语就源自一则具体的故事，表现了自欺欺人的愚蠢行为。这样的表达方式更强调直观和生动，更容易引起听者或读者的共鸣和理解。

然而，当这两种不同的表达方式在跨文化交流中相遇时，就可能产生冲突和困扰。解决这些冲突的关键在于理解和尊重文化差异，了解不同文化的思维模式和表达方式，通过学习和实践，提高跨文化交际能力。同时，人们也应该意识到，每种文化的思维模式和表达逻辑都有其独特的优点，可以相互借鉴和学习，这样才能真正实现跨文化交流的目的。

二、语言表达方式的冲突

在不同的文化背景下，语言表达的方式呈现出不同特点。在汉语表达中，人们往往采取更为含蓄、间接的方式来表达自己的想法和感情，这种方式通常更加关注语境和相互关系。比如在批评他人的时候，汉语常常会采用一种委婉的方式，如"你这个观点可能还需要再考虑一下"或者"这个方法可能还有优化的空间"。这种表达方式往往更加尊重对方，强调和谐与面子的维护。相比之下，英语的交际方式往往更为直接和明确。例如，在批评他人的时候，可能会直接指出问题："Your point may need further consideration." 或者 "This method can be improved."，这种明确指出问题的方式可能给一些习惯含蓄表达方式的人带来冲击。

汉英两种语言在表达赞美时也体现出不同的表达方式，例如汉语在表达赞美时可能会说"你今天的衣服颜色真适合你"，而英语可能会直接说 "You look great today." 或者是 "Your dress is beautiful."。在这里，汉语的表达方式更加细致，注意点出具体是哪个方面好，而英语的表达则更直接。对于道歉，汉语可能会说"我可能给你带来了不便，对此我深感抱歉"，而英语则可能简洁地说 "I'm sorry for the inconvenience."。由此可以看出，汉语的表达更富含情感，更具有人情味，而英语的表达则更为直接和明确。

第四节　跨文化语境中的语言文化适应

一、语言文化适应理论概况

文化适应假说是一个重要的有关跨文化语言学习的理论，用于解析个体如何在社会和心理层面上适应不同的语言文化环境。这个理论由心理语言学家舒曼（Schumann）于 1978 年提出，旨在理解为何有些人能成功地习得第二语言，而有些人则不能。舒曼的文化适应假说认为，个体在新的语言文化环境中的学习和适应是一个不断演变的过程，涉及的主要因素是社会距离和心理距离。

（一）社会距离

社会距离主要包括社会主导模式、融入策略、封闭程度、凝聚程度、文化相似性等，在这些方面的差距会影响学习者与目标语语言者的交互和沟通。

1.社会主导模式

社会主导模式涉及在一个特定的社会和文化环境中，哪一种或哪几种语言被视为主导语言，即被广泛接受和使用的语言。社会主导模式对学习者的语言文化适应过程有深远的影响。如果学习者的目标语言是主导语言，那么他们将有更多的机会学习和使用这种语言，而且会加快他们的语言文化适应过程。相反，如果他们的目标语言非主导语言，那么他们学习和使用这种语言的动机和机会会受到限制，进而会阻碍他们的语言文化适应过程。

2.融入策略

融入策略指第二语言习得群体面对目标语群体文化时可能采取的态度和做法，包括原生文化保留策略、目标语文化同化策略、适应性策略三种。

（1）原生文化保留：文化交流中的选择性坚持。对于语言学习者来说，原生文化保留是一和明确而具有选择性的策略。它涉及抵制接受目标语文化的某些方面，同时坚持自身的文化观念和生活方式。在实际生活中，这种策略可能会表现为保持使用母语、保持原有的饮食习惯、遵循原有的社会规则等。然而，该策略可能会导致两个文化群体之间的距离加大，对语言学习者的整体习得进程产生负面影响。这主要是因为该策略减少了语言学习者与目标语文化的互动和接触，限制了新语言和新文化学习的可能性。

（2）目标语文化同化：主动接纳的融入策略。对比原生文化保留策略，目标语文化同化是一种积极的策略，它涉及语言学习者对目标文化的全面接受和融入。在实际生活中，这种策略可能表现为改变日常行为习惯，以适应目标语文化，或者深入理解并接受目标语文化的价值观和社会规范。该策略有助于缩小两个文化群体之间的距离，加强文化交流，从而推动语言学习者的习得进程。然而，该策略可能会带来个人身份和文化认同的困扰，因为过度的同化容易导致语言学习者丧失他们自己的文化身份。

（3）适应性策略：文化融入中的平衡之道。适应性策略被视为对原生文化保留策略和目标语文化同化策略的一种平衡。在此策略下，语言学习者既保留了自己的生活方式和价值观，也接受了目标语文化的生活方式和价值观。这种策略尝试在保持自我身份的同时，接纳并融入目标语文化。对语言学习效果的影响因个体与目标语文化的接触程度而异。一般来说，与目标语文化接触越多，语言习得效果越好。适应性策略允许语言学习者在保留自我文化身份的同时，理解、尊重并接受其他文化，进而实现多元文化的交流与互动，为语言学习提供更广阔的空间。

3. 封闭程度

封闭程度是指目标语社群对外界的开放度，包括他们是否愿意和习惯与非社群成员进行交流和互动，以及他们是否对非社群成员使用和学习他们的语言和文化持开放态度。封闭程度高的社群可能会对语言学习者的文化适应过程构成威胁，因为语言学习者可能会发现他们很难融入这样的社群，很难有机会学习和使用他们的语言。

4. 凝聚程度

凝聚程度是指目标语社群内部成员之间的团结和互动程度。凝聚程度高的社群有更强的社区意识和文化特征，这会对语言学习者的文化适应过程产生影响。如果语言学习者能够成功融入这样的社群，他们就会更快地习得目标语及其文化。但是，如果他们难以融入这样的社群，他们的文化适应过程则会受到阻碍。

5. 文化相似性

文化相似性是指语言学习者的原有文化与目标语文化之间的相似程度。如果两种文化有很多相似之处，语言学习者在文化适应过程中则会遇到较少的困难，他们的适应过程会更加顺利。反之，如果两种文化存在很大的差异，语言学习者可能需要付出更多的努力和时间去适应和理解新的文化。

（二）心理距离

心理距离指语言学习者个人对目标语及其社群的总体心理感受，其与个体学习者对学习任务的适应程度有关。心理距离更侧重于个体层面，包括文化休克、语言休克、学习动机、语言疆界渗透性等。

1. 文化休克

文化休克是指当个体置身于与其原有文化环境截然不同的环境中时，所产生的一种心理和情感上的不适感。这种不适感常常由于个体突然失去了熟悉的社会交流符号和参考框架，面临需要解读和理解新的社会交际信号的挑战而产生。这是一种具有复杂性的心理状态，其中融合了困惑、不安、焦虑、排斥乃至恐惧的情绪。需要注意的是，文化休克并非全然负面的体验，它也是个体文化适应过程的一部分，是个体面对新文化环境、积极学习和理解新的社会交际信号、逐渐融入新的文化环境的必经之路。通过经历并克服文化休克，个体会更加深入地理解和接受新的文化，从而开阔和提升自己的文化视野和交际能力。

2.语言休克

语言休克涵盖了一系列语言学习者在学习一种新语言时面临的心理压力和挑战。语言休克主要源于语言学习者在尝试使用新语言时的紧张和恐惧，这种恐惧的源头可能是对犯错误、表达不清的担忧或者对他人评价的过度在意。这些都会对语言学习者的自信心产生消极影响，进一步加剧语言休克的情况。

一方面，在使用新语言的过程中，很多语言学习者都会感到不适，因为他们必须在不熟悉的语境中进行沟通。这种感觉会导致他们害怕公开发言，因为他们害怕无法准确表达自己的想法。这种对公开发言的恐惧是语言休克的一种常见表现，通常会阻碍语言学习者有效地练习和提高语言技能。另一方面，语言学习者可能也会因为无法完全理解或掌握新的语言的语法规则、词汇、发音等，而对自己的语言能力产生怀疑。他们可能会觉得自己的语言表达力不足，难以完全表达自己的思想和感情。这种对自我能力的怀疑和不信任也是语言休克的一种表现。

语言休克的程度以及对语言学习者的影响因人而异，主要取决于个人的心理素质、学习环境以及学习者采用的学习方法等因素。这些因素深深影响语言学习者对新语言的适应程度及接纳度，进而增大他们在习得新语言过程中可能遇到的挑战和压力。

（1）个人的心理素质在应对语言休克中起着关键的作用。对于心理素质较强的语言学习者，他们能够更好地管理和控制自己的焦虑和恐惧感，以更冷静、更理智的态度面对新语言带来的挑战。他们更愿意主动接受并适应新的语言环境，即使在遇到困难时，也能够保持乐观，从而更有效地克服语言休克。

（2）学习环境对语言休克也有重要影响。一个友好、开放、允许犯错的学习环境会减轻语言学习者的语言休克，因为在这样的环境中，他们无须担心因为犯错误或表达不清而受到批评或嘲笑。相反，他们会得到支持和鼓励，从而有更多的机会和勇气去实践和提高自己的语言技能。

（3）语言学习者采用的学习方法也会影响语言休克的程度。如果语言学习者采用的是一种自我激励、注重实践和参与的学习方法，他们会更容易克服语言休克。因为这种学习方法鼓励他们积极地参与语言实践，逐步增强自己的语言能力和自信心。

3.学习动机

学习动机是一种内在的驱动力，它激发、引导并维持着学习活动。这种动力的来源多种多样，可能源于对知识的热爱，也可能源于对成就的渴望，还可能源于对未来职业的规划等。在学习新语言的过程中，不同的学习动机会影响语言学习者的学习态度、学习策略和学习效果。学习动机可以从多个角度进行分类，其中一个常见的分类是融入型动机和工具型动机。融入型动机来自学习者对目标语文化的兴趣和好奇，他们希望通过学习语言更好地理解和融入这种文化。这种动机是主动的，学习者会根据自身的兴趣和目标设定学习计划和方法。与之相反，工具型动机来自学习者对实际利益的追求，如为了获取奖学金、找到一份好工作、通过考试、提升职业地位等。这种动机是被动的，语言学习者的学习重点会因其实际需求而有所不同。例如，如果语言学习者的目标是通过英语考试，他们会更加重视读写能力的提升。

4.语言疆界渗透性

语言疆界渗透性是一个非常重要的概念，它涉及语言学习者如何接收和处理新的语言信息。这个概念基于一种现象：在学习一门新语言的初期阶段，语言学习者对新语言的接受程度通常较高，但随着时间的推移和语言知识的增加，这种接受程度会逐渐下降。这种现象被形象地比喻为"语言疆界"的建立和增强。

"语言疆界"是一个比喻性的概念，它表示语言学习者在接受和处理新的语言信息时面临的心理和认知障碍。这个疆界并不是固定不变的，而是随着学习者的学习过程和心理状态的变化而变化。在学习的初期阶段，这个疆界通常较薄弱，新的语言信息能够容易地渗透进来。但随着学习的深入和语言知识的增加，这个疆界会逐渐变得厚重，新的语言信息变得难以渗透。

"语言疆界"的渗透性不仅受语言学习者的学习进程和知识储备量的影响，也受语言学习者的心理状态和态度的影响。具有开放心态的学习者能够更好地接收和处理新的语言信息，他们的语言疆界相对较薄，渗透性较高。反之，心态封闭的语言学习者会遇到更多的语言学习障碍，他们的语言疆界较厚，渗透性较差。此外，语言学习者如何处理新的语言信息、如何利用已有的语言知识，也会影响语言疆界的形成和渗透性。有效的学习策略和方法可以帮助语言学习者降低语言疆界，增强其渗透性。例如，多元化的学习方式，可以帮助学习者全面接收和处理新的语言信息，从而增强语言疆界的渗透性。

二、提高语言文化适应能力的方法

（一）增强学习动机

语言文化适应能力的提升，首先需要学习动机的驱动。无论是对新语言的掌握还是对新文化的适应，学习动机都起着关键的作用。但如何激发和维持这种动机，需要借助一些具体的策略和方法。

（1）设定明确、具体、可衡量的学习目标可以有效增强学习动机。明确的目标不仅可以为学习者提供明确的学习方向，还可以让他们看到学习的最终收益，从而激发他们的学习动机。这些目标可以是长期的，如流利地使用一门语言或者熟悉一种文化；也可以是短期的，如学会一种语言的基本语法或者理解某种文化现象。通过设定具体的、可衡量的目标，学习者可以更好地跟进自己的学习进度，感受到自己的成就，从而增强学习动机。

（2）寻找适合自己的学习方法也是增强学习动机的有效途径。每个人的学习方法都有所不同，寻找到适合自己的学习方法，可以提高学习效率，让学习过程变得更愉快，从而增强学习动机。例如，有些人喜欢通过阅读和写作来学习语言，而有些人更喜欢通过听和说来学习语言。对于文化适应来说，有些人更喜欢通过观看电影或者阅读文学作品来了解新的文化，而有些人更喜欢直接参与文化活动。

（3）创造积极的学习环境是增强学习动机的关键。积极的学习环境可以为学习者提供良好的学习氛围，促使他们在学习上投入更多的时间和精力。这种环境可以是物理环境，如舒适的学习空间；也可以是社会环境，如有助于学习的人际关系。例如，与具有相同学习目标的人组建学习小组，或者找到一位好的导师，都可以激发学习动机。

（4）培养自信心和乐观态度也有助于增强学习动机。学习新的语言和文化可能会遇到困难和挫折，这时，自信心和乐观态度可以帮助学习者坚持下去。自信心和乐观态度可以通过积累成功的学习经验来建立。例如，每掌握一个新的语法规则或理解一种新的文化现象，都可以增加学习者的自信心。

（二）培养移情能力

在参与跨文化交际的过程中，交际者一方面要理解并掌握外语的语言知识，另一方面要克服由语言和文化差异带来的心理隔阂，进而更好地适应和理解异国文化，这就需要交际者培养移情能力。所谓移情能力，是一种人们将自身情绪、想法投射到他人的境况中，体验他人的情感和情绪，从而达到理解他人目的的能力。在跨文化交际过程中，这种能力发挥着关键的作用。

交际者在接触异国语言和文化的过程中，可以将自我投射到他国的语言和文化环境中，理解并体验他国人们的情感和情绪。这样一来，就能够减小与异国文化和语言的心理距离，加深对异国文化和语言的理解。这种理解不只是知识层面的理解，更是一种情感上的共鸣。具体而言，交际者可从感知技能和交际技能两个角度出发，培养自己的移情能力。

1. 提升感知技能

提升感知技能是一种需要技巧和练习的艺术。感知技能主要包括两个方面：一方面是将自我悬置，以他人为中心，而非以自我为中心；另一方面是深入观察和理解他人的情绪状态，包括言语和非言语的表达。

一般来说，大多数人在交流过程中会以自我为中心，即站在自己的角度去理解他人的话语和行为。然而，这种方式往往会导致误解和偏见，因为它忽略了对方的感受。因此，提升感知技能的第一步就是学会将自我悬置，学会从他人的角度看问题。但这并不是说要忽视自己的感受，而是在正视自己的感受的同时，理解他人。

第二步是观察和理解他人的情绪状态。言语是表达情感的重要方式，但并不是唯一的方式。在日常交流中，大部分的信息其实是通过非言语的方式传递的，如面部表情、肢体语言、声调变化等。因此，要提升感知技能，就要学会读懂这些非言语信息。例如，人们的面部表情可以反映他们的情绪状态，而眼神交流、肢体动作、声音的音量和音调等都能提供更多的信息。要注意的是，非言语的信息和文化背景紧密相关，不同的文化会有不同的非言语表达方式，因此在理解他人的非言语信息时，需要考虑到文化差异的影响。除了理解他人的情绪状态，感知技能还包括理解他人的需求和期待。这就需要深入地了解他人，这种深入理解的过程需要时间和耐心，但是它对提升移情能力有着重要作用。

2. 提升交际技能

在培养移情能力的过程中，如何提升交际技能是一个复杂的问题，涉及如何准确地感知他人的情绪、如何适当地反馈自己的情绪，以及如何通过行动将理解和关心表达出来三个方面。这三个方面相互影响，共同构成了有效的移情交际。

（1）对他人情绪的准确感知是提升交际技能的基础。这需要把自我放在一旁，全心投入他人的情境中，体验他人的感受，避免对他人的批评，尽可能地理解他人的处境。在这个过程中，交际者可以通过回忆或想象自己在类似情境下的感受的方式，来更好地理解他人的感受。

（2）适当地反馈自己的情绪也是提升交际技能的重要途径。这不仅包括对他人情绪的直接回应，也包括通过自我表达来展示对他人的理解和关心。比如，使用积极的评论，如"我知道""我明白"，并避免使用"应该""必须"等词语，可以使对方感到被理解和被尊重。同时，交际者也可以通过反复确认对方的思想和感受、解释对方的信息、肯定对方的主观动机，来增强对方的信任感和安全感。

（3）通过行动将理解和关心表达出来是提升交际技能的关键。这既包括言语的行动，也包括非言语的行动。在言语的行动中，交际者可以通过鼓励对方深度的自我表露、使用信任和鼓励的语言以及适时的沉默，来表达对他人的理解和关心。在非言语的行动中，交际者可以通过面部表情、手势、身体姿势以及适当的身体距离，来表示积极的参与和关注。另外，交际者还可以通过服饰等外在形象，来表示对他人和他国文化的尊重和肯定。

第四章　跨文化语境下汉英语言对比

第一节　汉英词汇对比

不同语言的词汇是在继承和发展其原有基础词汇的同时，通过文化交流实现深度融合和互动，从而在持续的动态变化中展示出各自特点与差异的。这些差异体现了语言的内在动态性和文化交流的复杂性。下面就对汉英词汇的整体差异进行对比和探究。

一、汉英优势词类对比

（一）汉语动词的主导地位及优势

汉英两种语言的词汇结构和词类划分方法不尽相同，导致在词汇数量和种类上存在一定的差异。然而，主要词类，如名词、动词、代词、介词和形容词，在这两种语言中都是普遍存在的。但在词汇的表意功能和使用频率上，汉英两种语言之间有着显著区别。在汉语中，动词占据主导地位，使用频率明显高于英语。造成这种现象的原因不仅在于汉语动词的丰富性，还在于汉语的语法结构特性，如动宾结构、连动式、兼语式等，从而强化了动词在汉语中的地位。

（1）汉语的动宾结构简洁、直接，可以迅速传达信息，如"我吃苹果"。其中，"吃"为动词，"苹果"为宾语。此外，汉语的连动式和兼语式也是汉语动词占主导地位的重要体现。例如，"她写作业去了"。其中，"写"和"去"连用，形成连动式。"他让狗进屋"。其中，"让"和"进"兼用，构成兼语式。这两种用法在英语中往往需要介词或者其他词来表达，如"She went to do her homework."和"He let the dog into the house."。

（2）汉语的动词除可以作谓语外，还可以作主语、宾语、定语、补语等。例如，在句子"跑步是一种锻炼方式"中，"跑步"作为动词性词汇，充当句子的主语使用。这种灵活使用也是汉语动词的优势所在。

（3）汉语动词的主导地位还体现在其简洁性上。汉语的动词无须进行形态变化，不用区分定式和非定式，没有语气变化，因此其在使用时更加自由、灵活。比如，在句子"他昨天跑步，今天跑步，明天还会跑步"中，"跑步"在各种时态中的表达形式都是一样的。

（4）汉语中介词的相对贫乏，使得动词的使用更加频繁。相比之下，英语中常常需要通过介词来表达动词的含义，而汉语则可以直接使用动词，如"他想起北京的老朋友"这句话用英语表达的话，则需要说"He thinks of his old friends in Beijing."。

（二）英语的介词优势及名词主导

1.英语的介词优势

英语的介词数量虽然有限，但它们是最活跃的词类，表意功能强大，使用灵活。介词的这种优势在很大程度上基于英语名词的主导地位。例如，在"Any discussions related to or resulting from the project will be carried out in a collaborative manner."这个句子中，"related to"和"resulting from"是两个表达复杂关系的介词短语，显示了英语介词的表意功能和灵活用法。

2.英语的名词主导

英语是一种形态丰富、综合性强的语言，名词在其中占据主导地位。这主要体现在以下两个方面。

（1）英语句子中通常只有一个谓语动词，且许多名词来自动词，形态变化相对简单，用来表示动作、状态、品质、情感等。例如，在"He experienced a revelation during the meditation session." 这句话中，"revelation" 原本可以用动词 "reveal" 来表达，但此处用名词形式，使句子的表达更为准确、高效。

（2）英语偏好使用抽象名词，这也是英语名词占主导地位的一个重要特点，在科技语体中更为明显。例如，"The exploration of this issue requires a comprehensive understanding of the existing theories." 这句话中的 "exploration" 和 "understanding" 都是抽象名词，强调了英语的名词化特征。

二、汉英词汇意义对比

词汇意义包括指称意义、联想意义和文化意义三种。接下来，将详细对比汉英语词汇的以上三种意义。

（一）指称意义

词汇的指称意义是词语在句子或文章中具体描述的对象或者在词典里的定义。词汇的指称意义在不同语言中的体现并不完全一样。汉语和英语词汇的指称意义有时候可以完全对应，有时部分对应，有时候不能对应。这主要取决于两种语言文化背景的差异以及语言使用习惯的不同。

1.完全对应

可以完全对应的词汇在英汉两种语言中描述的对象相同，如书（book），因此它们的指称意义是一致的。这类词汇通常是一些基本概念，如颜色、数字、天体等。

2. 部分对应

有一些词汇的指称意义只能部分对应。例如，英语中的"friend"和汉语中的"朋友"，在大多数情况下，这两个词是对应的。但是，在汉语中，"朋友"这个词含有更深的情感色彩和亲密程度。而在英语中，"friend"可以广泛用于描述各种社交关系，既可以指人们通常所说的朋友关系，也可以指同事、同学、邻居等关系。

3. 完全不对应

还有一些词汇的指称意义在汉英两种语言中完全不对应。例如，"太极"既是中国古代道家哲学的重要思想精华，也是一种内含哲理的武术形式，代表了阴阳两极的交替和转化，象征着中国的和谐理念。然而，在英语中，"Tai Chi"这个词，大多数情况下被理解为一种源于中国的慢节奏、流畅的体育锻炼方式，西方人并不理解其背后的哲学思想和文化内涵。

（二）联想意义

词汇的联想意义并非词汇本身固有的意义，而是一种附加在直观、具体意义之上的抽象层面的意义。这种意义并非固定不变，而是可以随着语境、文化环境以及使用者的个体经验的变化而变化。此外，联想意义并非单一的，而是可以分为文体意义、情感意义、反映意义和搭配意义，如图4-1所示。

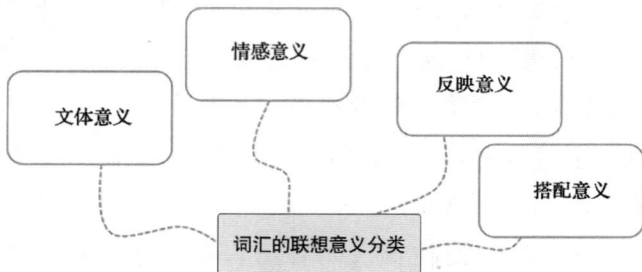

图 4-1　词汇的联想意义分类

1. 文体意义

文体意义对词汇的实际使用具有重要的指导意义。这种意义反映了词汇在语言应用中的特殊性，它是一种额外的信息层，揭示了词汇在具体语境中的应用风格和特征。在汉语和英语中，有许多词汇除具备基本的含义外，还具有特定的文体特征，以适应不同的语境和场合。根据词汇的适用性，可以大致将其文体意义分为中性、正式和非正式三类。中性的词汇可以应用于各种场合和文体，而特定的词汇则具有特定的文体意义。

在英语表示住所的词汇中，"domicile"和"adobe"通常被认为具有正式的文体特征，"home"则是中性的，而"pad"和"digs"则被标记为非正式的。这些词汇都有住所的含义，但它们的文体意义大不相同。另外，不同的方言也具有鲜明的文体意义，如在英国英语和美国英语中，"lift"和"elevator"均表示电梯的意思，但它们分别属于不同的方言，因此具有不同的文体意义。

科技术语通常具有国际通用性，因此其文体意义是中性和正式的。这些术语用在科技文献中是恰当的，但在日常生活中使用则显得过于正式。比如，"myocardial infarction"（心肌梗死）在科技文章中常用，但在日常生活中，人们更习惯使用"heart attack"。

在汉语中，也存在类似的情况，词汇的选择会因不同的语境和文体产生微妙的差别，从而带给信息接收者不一样的感受。以"先生"和"阁下"为例，这两个词都表示尊称，但在实际使用中，它们的文体意义存在明显的差异。"先生"是一个中性的词汇，它既可以用在日常的口语交流中，也可以出现在较为正式的文本中。在现代汉语中，"先生"已经成为一个通用的、礼貌的称呼方式，适用于各种社交场合，如商务会议、学术讲座到日常生活的各种交流环境中。然而，"阁下"更为正式，在现代汉语中的使用频率要低得多。这个词更常见于书面语，特别是在正式场合，如外交场合，以此来表示对对方的尊重。另外，"阁下"也常用于一些正式的演讲或公开致辞中，为了提高语言的正式程度和威严感。

2. 情感意义

情感意义反映了语言使用者的情感和态度，词汇不仅是表达信息的载体，更是表达情感的重要工具。例如，在词汇的使用中，同一词汇在不同的语境和情境中可能会呈现出不同的情感色彩。汉语中的"爱"通常被理解为深深的喜爱，但它的情感意义并非固定不变的，而是会随着语境和情境的变化而变化。例如，"爱"可以表示父母对子女的亲情，也可以表示恋人间的热情，还可以表示对某件事物的喜好或者钟爱。这些都是"爱"这个词在不同语境和情境中的情感意义。

类似地，在英语中，"love"也具有多样的情感意义。它可以表示深深的喜爱，也可以表示恋人、朋友或亲人间的情感，还可以用来形容对一件事物的热情。这也是"love"这个单词在不同语境和情境中的情感意义。

情感意义的存在让人们在理解和使用语言时，能更深入地理解其背后的情感色彩和态度，对人们正确理解和使用语言以及更好地在社交中进行有效的情感交流具有重要的意义。同时，情感意义的存在也使得语言更丰富、多元，增加了语言的表达力和生动性。

3. 反映意义

反映意义在语言表达中起着重要的作用。它是语言使用者在接触到特定词汇时，依据之前的知识经验和对当下语境的理解，对该词汇所产生的联想和扩展理解。汉语和英语中的词汇都能带给使用者这样的反映意义，这个过程涉及从具体的概念跳跃到抽象的理解，或者从一个词义联想到另一个词义。以汉语中的"破"为例，其基础含义是指物体破裂、损坏。然而，在不同的语境中，"破"可以有不同的反映意义。例如，在"破冰"中，"破"并不是字面意义的破裂，而是指打破陌生或僵化的气氛；在"破例"中，"破"表示打破原有的规定或习惯。这些反映意义都是基于"破"的基础含义和语境联想而来的。

同样地，在英语中，"break"也具有类似的反映意义。其基础含义是打破或破裂，但在不同的语境中，也可以有不同的反映意义。例如在"break the ice"（打破僵局）中，"break"表示打破尴尬或僵化的气氛；在"break a rule"（违反规定）中，"break"表示违反或不遵守规定。这些反映意义都是基于"break"的基础含义和语境联想而来的。

4.搭配意义

搭配意义是在语境中由特定词汇的联想意义构建而成的，是词汇在特定语境下与其他语言材料相结合的产物。搭配意义是词汇的重要属性之一，强调词汇在特定语境中与其他词汇的相互关联和相互影响。汉语和英语中的词汇都有其独特的搭配意义，这是由它们各自的语言规则和文化习俗决定的。

（1）同一个词在与不同的词搭配时，会产生不同的意义。例如，汉语中的"打"，在"打电话"中的含义是"拨通"，而在"打篮球"中的含义是"玩"，在"打伞"中的含义是"打开"。这三个例子中的"打"都是与不同的词搭配，表达出了不同的意义。同样，在英语中，"make"在"make a phone call"中意为"拨打"，在"make a mistake"中意为"犯"，在"make a decision"中意为"做出"。这些都是因为"make"与不同的词搭配，产生了不同的含义。

（2）尽管许多词汇的概念意义相近，但是它们与不同的词语搭配会产生不同的意义。例如，汉语中的"尽"，在"尽快"中表达的是速度，在"尽可能"中表达的是可能性。而在英语中，"very"虽然通常用来加强语气，但是与不同的词汇搭配会有不同的效果，如"very good"和"very important"分别表示"非常好"和"非常重要"，但在"very much"中表达的是强烈的程度。

（3）对于介词的搭配也有很大的差异。例如，汉语中的"在"，在"在家"和"在学校"中表示的是位置，但在"在读书"中表达的是进行中的动作。英语中的"at"和"in"都可以表示位置，但是"at"通常用于具体的地点，如"at home""at school"，而"in"通常用于较大的地理区域，如"in China""in New York"。

（三）文化意义

汉语和英语中相同或相似词汇的文化内涵不同，这种差异反映了中西文化的深层价值观和历史文化背景。在跨文化交流中，这种差异尤为明显，因为相同的词汇在不同文化中可能具有截然不同的象征和内涵。其中，动物在汉英词汇中的象征意义大相径庭。例如，汉语中的"喜鹊"象征着喜事和吉祥，而英语中的"magpie"则常与唠叨和饶舌相联系；"猫头鹰"在汉语中常与不祥相联系，而英语中的猫头鹰"owl"却象征智慧和冷静；另外，"鼠"在汉语中与胆小相联系，如成语"胆小如鼠"，而英语中却用"as timid as a hare（野兔）"来形容极度胆小的人。这种差异反映了不同文化对动物的不同认知和理解。

此外，色彩词汇在汉英两种语言中的文化内涵也大相径庭，从一个侧面反映了各自不同的文化心理。例如，蓝色在汉语中象征希望和宽阔天空，而在英语中，"blue"却常与忧郁和沮丧相联系；绿色在西方文化中常与缺乏经验相关，如"a green hand"，而在汉语中绿色则象征着春天和希望；白色在汉语里通常与丧事联系，而在英语文化中，"white"却象征纯洁和吉祥；黑色在汉语中常与公平、威严和正义相联系，而在英语中，"black"则常象征邪恶和不祥。

三、汉英词汇类别对比

汉语和英语在词类方面的对比可以帮助人们深入理解这两种语言的特点与差异。尽管这两种语言在词类上有许多相似之处，如都包括名词、动词、形容词、副词、代词、介词、连词和感叹词等，但在具体的使用方式上，又存在显著的差异。

（一）量词差异

汉语中独特的量词类别在英语中并不存在。例如，汉语中的量词"棵""条""张"等，用于修饰名词。然而，英语中并无独立的量词类别，通常以名词形式表达这种量化关系，如"piece""slice"等。此外，英语中的度量单位，如"meter""gram"等，也是以名词的形式出现，而在汉语中，这些词通常被归为量词。

（二）语气助词差异

汉语中的语气助词，在英语中没有对应的词类。例如，"吧""呢""了"等，用来体现说话人的态度、语气或情感色彩。在英语中，语气和情感色彩通常通过语序、标点符号或特定的词汇来表达。

（三）冠词／定冠词差异

英语中有冠词这个词类，但汉语中没有。英语的冠词用来限定名词的范围，指明其为特指还是泛指。而在汉语中，并无类似的词类，特指和泛指通常通过上下文或语境来确定。

（四）关系代词／关系副词差异

英语中的关系代词（如"who""which""that"）和关系副词（如"when""where""why"）在汉语中没有对应的词类。这些词在英语中用于引导定语从句，对先行词进行修饰或解释。在汉语中，英语中的关系代词和关系副词发挥的功能主要通过连词和代词实现。

四、汉英词汇排序对比

（一）主语的位置

汉语和英语作为两种语言系统，在词序方面存在明显的差异，其中一个显著的差异是主语在句子中的位置。虽然在大多数陈述句中，无论是汉语还是英语，主语都位于谓语之前。因为在陈述句中，主语通常是句子的主体，是句子要表达的核心信息，而谓语主要对主体进行说明或描述。例如，汉语中的"他在读书"、英语中的"He is reading."，主语"他"和"He"都位于谓语之前。

然而，这种规则在某些特殊的英语句型中会被打破。例如，在英语的"there be"句型以及副词引导的句子中，主语通常会跟随谓语，形成全倒装或半倒装的结构，如"Is he reading？"和"There is a book on the table."，主语"he"和"a book"都在谓语之后。但是，汉语中的主语位置较为固定。无论是哪种句型，主语基本上都会放在谓语之前。虽然在某些特殊情况下，如疑问句、祈使句和感叹句中，谓语可能会出现在主语之前，但这并不常见，而且在谓语和主语之间通常需要停顿或使用逗号进行分隔。

（二）定语的位置

在英语和汉语中，定语的位置差异是一个明显的对比点。定语，作为修饰名词或代词的修饰语，其在两种语言中的位置分布存在明显的差异。

在英语中，定语通常位于被修饰对象之前，如形容词、所有格、数词、现在分词和过去分词等。例如，在"red apple"（红苹果）或"my book"（我的书）中，"red"和"my"均作为定语，前置于被修饰的名词。但在某些情况下，定语也可以置于被修饰对象之后，如"the book on the table"（桌子上的书）中，"on the table"就是后置定语。

　　然而，在汉语中，定语的位置相对固定，通常会置于被修饰对象的前面，如"红色的苹果""我的书"。此外，汉语中的定语通常会使用"的"连接，形成"……的……"的结构。例如，在"那是我妈妈的新书"这句话中，"我妈妈的新"就是定语，它修饰了后面的名词"书"。如果进一步分解，"我妈妈的"修饰了"新书"，而"新"又进一步修饰了"书"。由此可以看到，定语可以是一个字（如"新"），也可以是一个短语（如"我妈妈的"），它们都用来修饰或限定名词。

　　在英语中，如果存在多个定语共同修饰同一个名词的情况，定语的顺序需要遵循一定的规则。通常来说，定语按照与中心词关系的密切程度进行排序，常见的顺序为数量形容词、外观形容词、形状形容词、年龄形容词、颜色形容词、国籍形容词、材料形容词、用途形容词、名词。例如，在"an old square wooden table"（一张旧的方形木头桌子）这个句子中，各个定语的顺序就遵循了这个规则。

　　汉语与英语不同。在汉语中，多个定语修饰同一个名词时，定语的顺序并没有明确的规则。汉语中的定语顺序更多地取决于语义、语境以及语言习惯。但通常来说，汉语中的定语顺序可以按照"从整体到局部"或者"从一般到特殊"的原则来排序。也就是说，描述整体特征的定语或者更加一般性的定语通常会放在更具体或者局部性的定语前面。"漂亮的长发女孩"就是一个典型的例子。在这个例子中，"漂亮的"和"长发"都是用来修饰"女孩"的定语。可以看到，"漂亮的"这个更加一般性的定语放在了"长发"这个更具体的定语前面。

（三）状语的位置

　　在英语和汉语中，状语的位置与句子的整体结构紧密相连，但它们的排序方式存在一定的差异。状语的作用是描述动作发生的条件、方式、地点、时间等信息，这种修饰语在这两种语言中都是非常重要的。

在英语中，状语的位置较为灵活，可以位于句首、句中和句尾。常见的状语包括地点状语、方式状语和时间状语，其排序一般遵循"先小后大、先短后长"的原则。例如，当一句英语中有几个状语同时出现时，通常较短的状语位于较长的状语之前，方式状语位于地点状语之前，地点状语位于时间状语之前。这种方式有助于信息的有效传递，防止信息混淆或被遗漏。

然而，在汉语中，状语的位置和排序有着自身的规则。汉语中的状语一般会放在主谓结构之前。此外，汉语的状语排序一般是时间状语、地点状语、方式状语，以满足汉语句式结构的特点和语言表达习惯。

例如，汉语"我昨天在公园慢跑了一小时"，翻译为英语的话，为"I jogged in the park for an hour yesterday."。由此可以看出，状语的顺序在英语和汉语中是不一样的。在英语中，方式状语（jogged）位于地点状语（in the park）之前，地点状语位于时间状语（for an hour yesterday）之前。而在汉语中，时间状语（昨天）位于地点状语（在公园）之前，地点状语位于方式状语（慢跑）之前。

第二节　汉英句法对比

句法，是语言学的一个分支，主要研究词和词组如何在句子中组合成有意义和结构完整的单位。简单来说，句法决定了词和短语在句子中的排列方式以及这些词和短语之间的关系。句法的主要目标是描述并解释人们在使用语言时能够产生和理解无限数量的句子的能力。为了做到这一点，语言学家提出了一系列规则和原则，这些规则和原则规定了词和短语在句子中的正确排列方式以及它们如何传达意义。句法的内涵包括以下几个方面：句子语序、句子结构、句子语态等。本节将从以上三个方面出发，对比汉语和英语的句法差异。

一、汉英句子语序对比

句子顺序是指复合句中主句和从句的顺序。汉英复合句中主句和从句之间的时间顺序和逻辑顺序不完全相同，所以它们的先后位置也不完全一样。汉英句子语序最明显的差异体现在句子建构方法上。具体来说，汉语句子遵循自然时序法，英语句子遵循凸显语序法。

（一）汉语句子的自然时序法

在建构汉语句子时，自然时序法是比较常见的建构方法。这种方法是通过句子中信息的排布来决定句子的组织结构的。自然时序法在汉语句子中的应用主要体现在以下几个方面。

1. 先叙事后表态

在汉语中，通常先进行叙述，然后基于这些叙述提出态度或评价。

例1：

那部电影很长，让人觉得有些无聊。

在这个例子中，先叙述了事实"那部电影很长"，然后表达了带给人的感觉"有些无聊"。

2. 先偏后正、先因后果

在汉语中，往往先陈述一个预设或原因，然后给出反驳或结果。

例2：

尽管他年纪小，但思维极为成熟。

在这个例子中，句子先给出了一个次要信息"他年纪小"，然后揭示了反转的事实"他的思维极为成熟"。

3. 先背景后焦点

汉语句子往往先提供背景信息，然后切入主题或者关注焦点。

例3：

在繁星点点的夜空下，他默默许下心愿。

在这个例子中，先描述了背景"在繁星点点的夜空下"，然后转向具体事实"他默默许下心愿"。

自然时序法不仅适用于单个句子的构造，还常用于篇章结构的设计。例如，在一篇文章或故事的开头，作者通常会先给出背景信息，然后才引入主题，这样可以帮助读者更好地理解和接受内容。当然这一建构方法并不是一成不变的，而是可以根据实际情况和语境进行调整。在某些特殊情况下，如需要突出结果的时候，汉语也可以先陈述结果，再解释原因。

（二）英语句子的凸显语序法

凸显语序指英语倾向于把重要信息放在句首，明确表达中心思想。这种语序不受时间顺序的限制，更多地受说话人的兴趣和主题重点的影响。特别是在主从复合句中，凸显语序表现得尤为明显。以下是几种主要的处理原则。

1.先表态后叙事

在英语句子中，如果叙述和态度共存，通常会先表明态度，再进行叙述。

例4：

It is fascinating that the mysteries of the universe can be understood through mathematics.

在这个例子中，"It is...that"结构在句首表达了对事实的态度"令人惊喜的、令人着迷的"，接着详细叙述了"通过数学可以了解宇宙的奥秘"这个事实。

2.先结果后原因

在英语句子中，当因果关系同时出现时，虽然其表达顺序有一定的灵活性，但实际上，由于英语思维倾向于把重点放在结果上，所以更常见的是语序还是先述结果后述原因。

例 5：

Solar energy is increasingly popular because it is a renewable and clean source of power.

在这个例子中，先提出了结果"太阳能越来越受欢迎"，然后解释了原因"它是一种可再生且清洁的能源"。

3.先焦点后背景

将焦点信息放在句首是英语句子另一个重要的语序特性。这个原则通常意味着把关键信息置于句首，然后再提供背景信息，如时间、地点等细节。这是因为英美文化习惯将关键信息或中心思想明确地表达出来，而其他的细节信息则作为辅助或补充。

例 6：

Global warming poses a serious threat to our planet, mainly due to excessive greenhouse gas emissions.

这句话中，"全球变暖对我们的地球构成严重威胁"作为关键信息被置于句首，然后对造成这一威胁的主要原因进行了解释，即"过量的温室气体排放"。

这种先焦点后背景的原则并不仅限于句子结构，也常常出现在段落和全篇文章的组织结构中。在英语写作中，通常在文章的开头或段落的开头，明确地提出主题句或中心思想，然后再提供详细的背景信息或证据来支持这个主题或中心思想。

二、汉英句子结构对比

汉语和英语作为两种极具代表性的语言体系，其句子结构存在显著差异。汉语句子的结构更倾向于线性的、平面的，而英语句子的结构倾向于立体的、树状的。这一差异在很大程度上反映了这两种语言在表达思想和逻辑关系时的不同方法。

汉语句子的结构更具线性性质，更倾向于按照时间顺序或事理逻辑顺序逐步展开，形成一种连续、流畅、平面的叙述。汉语句子并没有一定的主谓框架限制，也没有严格的谓语动词和非谓语动词的区别，因此在表达复杂的意思时，通常是通过逐步交代、层层铺开的方式实现的。相比之下，在英语句子中，主谓结构是全句的核心，其他的成分，如宾语、定语、状语等，都是围绕这个核心进行配置的。这种主谓结构就好像是一个结构框架，其他的成分像是这个框架上的各种部件，通过一系列的关联词将它们连接起来，构成一个完整的、有层次的、树状的结构。

（一）汉语句子的平面结构

汉语句子的平面结构特征是其一个显著特点，体现在句式的开放性和对零句的广泛使用上。这两点使得汉语句子与英语句子的立体结构形成鲜明的对比。

1.开放性

汉语句式的开放性特征使其构造显得非常自由，不必依赖固定的句型或者语法结构。

例 7：

苹果。

他吃苹果。

他坐在桌子旁，吃着新鲜的苹果。

从上述示例中可以看到，这个句子序列开始的时候只有一个简单的词"苹果"，然后逐渐添加了动作、环境和描述，形成了一个更完整的画面。在这个过程中，句子的构造并没有严格遵循某种预设的结构模式，而是根据表达需求自由地添加新的信息。这与英语句子的结构不同，英语句子的主干结构在句首被封闭，句尾扩展性更强。

2.零句的使用

在汉语句子中，零句的使用是非常常见的。零句是指由词或词组构成、不具备完整的主谓结构的句子。

例 8 ：

明天早上，我计划 6 点起床，先去跑步，再回来看书。

在这个例子中，"先去跑步"和"再回来看书"都是零句，它们通过自然的语序相互连接，传递出完整的信息。而在英语中，这种情况会通过连接词和主从句的构造来实现。

这两点特性使得汉语句子在形式上更具有平面性和直接性。它们反映了汉语在信息组织和逻辑表达上的独特方式，这种方式以其直观性和自由性，成为汉语独特的韵味。同时，对学习和理解汉语提出了挑战，因为句式的开放性和零句的广泛使用使得汉语句子结构具有很大的灵活性和多变性，需要对汉语有深入的了解才能熟练掌握。

（二）英语句子的立体结构

英语句子的立体结构特征可从以下两个方面进行分析。

1.句子有主干结构，且有时主干结构较短

英语句子的这一结构特征可从英语基本句型中看出来。英语的基本句型及示例如下。

（1）SVO（主—谓—宾）句型。这是最常见的句型。在这种句型中，主语执行动作，动词表示动作，宾语接收动作。

例 9 ：

She（她）plays（玩）the piano（钢琴）。

（2）SVC（主—谓—表）句型。在这种句型中，主语是动词的执行者，而补语是对主语或动词的进一步描述或说明。

例 10 ：

He（他）seems（看起来）tired（疲惫的）。

（3）SVOO（主—谓—宾—宾）句型。这种句型中有两个宾语，第一个通常是间接宾语，第二个通常是直接宾语。

例 11：

I（我）gave（给了）her（她）a gift（一份礼物）。

（4）SVOC（主—谓—宾—补）句型。在这种句型中，主语执行动作，动词表示动作，宾语接收动作，补语描述或修改宾语。

例 12：

We（我们）elected（选举）him（他）president（总统）。

（5）SVA（主—谓—状）句型。在这种句型中，主语执行动作，动词表示动作，而副词或副词短语用来描述或修改动词。

例 13：

The children（孩子们）are playing（在玩耍）outside（在外面）。

由此可见，英语句子无论多么复杂，都围绕着主谓结构来构建。这种主谓结构就像是句子的骨架，为句子提供了基本的形式和功能。一旦理解了这种结构，就可以很容易地理解和创建各种复杂的句子。

2.从属结构与主干结构紧密相连

在英语句子中，从属结构和主干结构紧密相连，共同构建语义的整体性和连贯性。它们之间的关系可以比喻为一栋建筑：主干结构就像是建筑的支撑框架，而从属结构相当于环绕在主干周围的部分，为整体结构提供了更多的细节。

例 14：

A cat, which had been hiding in the bushes, pounced on a mouse, that had been nibbling on a piece of cheese, causing a ruckus in the quiet garden.

这是一个包含一个主句和两个从句的复合句。主句是 "A cat pounced on a mouse, causing a ruckus in the quiet garden"，而两个从句分别是 "which had been hiding in the bushes" 和 "that had been nibbling on a piece of cheese"。主句描绘了一个具有动态性的画面，即猫扑向了老鼠，并在宁静的花园中引发了喧闹。这是整个句子中的主干结构，它确立了句子的主题和核心行动。

　　然而，如果只有主干结构，读者将无法了解为何猫会突然扑向老鼠，以及老鼠为何会在此时此地，这就是从属结构的作用，它们为主干结构提供了必要的背景信息。从句"which had been hiding in the bushes"告诉人们猫在此之前一直在灌木丛中隐藏，而从句"that had been nibbling on a piece of cheese"告诉人们老鼠正在啃食一块奶酪。这两个从句共同描绘出一幅更加完整、立体的场景，从而读者能够理解主干结构的信息。

　　当一个句子包含多个意义层次时，主干结构和从属结构的关系会变得尤其重要。主干结构通常传达重要的信息，而从属结构（包括从句、分词短语等）则提供了更多的细节和背景信息，帮助人们理解句子的主题。通过这种方式，人们可以在主干结构的基础上，通过不断添加从属结构来丰富句子的内容。

三、汉英句子语态对比

　　英语和汉语在语态上的差异反映了这两种语言的特点和这两种文化的思维方式。英语中广泛使用被动语态和汉语中较少使用被动语态是这种差异的一个主要体现。

　　英语中的被动语态常用于表示行为的接受者，而不是行为的发起者，这也是被动语态的核心功能。被动语态在语境中常常用于强调行为本身，而非行为的执行者。例如，"The book was read by many people."这句话的重点在于"书被很多人阅读"，而不是那些阅读的人。在英语中，被动语态可以帮助人们更好地组织句子，强调人们关注的信息，从而使句子的表达更加连贯和准确。

　　然而，汉语使用被动语态相对较少，主要有以下两个方面的原因。

　　第一，汉语的句子结构往往倾向于"主题—述题"结构，即先引出主题，然后陈述与主题有关的信息。例如，"小明他喜欢吃苹果"句中，"小明"就是主题，"他喜欢吃苹果"就是述题。这种句型比较符合汉语的表达习惯，因此，被动语态在汉语中的使用相对较少。

第二，中国文化及其思维习惯也在一定程度上影响了被动语态的使用。中国人重视"事在人为"，更加强调主动，因此更多使用主动语态来表达。

此外，汉语的被动语态表达方式与英语的也有显著不同。汉语使用特殊的词汇来表达被动语态，如"被""受""让"等，这是有形式标记的被动式。例如，"这部电影被大家称赞为年度最佳电影"。汉语中也存在无形式标记的被动式，即通过主谓关系表达被动含义。例如，"那份报告已经完成"，在这里，"完成"即使无被动标记，但实际上表达的也是被动意义。

第三节　汉英语篇对比

语篇是一个复杂且独特的概念，它既包含句子，也超越了句子，涵盖从简短的口头表达到长篇的书面文本的各种形式。它是语言的一种高级表达形式，被视为由一个或多个句子构成的、在特定语境下表示完整意义的一种语言单位。根据这个定义，一个语篇可以是一封信、一篇文章、一段对话，甚至是一本小说或一部剧本。介于句子和完整语篇之间的单位称为句段，它是构成语篇的重要组成部分，但句段本身并不能替代整个语篇。每个句段都是整个语篇的一部分，作用是帮助塑造和传达语篇的意义和主题。然而，只有当多个句段结合在一起，才能形成一个连贯、完整的语篇。

语篇的本质不仅仅在于它包含的语言元素（如词、短语和句子），而且在于这些元素是如何实现结构化并在特定的语境中传达意义的。这种结构化不仅受到语法规则的制约，而且受到语篇内部逻辑和外部语境的影响。例如，一个语篇可能有其自身的主题，但各个部分之间可能存在因果关系，也有叙事顺序等。

一、汉英语篇的相同之处

尽管汉语和英语在许多方面存在差异，但作为自然语言的两种表现形式，它们在语篇结构和组织上存在一些共同的特征，特别是在语义连贯性和衔接手段方面，有一些通用的原则和策略。

（一）语义连贯性

无论是英语还是汉语，都要求语篇保持语义的连贯性。这是因为语篇不仅仅是句子的集合，更是整体的表达，需要有一个中心主题或论点，所有的部分都需要围绕这个主题或论点进行。这种语义连贯性不仅在语法上要求句子的连贯，更在意义上要求句子之间有合理的联系和逻辑关系。这就需要人们在写作或者口头表达时，确保句子之间有清晰的逻辑流和意义衔接，形成一个整体的、连贯的意义单元。请看以下示例。

例1：

A：你今天为什么迟到了？　B：因为我错过了公交车。

例2：

A：你今天为什么迟到了？　B：猫在树上。

例3：

Tom loves reading novels. She baked a cake yesterday. This is a beautiful song.

例4：

Tom loves reading novels. He often spends hours lost in a good book. His favorite author is J.K. Rowling.

在例1中，问题和回答是有关联的，它们形成一个连贯的对话，具有语篇特征。而在例2中，B的回答与A的问题无关，因此不具有语篇特征。在例3中，虽然三个句子在语法上是正确的，但是它们之间没有逻辑联系，无法形成一个统一的意义，因此不构成语篇。与此相反，例4

中的三个句子紧密相连，共同讲述了一个关于 Tom 的故事，因此它们形成了一个连贯的语篇。

（二）衔接手段

无论是英语还是汉语，都需要通过各种衔接手段实现语篇的连贯性。衔接手段包括但不限于词汇、语法、语义等，通过这些手段，句子之间的关系被明确表达出来，从而形成一个整体的、有组织的语篇。在英语中，通常使用各种连词、指代词等明确的语法标记来实现衔接。而在汉语中，更多地依赖隐性的语义关系实现衔接，但也可通过语法和词汇手段实现衔接，如使用适当的过渡词、转折词等。

二、汉英语篇的不同之处

（一）衔接手段的差异

汉英两种语言在语篇衔接手段上的差异主要体现在连贯性的实现方式上。英语通过显性连贯的方式构建语篇，而汉语更倾向于通过隐性连贯的方式构建语篇。下面具体探讨这些差异。

1.形式词和形态变化的应用

在英语中，形式词和形态变化作为实现显性连贯的主要工具，在句子结构和篇章逻辑中起着关键作用。不仅限于连接词，英语还运用了诸多词类和时态变化来实现衔接。例如，代词的使用可以确保前后句子之间的连贯性。例如，在句子 "He found the book he had lost earlier." 中，代词 "he" 确保了主体的一致性。此外，时态变化也能够体现事件的逻辑先后顺序，如使用过去完成时表示先前发生的动作。

与英语不同，汉语的形态变化相对简单，缺乏丰富的时态和语态变化。但即便如此，汉语也能通过特定的字词排列和上下文语境来展现其隐性连贯。例如，"他累了，所以早早地睡了"中的"所以"起到了连接作用。但汉语中一些句子甚至可以省略这样的连接词，仅依靠语境和逻辑顺序就能实现连贯。汉语也倾向于使用主题句的方式来实现篇章的整体连贯性。例如，在一篇描述家乡的文章中，每一段的开头都可能是对家乡不同方面的描述，从而使整篇文章围绕"家乡"这一主题展开。

2.隐性和显性连贯的对比

英语的显性连贯性通过明确的语法结构和形态变化来展现。不仅体现在代词和连接词的使用上，还体现在语态的一致和时态的连续变化上。例如，在叙述过去的事件时，英语会使用过去时、过去进行时和过去完成时等不同的时态来描绘事件的发展。例如，"When she arrived, the party had already started, and people were dancing."这个句子就展现了三种不同的时态。

与之相对，汉语更侧重于隐性连贯。即使没有明确的连接词，汉语句子之间的逻辑关系也可以通过语境和顺序清晰地展现。例如，在描述一次旅行的经历时，汉语不会过多使用连接词或时态变化，而是通过事件的发生顺序和细腻的描写来展现整体的连贯性。例如，"早上我们爬山，中午在山顶野餐，傍晚欣赏夕阳"。

3.语境和修辞手段的作用

英语虽然在连贯性上更依赖形式手段，但在某些文学作品或演讲中也会利用修辞手段来增强表达效果。通过使用比喻、拟人、排比等修辞手段，可以增强文本的艺术性和连贯性。例如，马丁·路德·金的演讲中使用了大量的排比和隐喻来强调其观点，增强了演讲的感染力和连贯性。

汉语的隐性连贯更多地依赖特定的语境和修辞手段。通过运用排比、对比、设问等修辞方式，构建复杂且连贯的表达。例如，在古代汉语诗歌中，通过运用对仗和排比，诗人可以构建高度连贯的艺术形象。例如，《登鹳雀楼》中的"白日依山尽，黄河入海流"就是通过对仗的方式实现形式和意义上的连贯。

（二）组织模式的差异

1. 英语直线型组织模式

英语语篇的组织结构常常呈现出直线型特征。这种组织模式强调清晰的逻辑顺序和因果关系，体现了西方重分析的思维习惯。

（1）逻辑顺序。在英语中，句子或段落通常按照一种线性的逻辑顺序组织，首先提出中心思想或主题句，其次提供证据或例证来支持这个中心思想或主题句，最后得出结论。这种结构使读者能够很容易地厘清作者的思路。

例 5：

主题句：Smoking is harmful to one's health.

支撑细节：It contains harmful chemicals like nicotine and can lead to lung cancer and other respiratory diseases.

结论：Therefore, it is advisable to quit smoking for a healthy life.

（2）因果关系。英语中的直线型组织结构还强调因果关系。作者可能会使用连接词，如"because""therefore""so"等，来明确指示因果关系。这有助于清晰地表达思想，从而确保读者能够理解句子之间的联系。

例 6：

Because the company failed to innovate, it lost significant market share to its competitors.

例 7：

Students must study hard; otherwise, they may not achieve their academic goals.

例 8：

I forgot my umbrella, so I got wet in the rain.

在这些例子中，连接词"because""otherwise""so"明确指示了原因和结果之间的关系。

（3）"叠床架屋"式结构。这种组织模式可以出现在单个句子中，通过复杂的从句结构展现逻辑顺序。长句的构建可以详细阐述一个观点，其中每个从句都在前一个从句的基础上构建。

例9：

Although she had never considered a career in politics, when she was approached by the community to represent them, she felt a strong sense of duty and decided to run for office, knowing full well the challenges that lay ahead.

这个句子通过一系列从句，描述了一个复杂的情境。首先提出了她从未考虑过从政，其次描述了她被社区邀请成为社区代表，最后阐述了她的决定和对未来挑战的认识。每个从句都在前一个从句的基础上增加了更多细节。

2. 汉语螺旋式组织模式

相比之下，汉语语篇的组织结构往往呈现出螺旋式特征。这体现了中国文化中的综合思维和强调整体感知的传统。

（1）重复与强调。螺旋式组织强调重复和强调，在汉语中，作者可能会通过多次重复同一观点或主题来确保读者的理解和接受。

例10：

共同富裕的构想是这样提出的：一部分有条件的地区先发展起来，先发展起来的地区带动后发展的地区，最终达到共同富裕。

在这个例子中，"地区"一词的重复强调了共同富裕的核心概念。共同富裕不是抽象的理念，而是具体到各个地区的实际实施。重复使用"地区"一词，反映了共同富裕全面且实际的性质，有利于读者清楚地理解其涵盖的范围和影响的深度。

（2）"起、承、转、合"结构。汉语中的这一典型结构反映了螺旋式组织的核心。起始部分宣布主题，承接部分展开并进一步解释，转折部分可能提出不同的观点或转向新的方向，合并部分则总结并回归主题。这种结构在诗歌、散文和演讲中都很常见。例如，《登鹳雀楼》就是这种结构。

起："白日依山尽"描绘山与太阳的景象，开启主题。

承："黄河入海流"描绘黄河入海的景象，进一步展开。

转："欲穷千里目"表达想要看得更远的欲望，转向新方向。

合："更上一层楼"提出解决方案，回归并升华主题。

（3）整体感知。与英语的分析性思维不同，汉语的螺旋式组织模式强调整体感知，表现为整体与局部之间的相互关系或主题与细节之间的和谐统一。这种结构反映了中国文化对平衡与和谐的追求。

例11：

人生如梦，岁月无情。花开花落，潮起潮落，人们在时间的长河中不断追寻，但终究是一场空。

在这个例子中，整体感知体现在作者对人生整体观念的描绘和自然界局部现象的对比方面，花开花落和潮起潮落的自然景象与人生的整体追寻在对比中形成和谐的统一。

第四节　汉英修辞对比

修辞，作为一种语言表达艺术和手段，是利用特定的文字或口语方式增强表达效果、塑造美感和激发情感共鸣的技巧。它在文学、演讲和写作领域都有广泛的应用。其中，修辞手法是用来构造和装饰语言的特定技巧和方法，常见的修辞手法包括比喻、拟人、排比、反问、重复等。在翻译中，修辞的妥善运用不仅可以保留原文的美感，还可以增强译文的连贯性、流畅性和文化适应性，从而更好地实现源语言与目标语言之间的有效沟通。

一、相同的修辞格

（一）拟声

拟声是一种修辞手法，通过模仿自然界、动物或物体发出的声音来表达或增强语言的生动性和形象性。拟声在英汉两种语言中都有着广泛的运用。例如，英语可能使用"pitter-patter"来模仿雨滴击打窗户的声音，而汉语可能使用"滴答滴答"来达到同样的效果。这种修辞手法使人们能够更直观地感受和理解作者所描述的场景。

拟声在文学、广告、儿童读物等多个领域都有应用。它能增强文本的感染力，让读者或听众更容易沉浸在场景之中。拟声不仅能增强文本的审美价值，还可以达到特定的说服教育或娱乐目的。

（二）拟人

拟人是一种通过赋予非人类对象以人的特质、情感或行为来塑造形象和表达情感的修辞手法。通过拟人，作者可以更深入、更富有同情心地探讨抽象概念或非人类实体。拟人在诗歌、寓言、歌词等中都非常常见。它能够增强文本的想象力和创造力，使读者更容易与文本建立情感联系。拟人还常用于隐喻和象征，能够深化文本的主题和内涵。

例如，在描述风的时候，汉语可以说"风在窗外轻轻歌唱"，这样的表达方式使得风仿佛具有了人的特征。拟人在英语文学中也非常常见，尤其在诗歌和寓言故事中。例如"The sun smiled down on the fields below."，将太阳描绘成有笑容的人，赋予了太阳人类的情感特质。

（三）夸张

夸张是一种通过有意地放大或缩小事物的某一特点来达到强调、戏谑或讽刺效果的修辞手法。这种修辞手法在英汉两种语言中都十分常见。例如，汉语中描述一个人非常饿时，可以说"我饿得能吃掉一头牛"，这里的夸张强调了饥饿的程度，使得这一情感更加鲜明和生动。又比如，在日常的交流活动中，用英语表达"I've told you a million times not to do that!"显然，说话者并没有真的告诉对方一百万次，这里的夸张用来强调说话人的沮丧和不耐烦。

夸张不仅仅是一种修饰手法，还是一种战略性的表达工具，可以用来加强语调，产生幽默效果，或者突出文本的主题。在广告、演讲、戏剧和其他文学与非文学领域中，夸张都是一种重要的修辞工具，有助于引起读者的注意和情感共鸣。

（四）反语

反语是一种独特的修辞手法，在英语中尤为常见。它涵盖多种类型，包括口头反语、戏剧反语和情境反语等。反语通常出现在文学作品、电影、戏剧以及日常对话中，作用是深化主题、强调感情、增强戏剧效果或幽默感。

1. 口头反语

口头反语是一种常见且富有表现力的修辞手法，它的核心是说一套做一套，用字面意思和实际意图之间的差异来传达真实的感受。例如，面对倾盆大雨时说："多么完美的天气！"实际上是在讽刺天气糟糕。这种反语手法常见于日常对话、文学作品和政治演讲中。它可以用来强调讲者的不满，或创造幽默效果，或批评某人或某事。口头反语的魅力在于它的双层含义，听众需要理解说话人的真实意图，才能完全领会其深层含义。这为交流增添了复杂性和趣味性，也让人们对话题有更深的反思。

2. 戏剧反语

戏剧反语是一种广泛应用于戏剧、电影和文学作品中的修辞手法。这种反语产生于观众知道角色所不知道的情况。例如，在一部悬疑剧中，观众可能早已知道某个角色是凶手，但剧中的侦探还在迷茫中。这种知情和不知情之间的反差增加了戏剧的紧张感和参与感，使观众在情感和心理上更加投入。此外，戏剧反语也可以用于揭示人物性格的复杂性，展示主题，甚至让观众对人性和社会现象进行反思。在戏剧创作和表演中，戏剧反语为创作者和表演者提供了丰富的表现空间和可能性。

3. 情境反语

情境反语是一种常见的修辞手法，当预期的结果与实际发生的情况完全相反时，就会产生情境反语。例如，消防员的房子着火了，或者交通警察因为超速而被罚款等。这些案例都揭示了生活的不可预测性和荒诞感，有时还带有讽刺和幽默的色彩。情境反语促使人们重新审视日常经验，重新评估自己的预期，甚至促使人们对某些普遍接受的观点和信念进行反思。在文学和艺术作品中，情境反语也常用于展示人物命运的戏剧转折，或揭示深层的社会和人性主题。

（五）对偶

对偶作为一种修辞手法，在英语和汉语中都有广泛的应用。这种修辞手法在形式上以节奏感非常强烈、音节整齐的形式呈现，在内容上则常常表现为两个相对或对比的概念。具体分析如下。

对偶在形式上要求两个部分的结构、字数、语法等尽量相等或对称。这种整齐的排列使得语言更加和谐、流畅，同时增强了表达的力度。在古典诗歌、现代广告语、政治演说等中都可以找到对偶的身影。在内容上，对偶常常用来表现两个相对的概念，通过对比强调特定的主题或观点。这种对比常常伴随着一种平衡感，使得整个表达更加鲜明、深刻。对偶可以将复杂的观点或情感以简洁、鲜明的方式表达出来，使得信息传递更加迅速、有效，同时为听众或读者提供更容易理解和记忆的内容。对偶的使用不仅能增加语言的节奏感和和谐感，还可以使表达更加生动、形象，它为诗歌、散文、演说等语言艺术的创作提供了丰富的表现手段。

例 1：

It is easy to be wise after the event, but much safer to take care before it happens.

二、类似的修辞格

（一）simile（明喻）

simile 是一种通过明确的比较词，如 "as" 和 "like"，将两个本质上不同但在某些方面相似的事物联系在一起的修辞手法。"simile" 被广泛用于文学和日常交流中，能够增强语言的形象性和表现力。例如，在诗句 "I wandered lonely as a cloud" 中，诗人将人的孤独漫游与浮云的形象相联系。英语的 "simile" 与汉语的明喻在结构和功能上有许多相似之处，两者都通过明确的比较展现了主体与喻体之间的相似性。然而，文化和语言习惯的差异导致直接的对应并不总是合适的。例如，"as drunk as a mouse" 在汉语中更常使用意译的方式，表达为 "烂醉如泥"。

（二）metaphor（隐喻）

metaphor 是一种通过暗示或隐含的方式将两个不同的事物联系在一起的修辞手法。与 "simile" 不同，"metaphor" 并不使用明确的比较词。例如，"She is shedding crocodile tears" 直接将人的假悲伤与鳄鱼的眼泪联系起来。metaphor 被广泛应用于文学创作、商业沟通、政治演讲等方面，因为它能增强语言的深度和层次感，使抽象或复杂的观点变得更富有想象力和说服力。metaphor 与汉语中的隐喻、借喻、拟物有部分重合。

1. 隐喻

隐喻是一种通过暗示将两个本质上不同但在某些方面具有相似性的事物联系在一起的修辞手法，通常不用明确的比较词。

例 2：

他们早已坠入爱河。

在这个例子中，"坠入" 这个词通常与下落、沉沦等有关，暗示了一种无法自拔、自然而然的过程；"爱河" 这个词将爱情比作一条河流，暗喻爱情的广阔和深远。整个表达传达了一种人们对爱情投入的无法抗拒、全身心投入的感觉。人们就像是坠入了一条河流一样，整个人都沉浸在其中，无法自拔。这种隐喻的表达方式非常形象地描绘了恋爱的状态，不仅增加了句子的表现力，还深化了对爱情本质的理解和感受。

2. 借喻

借喻是一种通过借助一种物体或现象来形容或描绘另一种物体或现象的修辞手法。

例3：

江山如画，岁月如歌。

（1）"江山如画"。此处以"画"来描绘"江山"，强调了自然景色的精致和优美。画通常构图精巧，色彩和谐，线条流畅，通过这一借喻，使人们对江山的印象瞬间生动而富有艺术感。人们不仅可以看到江山的美，还能感受到艺术家描绘景物的心情和风格。

（2）"岁月如歌"。此处以"歌"来形容"时光"，歌往往有旋律、节奏和情感，可以将人带入特定的情感状态。通过这一借喻，岁月不再是单调乏味的时间流逝，而是充满了节奏和旋律的美好过程。每一刻都如同歌中的一句，流露着不同的情感和韵味，人们可以在其中感受生活的丰富和多彩。

3. 拟物

拟物是一种赋予非人事物以人的特性或情感，使之具有人的行为或感觉的修辞手法。

例4：

风儿轻轻抚摸我的脸庞。

此处的拟物修辞表现得尤为细腻。风本身没有情感和意识，但在这里被赋予了"轻轻抚摸"的行为，仿佛变成了一个有情感的人。这样的描述不仅突出了风的轻柔，还赋予了风一种人的温暖和亲切感。读者可以通过这种拟物的描述，更加直观地感受到风的触感和温度，好像真的有人正在用温柔的手抚摸自己的脸庞，这不仅丰富了对风的感知，还赋予了风一种超越自然界限的美丽和魅力。

三、完全不同的修辞格

（一）alliteration、assonance 双声与叠韵

1. alliteration

alliteration（头韵）是指在相邻或者紧密关联的单词中重复相同的辅音音素或者辅音字母的修辞手法。在英语中，"alliteration"常用于诗歌、歌词或广告语中，用于增强语言的节奏和韵律美感。

例 5：

Peter Piper picked a peck of pickled peppers.

这个例子中的头韵体现在多个单词的首字母"P"上。这些单词都紧密相连，连续的"P"的发音创造了一种强烈的节奏感。这种节奏不仅让句子更加和谐，也让其更容易记忆。在广告或童谣中，头韵的这种特性使得语言更加生动有趣，易于传播。

2. assonance

assonance（准押韵）是指在相邻或者紧密关联的单词中重复相同的元音音素的修辞手法。这种修辞手法可以用于增强语言的音乐性。

例 6：

Hear the mellow wedding bells.

这个例子中的准押韵体现在重复的长元音"e"声上，如单词"Hear""mellow""wedding""bells"中都有"e"声。准押韵在这些单词中创造了一种柔和的和谐感，加强了诗句的音乐性。同时，这种重复的元音连接了整个句子，不仅增强了主题的连贯性，还增加了文本的情感深度，因为这种韵律模式会引起读者或听众的共鸣。

3.双声、叠韵

双声是指汉语中两个字的声母相同的现象，如伶俐、忐忑、惆怅、仿佛、参差等。这种现象通常用于增加词汇的节奏感和音乐性，但并不被视为一种修辞格。叠韵是指汉语中两个字或几个字的韵腹或韵尾相同的现象，如荡漾、窈窕、烂漫、宛转、彷徨等。与双声一样，叠韵也不是一种修辞格，而是一种语言的修饰方式。双声和叠韵在汉语中更多被视为一般的语言修饰方式。它们在汉语中的作用主要是增强韵律节奏感，使人耳目一新。

（二）oxymoron（矛盾修辞法）

1. oxymoron

oxymoron是一种将互相矛盾或冲突的词或概念放在一起的修辞手法。它的目的是通过将对立的概念结合在一起，产生一种富有深意和引人深思的效果。因此，矛盾修辞法在英语中可以表达一种复杂且微妙的情感或观点。它常用于诗歌和演讲中，以强调矛盾性和复杂性。

例如，在"deafening silence"中，"deafening"（震耳欲聋）和"silence"（寂静）本质上是相互矛盾的。寂静是没有声音的，而震耳欲聋则通常与极大的声音有关。将这两个词组合在一起，创造了一种强烈的视觉和听觉印象，表达了一种超越寂静的沉默，那种令人不安的、压抑的寂静，就像是空气中充满了未言之语。

又如，在"bitter sweet"中，"bitter"（苦涩）和"sweet"（甜蜜）是对立的。然而，这个矛盾的表述突出了情感和经历的复杂性，其中既有欢乐也有痛苦。例如，离别可能是"苦乐参半"的，既带来新的机会，又伴随着亲人和朋友的分离。

2.反语

反语是说反话的一种修辞手法，即说一些与实际意图相反的话，以达到强调、讽刺或戏谑的效果。

例 7：

这下可好了！

看你干的好事！

第一个反语的实际意图是表达对某个不好的结果的不满。从字面上看，这句话好像是在赞扬某件事情，但实际上它是在批评某件事情。通过使用与实际意图相反的话，增强了讽刺的效果，强调了对现状的不满，从而使听者更加关注这个问题。类似地，第二个反语也表示对某人的不满或批评某人。从字面上看，这句话好像是在赞美某人做了一件好事，但实际上它是在批评某人的行为。这种反语的使用可以更形象地揭示说话人的感情，比直接的批评更有力度和戏剧性。

第五章 跨文化语境下汉英文化对比

第一节 汉英物质文化对比

在日常生活中，物质文化主要表现在服饰、饮食、建筑等方面。不同民族的服饰文化、饮食文化及建筑文化都是物质文化的重要组成部分，能鲜明地展现出本民族的特色。本节将从这三个角度对汉英物质文化的异同进行论述。

一、汉英服饰文化对比

（一）服饰文化的内涵

服饰文化是人类社会历史、风俗、信仰、审美观念等多种文化因素的综合体现，是一个民族或社区内部的文化、历史等的显现。每一种服饰都能反映其特定的文化背景和历史传统，如古希腊的长袍、印度的纱丽、中国的汉服等。服饰还能在很大程度上揭示个人或群体的社会地位和职业身份，不同阶级、职业和地位的人，有着截然不同的着装规范。服饰也与性别和年龄有关，不同性别和年龄段的人，会选择不同的衣着风格。服饰还能反映一个民族的审美观念和创造力。在许多文化中，特定的节日往往需要特定的服装，这些特定的服装有助于增强节日的庄重感和神圣感，展示本民族的文化和信仰。整体上，服饰文化是一种丰富多彩、复杂多样的文化现象，不仅体现了人类对美的追求，还揭示了社会的结构和功能。

（二）汉英服饰文化的差异体现

1.着装理念
中西方服饰文化在着装理念上的差异深刻地反映了两种截然不同的文化观念和价值取向。

中国的服饰文化更加强调和谐、端庄和遵循传统。这与中国古代的哲学思想有关。在中国传统文化中，服饰不仅是遮体的工具，更是一种体现社会地位、职业、性别和场合的符号。例如，古代的服饰制度严格规定了不同身份和职业的人的着装。中国的服饰强调集体和社会的和谐，服装设计常常追求端庄、含蓄和与自然的和谐统一。即使在近现代，受到西方文化的影响，中山装等新式服装仍然凸显着中国人端庄、含蓄的性格特点。

西方人的着装常常是自我和个体特质的一种表现。在西方社会中，服饰往往与自我表达和自我塑造紧密相连，人们通过服饰来强调自己的身份、职业、性别和社交地位。例如，男性服装常常注重体现力量和权威，女性服装更强调优雅和魅力。西方人更注重突出自我，因此服装的设计和选择往往以展示个人特质和魅力为目的。此外，西方服饰文化也强调创新和多样性，鼓励人们尝试不同的风格和流行款式，以展示自己的独特品位和个性。

2.服饰造型
中西方服饰文化中服饰造型的差异体现在设计理念、结构组成和视觉效果等方面，这些差异深刻地揭示了两种文化的特色和价值观念。

（1）从设计理念上看，中国传统服饰的设计理念更加注重端庄、典雅和与自然的和谐统一。直线剪裁和简单的衣物结构让人感到自在舒适，这与中国传统文化追求平衡与和谐有着紧密的联系。而西方服饰强调个性化和多样化。西方设计师倾向于通过运用不同的领型、袖型、填充物和衬垫等元素，来增强服装的视觉效果和个人风格。这些设计元素能够使穿着者的身体特点更加突出，从而反映其个人品位和身份。

（2）从结构组成上看，中国传统服饰多采用直线剪裁，整体结构简单大方，V领、直立领、斜交领等设计元素凸显了浓厚的东方特色。而西方服饰经常采用轮状褶皱领的设计，并常常用填充物来增加服装的厚重感。衣服的肩部设计多变，强调横向的感觉，有时甚至借助细金属等材料来增加支撑度。这些设计手法体现了西方人追求的力量感和空间感，也符合西方人较为高大的体型和热情奔放的性格。

（3）从视觉效果上看，中国服饰常常强调纵向的感觉，整体呈筒形结构，使穿着者显得身材修长。这种设计既符合东方人的身材特点，也与东方人平和、内敛的性格相协调。而西方服饰强调横向的感觉，通过肩部的设计和横向元素的运用，塑造一种强烈的空间感和力量感。这种横向的设计与西方人的体型和性格特点相匹配。

3. 服饰图案

从图案选择上看，中国古代的服饰图案倾向于采用一些寓意深刻的元素，如"花中四君子"等。这些图案不仅体现了士大夫的精神理想，也代表了古代社会的礼仪观念和道德规范。而西方的服饰图案更为写实，常见菱花纹、石榴纹等，这些图案在色彩上更加饱满，形态上注重对称，整体感觉较为艳丽。这和图案设计与西方人追求真实、自由和个人主义的文化特点相一致。

在饰物搭配上，中国的传统服饰更加注重饰物的寓意和象征意义，经常使用玉和中国结等饰物。这些饰物不仅增添了服饰的美感，更具有辟邪、招好运的含义。这种设计方式体现了中国人重视精神寄托和道德涵养的文化特质。而西方服饰更注重与整体图案的协调，追求外观的一致性和美感。在现代流行图案方面，现代中国服饰在保持传统审美的基础上，逐渐融入了一些现代化和国际化的元素，如简约的线条、抽象的形态等，展示了现代中国文化的开放性和包容性。而西方服饰图案更加多样化和前卫，时常融入流行文化、抽象艺术等元素，更加强调时尚感和个人品位的展现。

4. 服饰原料

中国的服饰材料丰富多样，丝绸尤为突出。自古以来，中国就是世界上的丝绸之国，养蚕、缫丝、织丝的工艺发展到相当高的水平。丝绸种类的多样性，如绫、纨、绮、锦等，展示了中国织造工艺的精湛。丝绸的质地细腻柔软、飘逸的美感，不仅体现了东方的典雅和风韵，也是中国人追求和谐、美丽的文化象征。现代中国服饰也开始采用一些新型合成纤维和环保材料，与国际时尚趋势相融合。此外，中国的棉、麻等材料也在服饰中占有重要地位，其透气吸湿的特性尤其适合南方地区湿热的气候。

西方特别是欧洲地区，盛产亚麻。亚麻布以其凹凸美感、结实耐用的特点，成为西方服饰的主要材料之一。其易提取的特性符合西方国家的实用主义价值观，并与多劳多得的劳动观念相结合。亚麻布的采用也反映了西方人追求自然、简约和实用的审美倾向。此外，现代西方服饰也逐渐引入了一些新型合成纤维和可持续发展的环保材料，以适应现代社会的时尚潮流和环保理念。

5. 着装礼仪

（1）日常着装。中国人的日常着装受到传统文化和社会习俗的影响。虽然现在人们也穿着西装、休闲装等，但许多地方的服饰依然保留了传统的云肩、立领等元素。中国人的日常着装往往更注重整体和谐与内涵的表达，强调的是一种中庸、平和的美学。

在西方国家，人们的日常着装往往更强调个人化和实用性。其服装选择通常与个人职业、兴趣和生活方式紧密相连。例如，职场中常见的西装、领带，强调了正式和专业；休闲时穿着的牛仔裤和 T 恤则显得随意和舒适。

（2）节日着装。中国人的节日着装更注重文化象征和家庭团聚。例如，春节时许多人会选择穿着红色的服装，因为红色象征着吉祥和幸福；端午、中秋等节日，人们也会穿着一些具有民族和地方特色的服装来庆祝节日和家人的团聚。这种服饰选择不仅体现了中国人对传统文化的尊重，也强调了家庭和社区的联结。

在西方，节日着装更倾向于突出节日的主题和个人的参与感。例如，圣诞节时人们会穿上红绿色的圣诞主题服装，万圣节时则会有各种富有创意的妆容和服装。

二、汉英饮食文化对比

（一）饮食文化的内涵

饮食文化涵盖与食物有关的所有方面，包括食物的选择、烹饪、呈现和享用等，是一种社会文化现象。不同地区的饮食习惯和风格常受该地区的地理环境、气候条件和可用资源的影响，如沿海地区会有丰富的海鲜菜肴。饮食文化还与当地的历史背景紧密相连，历史上的交流和冲突促进了食材和烹饪技术的交流，形成了复杂的饮食传统。在一些文化中，饮食是社交活动的重要组成部分，共同进餐可能是建立友谊和信任、庆祝特殊场合或进行商务洽谈的手段。许多文化将烹饪视为一种艺术形式，注重食物的外观和口感的和谐，展示了人们对食物和健康之间关系的不同理解和看法。

（二）汉英饮食文化的差异体现

1.饮食对象

中国的饮食对象更为多元化，融合了五谷、薯类、肉类和蔬菜等多个层面。基于农业资源的丰富性，中国人的食谱也丰富多样。北方的主食以小麦、玉米为主，南方的主食以水稻为主，差异较明显。中国饮食中的肉类不限于肉，也包括内脏、头、尾和皮。这一方面体现了中国人对食材的尊重和节俭的传统美德，另一方面展示了中国饮食文化的多样性和包容性。

中国的饮食文化博大精深，不仅有着丰富的地方特色，还将食物与健康理论相结合，产生了如"食疗"等理念。此外，中国饮食中的素食占比较大，表现为蔬菜和豆制品等在日常饮食中占有较大比例。

西方国家的饮食更偏向肉类和海鲜，因为很多西方国家的自然条件并不十分适合农作物的种植。许多西方国家以渔猎、养殖为主，因此形成了以肉食为主的饮食文化。其中，牛肉、猪肉、鸡肉等较为常见，但通常不食用动物内脏、头、尾和皮。有些西方人倾向素食，关注动物权益问题。大多西方人对食品工业和快餐的发展非常引以为豪，认为快餐不仅方便快捷，还能满足营养需求。

2.餐饮餐具

中西方饮食餐具的差异不仅仅是形状和材料的不同，更深层次地体现了两种文化对饮食、生活和人际关系的不同理解和处理方式。

（1）中国饮食餐具。与西方人使用金属刀叉不同，中国人主要使用筷子，这与中国传统饮食习俗和文化观念紧密相连。

筷子的使用显示了一种灵活与和谐的饮食方式。与刀叉的切割相比，筷子更多的是夹取和转移食物，这反映了中国文化中的亲密和人与自然的和谐关系。同时，筷子虽然构造简单，但实用性大。它可以夹取从稻米到肉块等各种形状和大小的食物。这种实用性反映了中国传统文化对务实和简约精神的推崇。此外，筷子在中国文化中也承载着丰富的礼仪意义。例如，筷子的放置方式、用餐时的使用方法等，都蕴含着对人际关系、尊重和礼貌的深刻理解。

（2）西方饮食餐具。西方的餐具主要是金属制造的刀叉，还有不同的盘、碗和杯等。刀叉的使用反映了西方的饮食文化特点：精确、有序和实用。具体分析如下。

西方的餐具种类繁多，各具特色，切肉、喝汤、吃沙拉的餐具都有所区别。这种多样性体现了西方人对细节和精确度的追求，同时反映了西方人饮食的丰富性和多元化。西方人用餐时刀叉的摆放和使用有严格的规则，这反映了西方社会对秩序和纪律的尊重，以及对个人行为在社交场合中的约束。

西方人用刀叉吃饭常被视为一种能力和技巧的体现。通过刀叉来切割和分离食物，人与食物之间保持着一定距离，这也许暗示了西方文化中的理性和客观性。

3. 饮食观念

古语"民以食为天"反映了饮食文化在中国文化中的核心地位。长期的农耕历史和对食物的依赖，促使中国人对饮食的重视程度远超于单纯的生存需求。这种重视体现在对食物营养和保健功能的追求上，例如中国饮食文化中的"药膳"强调通过合理的饮食来维持和增强健康。

与此同时，中国饮食文化还注重感性和艺术性的追求。中国烹饪讲究食物的"色、香、味、形"，强调在制作过程中对这些元素的精细调和和完美呈现。这种追求不仅仅是为了满足口味，更是一种艺术和美学上的追求。中国菜肴的制作过程体现了一种整体的和谐，强调食材、调料和烹饪技巧的相互融合和平衡。这种饮食观念与中国的传统哲学思想紧密相连。中国哲学的特点在于它的宏观性、直观性、模糊性和辩证法思维。这些思想在中国饮食文化中得到了体现，特别是在食物调和的运作上。中国饮食文化不仅仅追求单一食物的味道，更崇尚多种食材和调料的综合搭配和味道的整体平衡。

西方饮食观念主要强调食物的科学性和实用性，重视食物的营养价值和成分搭配。这种观念体现了一种理性和功利主义的态度，将饮食作为维持生命和健康的手段，而非仅仅作为精神享受或审美体验。在西方饮食中，对食物中的蛋白质、脂肪、热量和维生素等营养成分的关注尤为显著。西方人通常注重食物营养成分的科学搭配，确保卡路里供给以及营养素能被有效吸收，同时减少食物可能带来的副作用。这种饮食观念倡导合理平衡饮食，强调营养的全面性和合理性。西方饮食在追求营养价值的同时，往往不过分追求食物的色、香、味、形的完美。这反映了西方饮食文化中实用主义和功利主义的特点，也就是说，即便食物口感一般，只要营养价值高，也会被人们接受。

4.烹饪方式

（1）中国的烹饪方式丰富多样，且强调技艺和创造性。中国菜肴的烹饪不仅是对滋味的追求，更是一种艺术的创造。通过各种复杂的刀功和烹饪技巧，中国厨师能将普通的食材转化为色香味俱佳的菜肴。中国的烹饪强调食物的美感和和谐，通过精心的搭配和装饰，使菜肴成为一种视觉和味觉的享受。除此之外，中国菜肴还强调地域和季节的特色，各地的风味和时令食材都会在烹饪中得到充分的体现。

（2）在西方，烹饪方式以简单和实用为主，主要为烤、煮和煎等。这些烹饪方式的共同特点是强调食物原本的风味和营养成分的保留。通过较少的调料和较简单的处理，力求展示食物原本的质地和口感，达到营养和健康的平衡。这样的烹饪方式反映了西方人对理性、效率和科学的追求。例如，牛排的烹饪就强调火候的掌握和肉质的原汁原味，力求让人们能直接品尝到食材的本质美味。

这种烹饪方式的差异，实际上是中西方对生活和人文不同理解的体现。西方烹饪的简洁和实用，反映了西方文化更重视理性、科学和个人主义精神。而中国烹饪的丰富和多样，展示了中国文化更重视集体主义、和谐和人与自然的统一。

5. 用餐习惯

中西方饮食文化中的用餐习惯差异深刻体现了两种文化背景下的社交风格、价值观和生活哲学。

（1）在中国的饮食文化中，用餐被视为一种社交场合。大家共聚一桌，一起分享丰盛的菜肴，这不仅是对食物的品尝，更是对人际关系的维护和加深。筷子作为主要餐具，具有便捷与共享的特点，使人们在用餐过程中更加亲近和融洽。此外，中国的用餐氛围往往更加热烈、开放，人们之间的交流无拘无束，大声笑谈，彼此之间的距离因此拉近，营造出一种温馨的集体氛围。

（2）西方的用餐习惯强调个人空间和礼节。在西方人的餐桌上，通常每个人都有一套完整的餐具，每个人享用的食物都是独立分配的，这反映了西方文化中的个人主义精神。使用刀叉作为主要餐具，切割和享用食物的过程也显得更加个人化和独立。此外，西方人用餐时的宁静和雅致，体现了一种对优雅生活的追求和对个人隐私的尊重。在这样的氛围中，人们更注重深入的对话和交流，而不是热闹和喧嚣。

这些用餐习惯的差异实际上是两种文化对人际关系和社交方式的不同诠释。中国人的用餐习惯强调的是集体和人际关系的亲近，体现了一种和谐共享的社交模式。而西方人的用餐习惯强调个人独立和个人空间的保留，体现了一种尊重和理解的交流方式。

三、汉英建筑文化对比

（一）建筑文化的内涵

建筑文化，作为一个广泛且复杂的概念，深刻地反映了人与自然的互动、社会的发展及民族的历史。如果说居住文化是历史的活化石，那建筑文化则是这块化石中蕴含的信息，记录了人类对空间、环境以及社会交往的需求变迁。也就是说，建筑不仅仅是物质结构，而且是文化的载体，承载了人们对生活方式、宗教信仰、社会结构乃至自然的看法。每一座建筑，从其结构到材料，从其布局到装饰，都是人类在某一历史时期对自然、社会和个体之间关系的反思和解读。在不同的地理环境和气候条件下，建筑的形态和功能都有所不同，这反映了人们对建筑所处自然条件的认知和态度。

（二）汉英建筑文化的差异体现

汉英的建筑文化从古至今存在着明显的差异，且这些差异主要体现在价值观念、审美观念和建筑形制上。接下来，将从这三个方面对汉英建筑文化进行对比。

1. 价值观念

（1）中国的建筑价值观念是"天人合一"，即人与自然和谐共存观念的影响。在建筑材料的选择上，土木类材料占据主导地位，这不仅仅是因为土木类材料种类丰富，更是因为土木类材料能够展现出人与自然的紧密联系。这种选择也反映了中国人对自然的敬意和尊重。此外，中国建筑在设计上深受阴阳数理哲学的影响，这种哲学思想表现在建筑上，则是对平衡与和谐的追求。阴阳理念的引入，使得中国建筑在空间布局、色彩选择等方面都充分考虑到了动与静、刚与柔的关系，体现出一种对平衡与和谐的追求。

（2）西方的建筑价值观念深受其哲学、宗教和自然条件的影响，旨在展现人对自然的掌控以及人类坚定的精神信仰。在材料的选择上，西方建筑将石材作为组建房屋的重要原材料。石材，作为一种持久且坚硬的材料，被西方人赋予了永恒与权威的意义，也从更深层次展现了西方人对自然和社会的改造意图。此外，西方的建筑还深受其宗教信仰的影响。在一些地区，建筑不仅是居住和办公的空间，更是精神的寄托。神庙和教堂的存在，表明了西方人对宗教的深厚情感和对精神世界的崇高追求，也反映了西方建筑价值观念中的理性与超越。

2.审美观念

（1）中国的建筑审美注重和谐、平衡与意境。这种审美观念体现了自然、文化和社会规范的完美结合。中国建筑经常使用对称的设计，中轴线是建筑设计的核心，这种对称性不仅表现为外在的美感，也反映了中国文化对和谐的追求，更深入文化与哲学的层面。例如，中轴线的设计与君臣关系、尊卑长幼的文化规范相映成趣。这种文化与建筑的结合，表示建筑不仅仅是物理空间，更是文化和哲学的载体。

中国园林建筑的审美，则进一步体现了中国文化对意境和灵性的追求。不同于西方建筑的刚性和逻辑，中国园林强调流动性、变化和意境。从假山到曲径、从流水到石桥，每一个设计都蕴含着深邃的文化意义。这种设计，不仅仅是为了展现建筑外在的美，更是为了引导人们进行哲学和文化层面上的思考，使人们在自然与人工之间找到一种完美的平衡。

（2）西方建筑在审美上尤为强调形态、几何以及数理原则，因此西方建筑经常展现出明确的实体构造、对称设计及精确的比例关系，这都体现了西方文化对外部形式美的重视。明确的轮廓、线条和由此产生的光影效果，是西方文化对清晰、直观和逻辑思维的倾向的完美呈现。这种明确性不仅局限于建筑的表面，而且深入其整体和各部分之间的有机连接，每一个细节都体现了对数学原理的高度重视。这种对数学原理的依赖根植于西方文化的深处，西方文化认为几乎所有事物都能通过数学原理得以解释和测量。因此，西方建筑审美从某种角度反映了西方文化的核心——对理性和逻辑的追求。

3.建筑形制

（1）基础与布局。中式建筑的布局通常以"天人合一"的思想为核心，追求人与自然的和谐。传统中式建筑，如宫殿、庙宇、园林建筑等，都遵循中轴线的布局，整体上表现出对称之美。这种布局反映了中庸的思想，即在天地间找寻一个平衡，表达了对和谐的追求。庭院常常是中式建筑的核心，它为人们提供了与自然亲近的空间，使得居住者能在其中体验四季变化、感受风雨。而西方建筑更多地强调个体与社会的关系。在古希腊与古罗马时期，广场是城市的中心，它不仅是政治和宗教活动的场所，还是市民社交的空间。在中世纪，这种中心转向了教堂，而文艺复兴后则回归广场。西方建筑的布局注重实用性和功能性，每个空间都有明确的用途。

（2）结构与技术。中式建筑是木结构的，主要的承重部分是柱子，而不是墙。这种设计允许墙壁位置的灵活变动，也容易进行扩建或重建。屋顶通常采用重檐、斗拱和悬山的形式，给人一种层次分明的视觉体验。这种设计不仅具有实用功能，如防雨、遮阳等，还具有象征意义，反映了对天和宇宙的崇拜。相比之下，西方建筑以石头和砖为主要建筑材料。此外，西方建筑从早期就开始使用青铜、铁和玻璃等材料。

（3）装饰与象征。中式建筑在装饰上注重细节和象征意义。雕刻、绘画、书法和瓷器等艺术形式都被用于装饰。例如，龙和凤通常被视为吉祥的象征，屋梁上的雕刻也蕴含了深刻的文化和历史寓意。而在西方，建筑装饰既有实用功能，也具有象征意义。例如，中世纪的教堂上常常雕刻有圣经故事，旨在教育那些不识字的民众。古典时代的建筑装饰则展现了西方人对人体和比例的崇拜，也反映了人文主义的兴起。

第二节　汉英精神文化对比

精神文化内涵丰富，包括人类社会的价值体系、道德观念、宗教信仰、科学知识、艺术创作等各个方面。本节将从观念文化、科学文化、道德文化、思维文化四个具有代表性的文化角度出发，对比汉英精神文化的异同。

一、汉英观念文化对比

（一）对人与自然关系的认识

1. 中国的"天人合一"思想

中国的"天人合一"思想，是中国文化中一种独特的哲学观念，充分体现了中国人对自然和人类关系的独到理解。

在古代中国，人们视自然为至高无上的存在，人类则居于自然之下。这种观点强调人类应与自然和谐共存，而非支配或征服自然。自然界的现象，无论是风、雨、雷电，还是山川、江河，都被赋予了灵性，人们常通过祭祀和拜神的方式与之沟通。这虽然体现了当时人们对自然现象的科学认知有限，但更重要的是，展示了人们对自然的尊重和敬畏。

中国的农耕文明为"天人合一"思想提供了深厚的土壤。与游牧生活方式相比，农耕需要对自然规律有更为深刻的理解。季节、气候、土壤等因素，都对农作物的生长有着直接影响。中国人在长期的农耕实践中，逐渐认识到人与自然的密切关系，明白了只有顺应自然，才能取得丰收。因此，古代的农耕文化培养了中国人与自然和谐相处的观念。

在现代社会，这一思想不但没有被抛弃，反而在可持续发展理念中得到了新的体现。随着工业化和城市化进程的推进，人类对自然的影响日益加剧，但在实现现代化进程中，中国仍然强调人类应该与自然和谐相处，致力于环境保护和可持续发展。这不仅是对古代农耕文明的延续，更是对"天人合一"思想的现代诠释。

2. 西方的"顺从"与"征服"观点

西方对人与自然关系的认知，主要分为两个方向，即"顺从"与"征服"，这两种观点共同塑造了西方人理解和应对自然的方式。

（1）有关"顺从"的观点。在欧洲的某些时期和地区，人们的生活受到气候变化和地形、地势等自然条件的严重影响。因此，有一部分人选择接受自己在自然界的地位，认识到人类在自然面前的渺小，强调与自然的和谐共存。他们尊重自然规律，努力在自然赋予的条件下寻求最佳的生存方式。这种观点鼓励人们学会观察和理解自然，按照自然的节奏调整自己的生活方式，从而在一定程度上保护了自然环境，并使人与自然形成和谐的相处模式。

（2）相对于"顺从"的观点，"征服"则是一种与之截然不同的观点。这种观点来自西方人对自己能力和智慧的自信，认为人类可以通过努力征服自然。在这一理念的驱动下，西方人不断尝试挑战自然的极限，通过科技和工程手段改造自然，以满足他们的需求。这种观点强调人的主动性和创造性，促进了科技和工业的飞速发展。然而，这种对自然的改造往往忽略了自然的脆弱性和复杂性，容易导致对自然环境的过度开发和破坏，对生态平衡产生负面影响。

（二）对生命与生活的看法

中西方文化在对生命与生活的看法上有着鲜明的差异，主要体现在对稳定和变化的理解、对个人与社群的关系以及对自由和责任的权衡上。

（1）在中国文化的视角中，稳定与和谐被看作是理想的生活状态。这种追求源于儒家的中庸之道、道家的顺应自然和佛家的内心平静等哲学思想。中国文化不是追求静止不变，而是在不断变化的生活中寻求平衡，强调适应环境、随机应变的智慧。家庭关系的和睦、职业的稳定和精神的满足都被视为重要的价值追求。中国文化更强调集体和谐，个人的责任和义务常常与家庭和社群紧密相连。

（2）相较之下，西方文化更加强调自由和变化。受理性主义和个人主义的影响，西方文化强调个人作为独立的理性主体，具有探索未知、塑造自我和改造生活的能力。变化被视为生命的本质和进步的动力，因此西方社会倾向于鼓励多元化的生活方式，强调开放的思维和包容的态度。在西方文化中，个人的自由和创新受到推崇，个人的选择和自我价值实现成为重要的生活目标。

从更宽泛的角度来看，中西方文化对生命与生活的看法反映了各自的历史背景、哲学传统和社会价值观的差异。中国文化更倾向于和谐、平衡和整体的稳定，更注重社群和家庭的相互依存和责任。而西方文化更倾向于个人的自由、变化的积极作用和个人价值的实现，更强调开放、探索和创新的精神。

（三）对传统与权威的认识

（1）在中国文化中，尊重传统和权威被视为维持社会和谐与秩序的重要手段。人们通过尊重长辈、服从上级以及遵循传统规律来维持社会的稳定和连续性。这种特征深受儒家文化的影响，因为儒家文化强调社会秩序、家庭责任和道德规范。在中国文化中，传统智慧和经验被视为宝贵的财富，它们为人们提供了生活的指导并增强了社会的凝聚力。然而，这并不是排斥创新和改变。在尊重传统的同时，古代中国还实现了许多科技和文化的突破，证明了传统与创新可以相辅相成。

（2）与之相对，西方文化更加强调对权威和传统的批判和挑战。这一观念可以追溯到启蒙运动时期，启蒙运动强调个人理性和自我判断的价值。在西方社会中，权威不是绝对的，人们有权对其进行质疑和审查。这种挑战权威的精神不是鼓励无序和混乱，而被看作社会进步和知识发展的必要条件。通过批判和改革，西方社会的科技、艺术和政治等方面都得到了不断革新和扩展。

二、汉英科学文化对比

科学文化是一个涵盖科学知识、价值、方法和态度的广泛概念。它不仅包括科学知识本身，还包括人们对科学的理解和应用，以及科学在社会和文化中的地位和作用。科学文化是现代文明的重要组成部分，与人们的日常生活、经济发展和社会进步等都有着密切的联系。中西方科学文化虽然都以科学的推动和应用为核心，但由于历史、哲学、社会和教育背景的差异，它们在某些方面也存在着明显的差异。中西方科学文化主要的相同和不同之处如下。

（一）中西方科学文化的相同之处

1. 追求真理和知识

中西方科学文化都以追求真理和知识为基础。中国古代科学强调观察和实验，重视实用和实践，力求揭示自然现象背后的本质规律。例如，中国古代在农业、医药、天文等领域的科学实践，体现了对实用知识的积累和对真理的探索。同样，在西方，自文艺复兴以来，科学界的目标一直是探求自然法则和普适真理。通过严谨的实验、观察和推理，科学家逐渐揭示了物理、化学、生物等领域的基本原理。无论是中国还是西方，科学的目的都是对未知的探索和对复杂现象的理解，是人类智慧的卓越体现。

2. 重视伦理和社会责任

科学不仅是一种技术手段，也涉及深刻的伦理和社会责任问题。中西方科学文化都关心科学活动对人类和环境可能产生的影响。中国科学文化强调人类与自然的和谐共存，关心科技进步对社会和生态的影响。传统中国哲学中的"天人合一"思想，已经成为现代科学活动的伦理指导。在西方，伦理学也成为科学决策的重要组成部分。中国和西方都认识到，应正确认识科学的力量，并致力于通过科学促进社会的可持续发展和人类福利的提升。

3. 突出科技与社会的互动

中西方都承认科学技术在社会发展中的核心地位。在中国，科技被视为国家发展的关键，政府鼓励科学研究和技术创新。中国古代的许多科技成就，如造纸术、火药等，都对社会发展产生了深远影响。现代中国也将科技创新作为国家战略的核心，科技创新推动了许多领域的快速发展。在西方，科学革命和工业革命推动了现代化进程，科学技术成为社会经济增长和文明进步的重要驱动力，也成为政府制定公共政策的重要依据。由此可见，无论是中国还是西方，其科学文化都突出了科技与社会的紧密互动，并推动了人类文明的进步。

（二）中西方科学文化的不同之处

1.历史和哲学背景

中国科学文化强调和谐、整体性和实用性的价值观。中国的科学文化受道家的自然观和儒家的社会伦理的影响，强调人与自然、人与人之间的平衡与和谐，以及整体性和实用性的价值观。西方的科学文化在文艺复兴和启蒙运动时期得到蓬勃发展，人们更强调理性、批判和个人自由，科学成为追求真理的象征。启蒙思想家强调运用理性来质疑和审视传统的观念和权威。

2.科学传播和教育

中国在科学教育方面取得了显著进步，但在科学普及和公众参与方面还有待改进。科学教育资源的区域配置也有待进一步优化，而西方国家在科学教育和普及方面有着深厚的传统。在教育体系中，科学教育占据核心地位，公众参与科学活动的程度也较高。

3.科学与传统的关系

中国科学与传统往往更加融合，不仅继承了古代的智慧，还强调在继承与发展中寻找平衡。科学与哲学、艺术等多方面相互渗透。西方科学常被视为与宗教和传统相分离的领域。科学与宗教之间的冲突，如达尔文的进化论与宗教观念的矛盾，成为西方科学发展的一个特点。

4.对科学角色的理解

中国科学注重实际应用和与社会、自然的和谐相处。例如，中医不仅追求对具体疾病的治愈，而且更注重整体的身体调和及与自然环境的平衡。而西方科学强调普遍性原则和理论体系的建立，如通过严密的逻辑和严谨的实验，寻求普适的自然法则。这种对科学角色的不同理解，反映了中西方对人类与自然关系的不同观念和价值判断。

三、汉英道德文化对比

中西方道德文化源于不同的历史背景和文化传统，具备各自独特的理解和实践方式，但在一些核心价值观念上也存在共通之处。

（1）诚实、公平和尊重他人均被中西方道德文化视为人格的基本要素和社交的基础。诚实不仅关系到人际关系的稳定，还是社会信任体系的基础；公平是对正义的追求，涉及社会资源的分配和权益的保障；尊重他人则强调保障个体的独立性和尊严，促进社交的和谐和效率。这些原则在中西方道德文化中都有所体现，但实践方式有所不同。例如，中国人更注重人际关系和面子的维护，西方人更强调契约精神和规则意识。

（2）社会责任的概念在中西方道德文化中也有共通之处。个人不仅是享受权益的主体，也是承担义务和责任的主体。这种责任意识既体现在遵守法律和维护社会秩序方面，也涉及对社会的积极贡献和回馈。不过，中西方在实践社会责任方面存在差异。例如，中国更注重集体利益与和谐，强调个人与社会、家庭的紧密联系和互动。而西方文化更强调个人的自主选择和自我实现，鼓励个人通过创新和创业来实现自身价值和对社会的贡献。

虽然上述道德价值观念在中西方道德文化中都有所体现，但其背后的哲学基础和文化解释有所不同。例如，中国的道德观念更多地源于儒家的仁爱思想和道家的自然观，而西方的道德观念更多地受基督教爱的伦理和理性主义的影响。

四、汉英思维文化对比

（一）整体思维与分析思维

中国人的思维方式倾向于整体观念，强调对事物的全面和整体理解。

在中国的园林设计、传统绘画中，都可见对整体、和谐的追求。园林中的每一棵树、每一块石头都与整体的山水景色相融合，共同构成一个和谐统一的整体。这一思维方式将人与自然、个体与集体视为有机的整体，强调各部分之间的相互关联和协调。

西方人的分析思维的特点是对事物进行部分剖析和深入研究。这种思维方式体现在多个方面，如西方科学的兴起和艺术的发展，都与西方人对事物深入细致的分析有关。西方绘画对单个物体的精确描绘，以及科学对单一现象的深入探讨，都是其分析思维的体现。西方人的分析思维强调理性、逻辑和精确，有助于对事物的深入理解和掌握，推动了科学技术的快速进展。

（二）形象思维与抽象思维

中国人的思维方式更注重形象化的表达，即通过形象生动地描绘，传达深层次的情感和哲思。例如，在诗歌、绘画等艺术形式中，作者往往通过对自然景物的描绘，来表达自己的情感和观念。形象思维以直观和感性为主，强调个人的情感体验和对生活的感悟，以图像、比喻等手法表达抽象思想和情感，更符合中国人的审美习惯和心理认知。

与形象思维相对应的是抽象思维，这也是西方人的思维方式，其特点是通过逻辑推理和理性分析解释和理解事物。抽象思维往往将复杂的现实问题抽象为理性的、逻辑的结构，通过理论和概念进行分析。这种思维方式在古希腊哲学、现代科学等领域中均得到了充分体现。抽象思维强调逻辑清晰和理论严谨，是现代科学和哲学的基础。

（三）感性思维与理性思维

中国文化中的感性思维重视直观、情感和经验的综合，强调通过感受了解世界。在中国古代文学作品中，人物的情感世界得到了精致刻画，情感成为他们理解世界的重要途径。人们不仅通过理智认知世界，更通过感受和情感体验世界。这种思维方式强调人的主观体验和人际互动，体现了对人性深层的理解和关怀，有助于增强人们的敏感性和同情心。

西方文化中的理性思维以逻辑和理论为基础，以理智和推理为主导，强调逻辑严密、理论深入，追求普遍性和普适性，有助于建立宽广、深刻的世界观。然而，过分的理性主义会导致忽视人的情感和价值判断，造成人与人之间的疏远。

（四）归纳思维与演绎思维

在中国文化中，归纳是一种从具体到一般的思维过程。这种思维方式通过对大量具体事实的观察和总结，提炼出一般性的规律和原则。归纳思维强调经验和观察，体现了对具体实际的关注和尊重。例如，中国古代的许多医学和农学知识就是通过对长期的具体实践进行归纳形成的。然而，过分依赖经验和观察可能会限制对更深层次规律的发现和理解。

与之相反，西方文化中的演绎是从一般到具体的思维过程。这种思维方式以一般性的原理和理论为基础，通过逻辑推理导出具体的结论。演绎思维强调理论和逻辑，是现代科学和哲学的重要方法。例如，欧几里得就运用演绎的方法创造了欧式几何。演绎思维有助于深入探索事物的本质和规律，推动理论的创新和发展。然而，过分的理论化和抽象导致对具体事物的忽视。

第三节　汉英民俗文化对比

民俗文化是指某一社会、文化群体内部，通过口口相传和习俗行为所保持和传递的传统文化现象和形式。它包括物质和非物质两个方面，通常涉及人们的日常生活方式、信仰、风俗习惯、手工艺、节日庆典、表演艺术等。

一、汉英节日文化对比

（一）节日起源对比

中西方的节日文化起源在许多方面有着截然不同的特色，分别反映了各自的历史、社会结构、经济模式和文化价值观。

1.经济模式的影响

中国古代主要以农耕文明为基础，因此许多传统节日与农耕活动紧密相连。春节作为辞旧迎新的开始，具有迎喜接福、祈求丰年的含义。端午节、中秋节等节日也与农作物的生长周期有关。这些节日的形成和庆祝方式，反映了中国人对自然、土地和收成的尊重与依赖。大多数西方国家最初以畜牧业为主，随后逐渐发展为商品经济。这一变化也影响了节日，如圣诞节从一个纪念耶稣诞生的宗教节日演变为一个家庭聚会和礼物交换的节日。这种转变揭示了商品文化对西方节日的影响。

2.宗教文化的影响

中国的传统节日多与自然崇拜和道教、佛教有关，如清明节的扫墓活动、元宵节的观灯等，反映了人与自然和宗教的和谐共处。西方节日往往与基督教有关，如复活节是纪念耶稣十字架受刑第三日后复活的节日，感恩节则起源于清教徒对印第安人和丰收的感恩。这也反映了基督教在西方文化中的核心地位。

（二）价值取向对比

中国的节日文化体现了集体主义的价值取向。在数千年的历史发展进程中，中国社会的农耕文明、血缘和地缘关系等因素共同塑造了以集体与和谐为核心的价值观。这种价值观在许多传统节日中均有充分体现，如春节、中秋节等均强调家庭团聚及尊敬长辈。整体来看，中国节日文化追求团圆、尊长、和谐，凸显了集体主义的文化韵味。

与此相反，西方的节日文化体现了个人主义的价值取向。西方的市场经济和民主政治体制，强调个人价值和个体自由。西方的一些节日，如情人节、母亲节等，更倾向于个人对个人的情感表达，而非集体活动；狂欢节等更多关注个人享乐和欢庆。总的来说，西方节日文化强调个人的自由、权利和表达，展现了个人主义的文化特点。

（三）重要节日对比

1.春节与圣诞节

春节与圣诞节，分别作为中西方的代表性传统节日，具有各自独特的庆祝方式和文化内涵，但也存在共同点，主要体现在家庭的团聚和亲情的庆祝上。

（1）春节。春节是中国最重要的节日，它标志着农历新年的开始，同时寓意着一个全新的开始。这一节日在中国家庭中占据着重要的地位，人们会不远万里、不辞辛苦地回到家乡与家人团聚，共同庆祝新年的到来。春节期间，人们的庆祝方式丰富多彩，从传统的舞龙舞狮、贴春联、挂红灯笼到燃放鞭炮、举办家庭聚餐。红色作为春节的主色调，象征着喜庆和繁荣，无论是衣物、装饰还是食物，红色都占据了主导地位。春节不仅是对过去一年的庆祝，也是对未来一年人畜兴旺、家庭和谐的祈愿。

（2）圣诞节。与春节相似，圣诞节在西方文化中也占据着举足轻重的地位。与春节的家庭团聚相呼应，圣诞节也强调与家人一同庆祝。但圣诞节的庆祝方式更侧重于宗教和礼物的交换。人们会围绕着装饰着彩灯和纸花的圣诞树唱圣诞歌曲、进行祈祷。圣诞节的色彩更为多样化，红、绿、白等颜色共同构成了节日的调色板，体现了欢乐和温馨的氛围。圣诞大餐也是重要的庆祝环节，人们坐在一起分享美食，享受家庭的温暖。

2.七夕节与情人节

七夕节和情人节分别是东西方象征爱情的节日，都表达了对爱情的庆祝和赞美，但在表现形式和文化内涵上各具特色。

（1）七夕节。七夕节源于古代的牛郎织女传说，寓意着忠贞不渝的爱情。这一天，人们会抬头仰望星空，寻找牛郎星织女星的位置，以此来纪念和庆祝爱情。在七夕节，许多年轻人会选择送花、写情诗等方式表达自己的情感。值得注意的是，七夕节并不局限于表达爱情，还包括祈福许愿、乞求巧艺等内容。

（2）情人节。与七夕节相比，西方的情人节更加强调恋人之间的浪漫和甜蜜。情人节起源于古罗马时期，逐渐演变成全球庆祝的节日。这一天，恋人会互赠巧克力、玫瑰等象征爱情的礼物，并计划浪漫的晚餐和旅行，商家也会推出各种与爱情主题相关的商品和服务。情人节的庆祝更侧重于对爱情的浪漫化表达。

二、汉英艺术文化对比

（一）艺术文化的内涵

艺术文化不仅是艺术形式的集合，更是一种文化现象和社会行为的整体表现。其概念和内涵远远超过了单纯的艺术创作和欣赏，深入涉及人类情感、思想、价值观以及社会结构和文化传承等方面。

（1）艺术文化是人类内心情感和思考的外化。通过各种艺术形式，如绘画、音乐、舞蹈等，人们能够将内心的情感、想法转化为可见、可感知的实体，从而与他人分享和沟通。这不仅是一种个体表达，更是一种文化沟通的桥梁。

（2）艺术文化是社会和文化背景的反映。不同历史时期、地域和文化背景下，艺术文化会展现出不同的特点和风格。例如，中世纪欧洲的宗教艺术与现代城市的街头涂鸦在形式和内容上有着显著的差异，但它们都是当时社会环境和文化价值观的反映。

（3）艺术文化是一种社交活动。无论是创作、展览还是观赏，艺术都涉及人与人之间的互动和交流。艺术家通过作品与观众沟通，观众之间通过对作品的解读和讨论也能实现互动。艺术的社交属性使得它成为连接人们的重要纽带。

（4）艺术文化还具有教育和启示的作用。通过对艺术的学习和欣赏，人们可以培养审美能力、拓宽视野、提高情感敏感度等。艺术不仅是审美的对象，更是人类精神成长的催化剂。

（二）汉英艺术文化的差异表现

1.审美追求的差异

中国艺术的审美追求常常体现在对抒情和意象的强调上。这种审美观念在古典诗词、书画和音乐中都有所体现。以中国山水画为例，画家并不追求对自然的精确描绘，而是通过笔墨的运用，传达自己对自然的感悟和心境。画中的山水并不是现实中的景物，而是画家心中的景象，从而将观者带入一个超越现实的意境，在其中体验画家的情感世界。

与之不同，西方艺术更注重逻辑和理性的表现。从文艺复兴时期开始，西方艺术逐渐转向对现实世界的精确描绘。例如，达·芬奇的《最后的晚餐》和米开朗琪罗的《创世纪》等作品，展示了对人体结构、光线和空间的精确掌握。这些作品不仅仅是视觉上的享受，更是理性思考的体现，每一个细节都是精心构思和仔细推敲的结果。

2.空间观念的差异

中国艺术的空间观念以虚实结合为特点。画家通过留白技巧，使画面呈现一种空灵和深远的感觉。例如，宋代的文人画中，空白往往用来构建一种深邃的空间感，暗示着无穷的可能性。留白也成为一种象征手法，代表着作者的情感和哲学思考。

相反，西方艺术强调对空间的准确再现。从文艺复兴时期的透视法可以看出，西方艺术家力求通过科学的方法，将三维空间真实地投射在二维平面上。这种对空间严密结构的追求，使得画面具有一种逼真的立体感。例如，拉斐尔的《雅典学院》通过精确的透视构图，展示了一个严谨、有序的空间结构。

3.技法与手法的差异

中国艺术强调线条的流动和墨色的变化，追求一种自由自在的创作状态。在中国的书法和绘画中，笔墨的运用至关重要。艺术家通过行笔的速度、力度和方向，以及墨的浓淡，创造出富有变化和生动的画面。例如，苏东坡的字画就以笔墨自由、豪放著称，充分体现了其个人气质。

西方艺术更重视形体和结构，这一点在雕塑艺术中表现得尤为突出。古希腊和古罗马时期的雕塑，尤其是人体雕塑，是对这一特点的完美体现。在这些作品中，艺术家们不仅追求人体比例的精确和和谐，还精心塑造了人体肌肉和姿态，力图捕捉和展现人体美的理想化形态。例如，古希腊雕塑常常强调肌肉线条和动态平衡，体现了古希腊文化中对人体美的追求和崇拜。

4.表现主题的差异

中国艺术作品的主题以自然景物为主，反映了人与自然合一的哲学理念。在中国传统山水画中，山、水、云、雾等自然元素都是主要的表现对象，人物通常隐于自然之中，或成为自然的一部分。这种表现手法反映了中国传统文化中的道家思想，即人类应与自然和谐相处。例如，元代的文人画常以山水为背景，人物与景物融为一体，体现了文人对自然的理解和追求。

与之相反，西方艺术从文艺复兴时期开始，人成为艺术表现的核心。人的肖像、人体的美感和人的情感都成为重要主题。这种人文主义倾向体现了西方对个人尊严和价值的强调。例如，文艺复兴时期的名画《蒙娜丽莎》，达·芬奇通过精湛的肖像画技巧，展现了人物的微妙情感和个人魅力。在雕塑方面，米开朗琪罗通过对人体比例和肌肉的精确描绘，展现了人体的力量和美感。

5. 文化象征的差异

中国艺术中的许多元素都充满了深厚的文化象征意义。例如，竹子象征着坚韧不拔的品质；梅花象征着高洁、纯净；兰花象征着谦逊、正直。这些象征在艺术作品中反复出现，成为中国文化的一部分。例如，明代书画家郑板桥的竹子画，通过极简的笔墨，既表现了竹子的坚韧，也展示了作者自身的人格特质。

西方艺术常常用具象的符号或隐喻手法来传达抽象的思想和信念。在西方宗教艺术中，鸽子常被视为和平的象征，苹果象征知识和原罪，十字架则是基督教的核心符号。这些象征经常出现在艺术作品中。例如，在达·芬奇的《最后的晚餐》中，耶稣和门徒的布局、手势等都充满了象征意义，反映了当时的宗教观念和人文理念。同样，在现代艺术中，象征和隐喻也是常用的手法，艺术家通过这些手法探讨社会、政治和人性等主题。

第四节　汉英语言文化对比

一、汉英称谓语文化对比

在全球范围内，不同民族的称谓系统大多是不同的，并反映了各民族的风俗和文化传统。在日常的交流中，称谓可以揭示许多信息，如年龄、性别、亲密程度、角色和身份等。以汉英文化为例，虽然两种文化在家庭结构和家庭观念方面存在一些相似之处，但差异远多于共性。这些差异主要表现在亲属称谓及其使用方式上，它们造成了翻译中的困难，因为直接的词汇对应可能会失去原有的文化含义和情感色彩。在全球化背景下，理解和适应不同文化中的称谓系统，对从事翻译工作及促进跨文化交流和理解具有重要意义。本节旨在从语言与文化关系的角度出发，比较汉英两种文化中亲属称谓和社交称谓的差异。

（一）汉英亲属称谓对比

汉语的称谓体系因其精细和复杂而独具特色。与其他称谓体系相比，汉语的称谓体系更能反映精确的亲属关系和家庭结构的细微差别。无论是辈分、性别还是亲属关系的远近，汉语的称谓都有相应的词汇来表示。例如，父亲一方的亲属和母亲一方的亲属有不同的称谓，如"爷爷"与"姥爷""叔叔"与"舅舅"。此外，还有其他特定的称谓，如"侄子"和"外甥"等，这些称谓在英语中均没有直接的等价词。

相比之下，英语的称谓体系较为简单，通常以家庭为中心，只区分男性和女性。例如，"grandparents"包括了祖父、祖母和外祖父、外祖母，没有特别区分是父亲方还是母亲方的亲属。这些差异凸显了两种文化对家庭和亲属关系的不同理解。在中国文化中，家庭的层次和亲属的分类反映了社会结构和价值观的复杂性。而西方文化更强调个体与家庭核心的直接关系。具体分析，汉英的亲属称谓差异表现在以下几个方面。

1. 体现宗族特色的称谓

在中国文化中，宗族和外宗族之间的区分非常明显，这一区分体现在称谓的精确度上。例如，父亲这方的亲属有"祖父""祖母""侄子"等，对应的母亲这方则有"外祖父""外祖母""外甥"等。又如，堂兄弟姐妹为父亲方伯叔家的孩子，而表兄弟姐妹为父亲方姑妈的孩子和母亲兄弟姐妹家的孩子。这种严格的区分体现了家庭成员间的不同关系，以及中国文化对家庭结构和血缘关系的重视。相比之下，英语的亲属称谓较为简洁，如"cousin"一词就包括了汉语中的堂兄弟姐妹和表兄弟姐妹等多个称谓，完全消除了宗族界限。这反映了西方文化对个人和核心家庭关系的强调，而不是对宗族和血缘关系的精确分类。

2. 体现长幼差异的称谓

汉语对长幼关系的称谓有着严格的规定，这种规定体现了对年长者的尊重和长幼秩序的重视。例如，不同年龄的同辈亲属有着不同的称谓，如"大哥""二弟"等。英语的长幼称谓则较为宽泛，没有区分年龄大小的特定称谓。比如，兄弟和姐妹都分别用"brother"和"sister"表示，这种简洁的称谓反映了西方文化中的平等和个人主义观念。英译汉时，通常会忽略汉语中的长幼区分，这是由文化背景的不同导致的翻译问题。

3.体现血亲、姻亲的称谓

汉语在血亲和姻亲称谓上有明确的区分，如"伯父"和"舅父"是血亲，"伯母"和"舅母"是姻亲。这种区分既体现了对亲属关系的精确区分，也反映了中国文化对家庭关系和婚姻关系的重视。而英语中没有如此明显的区别，所有的叔伯都称为"uncle"，所有的姑姨都称为"aunt"。这种笼统的称谓反映了西方文化对亲属关系的宽泛理解。

（二）汉英社交称谓对比

社交称谓不仅是一种语言现象，也是一种文化现象，深深地根植于社交体系和价值观中。它超越了亲属关系的范畴，涵盖人们在日常生活和工作中的各种社交互动。以下从非亲属称谓和语境称谓两个方面，分析和比较汉英社交称谓的特点和差异。

1.非亲属称谓

（1）拟亲属称谓。在汉语中，人们习惯使用拟亲属称谓来称呼非亲属关系的人，包括朋友、邻居，甚至是陌生人。例如"姐""哥""伯""叔""婶""姨"等，这并不代表实际的亲属关系，只是一种社交礼仪和习惯。而在英语中，这样的用法较少，只有在某些特定的情况下，如父母非常亲近的朋友，才会使"aunt"或"uncle"等称谓。

（2）头衔称谓。汉英头衔称谓的差异主要体现在以下几个方面。

第一，使用范围的差异。在汉语中，头衔称谓的适用范围相当广泛，涵盖官方头衔、职称头衔、学术头衔和军衔等多个方面。无论是政府高官、企业主管，还是教育工作者、军事人员，都可以用其相应的头衔作为称谓。而在英语中，头衔称谓的使用较为有限，通常仅限于官方头衔，如政府、宗教、法律和军界人士等。

第二，社交含义的差异。汉语中使用头衔称谓在很大程度上反映了人们对身份和地位的尊重，是一种社交礼仪的体现。而英语中的头衔称谓使用较为节制，更多强调个人之间的平等和亲近。

第三，文化背景的差异。汉英头衔称谓的差异不仅是语言现象，还是文化差异。中国传统文化强调社会等级和层次的划分，敬重上级和长辈，从而在日常交流中自然而然地使用各类头衔称谓。而西方文化更倾向于个人主义和平等，所以在日常交流中使用头衔的情况较少。

第四，表达方式的差异。在具体的表达方式上，汉语更倾向于将头衔与姓氏结合，形成直接的称呼方式，如"李总理""赵部长"等。而在英语中，头衔更多地作为一个单独的称呼使用，如称呼某位大使为"Ambassador"，或某位法官为"Judge"。

（3）普遍交际称谓。汉英普遍交际称谓方面的差异主要体现在以下几个方面。

第一，使用场合的差异。在汉语中，普遍交际称谓，如"先生""女士""太太""小姐"等，既可以单独使用，也可与姓名、职称结合，常用于正式场合。英语中的正式称呼语，如"Sir""Madam""Mr""Miss""Mrs"等也用于类似的场合，但使用频率和方式有所不同。

第二，与姓名、职称的结合方式。汉语中的称谓可以与姓氏或职称结合，形成如"李先生""张小姐""教授先生""工人师傅"等称谓。而英语中，"Mr""Mrs""Miss"则常与姓氏连用，如"Mr John""Miss Smith"，"Mr"还可以和宣衔、军衔连在一起使用，如"Mr Captain"。

第三，对性别和婚姻状况的强调。英语中的"Mr""Mrs""Miss""Ms"等在某种程度上强调了被称呼者的性别和婚姻状况。例如，"Mrs"通常用于已婚女性，"Miss"用于未婚女性。而汉语的"先生""女士"等称呼则没有如此明确的婚姻状况之分。

第四，文化习惯的反映。在中国文化中，往往直接称呼"老师"，而在西方文化中，老师被称为"Mr"或"Miss"加姓氏。这一差异反映了东西方在教育文化上的不同习惯。

第五，对身份和地位的体现。在英语中，"Sir"和"Madam"常用于对陌生人的尊称，体现了一种礼貌和尊重。而汉语中的称呼更多地反映了对方的社会身份和职业，如"李老师""张医生""王护士""赵编辑"等。

2.语境称谓

（1）汉语中的敬语相当丰富，反映了中国传统文化对年龄、地位和社会身份的极大尊重。在日常交往中，人们通过使用不同的称谓来表达对对方的尊敬。例如，使用"您"代替"你"，称呼他人的父母为"令尊""令堂"等。同时，还有谦辞，如"在下""敝人"等，表现出尊重他人、降低自身的文化特点。这种丰富的敬语和谦辞体现了中国文化中的礼仪和社交的微妙性。

与汉语不同，英语中的敬语相对简洁。虽然英语中也有职业称谓，如"Doctor""Captain""Professor"等，用来表达对他人地位的尊重，但在日常交际中，英语更强调平等和直接。例如，"you"既可以用于正式场合，也可以用于非正式场合，没有类似汉语中的"您"和"你"之分。

（2）中国人在交际中倾向于通过自谦来表达敬意，即在社交中尽量降低自己，抬高他人，体现了一种谦逊的美德。谦辞在中华文化中有着深厚的历史传统，与儒家思想中的中庸、谦和等观念有关。西方文化崇尚个人主义，人们在交往中倾向于平等、直接而不过分自谦。例如，敬称"Mr"和"Mrs"是正式但关系一般的称谓，"Sir"和"Madam"则用于陌生人之间或下对上的称呼。这种称谓体现了西方文化对自我价值和身份的肯定和自信。

二、汉英习语文化对比

习语是语言在长期使用过程中形成的独特的固定的表达方式。它通常由几个词组成，具有固定的结构和特定的意义。习语短小精悍，富于形象性和生动性。习语往往超越了其字面含义，代表了某种深层的思想或情感。习语的使用能增强语言的色彩和美感，使表达更加精确和生动。一句合适的习语能够深入浅出地阐明一个复杂的观点或描绘一个生动的形象，帮助听者更好地理解和记忆。此外，习语的使用还能体现说话者的语言修养和文化素养。

不同民族的习语中蕴含了各民族丰富的传统和文化内涵，往往与其历史背景紧密相连，反映了不同民族的智慧、价值观和生活方式。每一句习语背后都可能藏着一个故事或者历史传说，因此理解和运用习语往往需要对相应文化有一定的了解。翻译习语是一项具有挑战性的工作。因为习语通常与特定文化和语境紧密相关，译者不能简单地按照字面意思进行直译，而需要深入理解源语和目标语的文化，寻找最佳的对应表达方式，才能准确地传达习语的真正含义。

（一）汉英习语的渊源对比

1.源自不同的地理环境

（1）中国的地理环境。中国的地理环境比较独特，西部山地崎岖，东部平原广阔，而海洋对大部分人而言是遥远和神秘的存在。这种地理特点导致了以下几个方面的文化体现：汉语中与海有关的习语，如"海市蜃楼""海纳百川"常常体现出一种超凡脱俗的意境。与此同时，广袤的土地使得农业成为中国主要的生产方式，与土地有关的习语，如"解甲归田""皇天后土""风水宝地"等体现了中国人对土地的依赖和敬畏。

（2）英国的地理环境。英国作为岛国，海洋无疑成为这个民族的重要组成部分。这一地理特征体现在英国文化和习语中，则是他们的文化中充满了海洋元素。例如，用鱼来比喻人的习语，如"cold fish"（冷漠的人），就是从常年捕鱼的生活中提取出来的；英国四周环海的地理环境使英国航海业十分兴盛，航海文化逐渐发展成为英国文化的一部分。习

语 "all at sea"（不知所措）、"like a fish out of water"（不适应，不自在）、"a drop in the ocean"（沧海一粟）、"as slippery as an eel"（像鳗鱼一样狡猾）等，都是从航海实践中总结出来的概念。

2. 源自不同的历史背景

汉英习语虽然源自不同的历史背景，但都体现了人们对历史的理解和记忆。通过言简意赅的表达方式，习语使复杂的道理变得容易理解和记忆。而在英语中，习语常常描绘具体的场景和人物行为，目的是让人们能够直观地理解其中的寓意。在汉语中，习语往往更加注重象征和隐喻，强调道德教诲和智慧传承。

（1）在汉语中，习语往往是历史事件的象征和隐喻。例如，"完璧归赵"源自蔺相如护送和氏璧的历史典故，比喻将原物完好地归还本人。又如，"指鹿为马"则源于赵高指着鹿说是马，用来形容故意颠倒是非，混淆视听的行为。这些习语都是历史事件的生动写照，反映了中国古代的政治智慧和社交礼仪。

（2）英语的习语同样深深植根于丰富的历史背景。例如，"burn one's boats"这一习语源自古罗马的一次战役，将船烧毁意味着后路已断，用这个形象的场景来比喻"下定决心干到底"。此外，英语中的"the fifth column"则是对内部破坏力量的形象描绘，源自西班牙内战期间，现泛指隐藏在对方内部的间谍。

3. 源自不同的神话传说

神话传说作为文化的重要组成部分，为英汉两大语言赋予了深厚的底蕴。通过神话传说，人们创造了一系列象征意义深远的习语，反映了人类对世界、生活和道德的深刻理解。

（1）汉语的习语渊源多来自中国古代的神话传说。如"女娲补天"象征着拯救危难、重建秩序的勇毅精神；"夸父逐日"描绘了不懈追求、坚持到底的决心；"开天辟地"启发人们不破不立，只有打破腐朽的旧事物，才能创造出更加美好的、壮丽的新事物。这些故事塑造了人们对自然、人生和社会的理解，并以习语的形式流传至今，成为汉语中的共享智慧。

（2）在英语中，古希腊和古罗马的神话传说成为习语源泉的重要组成部分。例如，描述致命弱点的"Achilles' heel"，源自希腊神话中英雄阿喀琉斯的故事，形象地揭示了人们即使再强大，也会有某个脆弱之处。另一习语"Apple of discord"源自一场间接导致特洛伊战争的、发生在三女神间的纠纷，寓示着小事可能成为重大冲突的源头，彰显了人们对和谐与纷争关系的敏感认识。

4. 源自不同的生活习俗

生活习俗是民族文化的显著特点之一，深刻地影响着人们的思维和行为。在英汉两大语言中，生活习俗孕育出的习语无疑是一面独特的文化镜像，揭示着两个民族在日常生活中的独特情感、价值和哲理。

（1）西方人的饮食以肉类和奶制品为主，这一特点深入英语习语的构成。例如，"bring home the bacon"用来形容养家糊口的辛劳，借由熟悉的食物描绘生活的艰辛；"the cream of the crop"则用奶油描述某一领域中最优秀的部分；"whole cheese"用来形容重要或显赫的人物，这是因为奶酪（cheese）在西方饮食中占有重要地位，常用于高档宴会，将一个人比作"整块奶酪"，则是强调其独特和显赫的地位。

（2）相比之下，中国人的饮食更为复杂多样，习语中的食物形象也更为丰富多彩。例如，"杯水车薪"用一杯水救一车柴草，来形容力量太小，反映了人们对现实问题的深刻洞察。"饮水思源"用喝水的时候不要忘记水的来源，来比喻人在幸福的时候不忘幸福的来源，时刻提醒人们不能忘本，做事要知恩图报。"天上掉馅饼"形容某人突然间、不劳而获地得到了好运或者遇到了好事。馅饼代表美味和诱人的食物，从天上掉下来则完全出乎意料和不可思议。这个比喻可以形容那些几乎不可能发生的好运，也带有一丝讽刺或警告的意味，提醒人们不要过于依赖不切实际的想法。而'心急吃不了热豆腐'这个习语用来形容许多需要耐心和细心处理的事情，无论是生活的琐事，还是更重要的决策和人际关系。

（二）汉英习语的特点对比

从特点角度出发分析汉英习语，发现汉英习语在以下几个方面具有一些相似之处。

1. 地域性

地域性是习语的一个鲜明特点，反映了不同文化背景下人们的生活习俗、价值观和思维方式。汉语和英语习语的地域性主要体现在习语所使用的元素和比喻中。例如，汉语中常用"花朵"形容女子的容貌，如"花容月貌""貌美如花"，而英语中常用"She is like a rose."或"She's as beautiful as a rose."这样的比喻，将女性的美丽与玫瑰花的优雅和精致相提并论，来凸显女性特殊的魅力。又如，英语习语"busy as a bee"（忙得像蜜蜂）借助人们对蜜蜂辛勤工作的共同认知来形容人的忙碌，而汉语中的"夜以继日""宵衣旰食"等成语也用来形容勤劳，但没有涉及特定动物。地域性特点使习语与特定文化和生活环境紧密相连，更加深入人心，但也增加了跨文化交流的复杂性。

2. 民族性

每一种语言的习语都深深植根于该民族的文化、历史、风俗和信仰之中。英语习语多受西方文化的影响，许多习语与《圣经》及古希腊、罗马文化等有关。例如，"the touch of Midas"（点金术）源自古希腊神话中的国王迈达斯能够点石成金的故事。而汉语习语反映了中国悠久的历史和哲学思想，如"对牛弹琴"比喻对不懂道理的人讲道理，是白费口舌；也常用来讥笑说话不看对象的人。这一习语源自古代琴师公明仪为牛演奏乐曲的故事。这些习语背后的故事和文化背景构成了一种独特的民族智慧和情感表达，成为连接过去和现在的文化纽带。

3. 修辞性

（1）习语本身是修辞手段的运用和体现。习语通过特殊的修辞手段，使语言更加生动、形象。例如，汉语中的"对牛弹琴"通过比喻表达无谓努力的意思，而英语的"beating a dead horse"（鞭打一匹死马，比喻白费口舌）则同样用比喻手法来传达相似的含义。

（2）习语本身可被当作修辞手段来运用。习语的使用能增加语言的韵律感和节奏感，如英语的"slow and steady wins the race"（稳扎稳打才能赢得比赛）借助排比和重复来强调耐心和坚持的重要性，而汉语的"温故而知新"通过对令人熟悉的古代智慧的引用来传达持续学习的重要性。

4. 整体性

习语的整体性在于它构成的整体意义与部分词汇的字面意思有着明显的区别，这是习语在语言表达中的一种独特现象。例如，英语中的"barking up the wrong tree"，字面上与树皮和错误的树有关，但实际含义是"错误的方向或方法"。汉语中的"画蛇添足"也不是直接描述绘画蛇的方法，而是形容多此一举的行为。整体性让习语的内涵更加丰富和有深度，反映了语言的生动性和人们的想象力，也成为学习习语时的一大挑战。

第六章 跨文化语境下文化传播中的汉英翻译技巧

第一节 词汇层面的翻译技巧

在跨文化语境下，为实现中国文化的有效传播，译者在翻译汉语词汇时要注意词汇翻译的准确性和灵活性，并尽可能地保留中国文化的特色。

一、准确翻译

（一）保持原意不失真

保持原意不失真是翻译的首要准则。这不仅要求译者对原文的字面意思有准确理解，还需要译者深入文本背后的文化、历史和社会背景中去寻找深层含义。误译或模糊翻译往往源于译者对原文缺乏足够的理解和感悟，进而会导致读者对原文含义的误解或错误解读。

例如，在翻译古诗《静夜思》中的"床前明月光"时，若只字面翻译，则为"Bright moonlight in front of the bed."，这便失去了诗中对故乡思念的深刻情感。准确的翻译应该传达出诗人在静夜之中，通过明月的光线引发的思乡之情，因此可以将其译为"The moon's reflection casts a glow, invoking thoughts of home below."。通过这样的处理，不仅能保留原文的意境，还能让外国读者感受到中国诗人独特的审美情感和文化内涵。

（二）忠实于文化内涵

忠实于文化内涵要求译者不仅在文字层面上准确翻译，还要在精神层面上忠实于原文的文化内涵、文化特色。对于具有鲜明中国特色的词汇和表达，如"四书五经"，不能仅停留在字面层面的翻译。"四书五经"作为中国古代学术体系的核心，包含了中国古代哲学、政治、伦理等多方面的智慧。对其的翻译，不仅要让读者知道这是四本书和五部经典的合集，更要通过注释或附加解释让读者了解其在中国文化中的核心地位，如它们是儒家学说的基础，影响了中国两千多年的教育体系。

（三）注意有关政策术语的翻译

准确的翻译是传达国家政策的重要手段。精确、得体的翻译不仅能确保政策信息的准确传达，还能反映出该国人民对自身文化的尊重和对世界文化的包容。

以"中国梦"为例，它不仅是一句口号，更是一种国家发展的理念、一种全民共同的追求。如果翻译得不准确，如直接译为"China's Dream"，可能会让人误算为只是国家的梦想。准确的翻译应该是"The Chinese Dream"，这个翻译体现了中国梦是全体中国人民的共同愿景和追求。由此可见，准确的翻译能够让国际社会更好地理解中国的发展方向、国家目标以及中国人民的价值取向。通过准确传达"中国梦"的含义，国际社会能更真实、全面地了解中国，也有助于消除一些对中国的误解和偏见，提升中国在世界舞台上的形象，加深中国与其他国家的相互理解和信任。

二、灵活翻译

（一）选择合适的翻译方法

灵活翻译并非无章可循，而是一种对原文深刻理解和对目标语言敏感的体现。选择合适的翻译方法需要译者根据上下文、文化背景和读者需求灵活判断。举例来说，汉语成语"画龙点睛"在不同的语境下有不同的翻译方法。如果目标读者对中国文化有一定了解，译者可以选择直译，如将其译为"the finishing touch"，并附带解释，让读者了解其来历和寓意。但如果目标读者对中国文化较为陌生，译者则可以选择意译，如将其译为"add the final touch"，以便更直接地传达原文的意思。

（二）保持语言流畅

在汉译英的过程中，保持语言流畅与自然是一项重要任务。汉语和英语在句子结构和表达习惯上有很多不同，所以机械的直译常常会导致英语译文非常生硬。例如，将汉语中的"读万卷书，行万里路"直接翻译为"Read ten thousand books, travel ten thousand miles."，虽然表达了原文的意思，但稍显生硬。经验丰富的译者可能会灵活地将其翻译为"Reading broadens the mind and travel broadens the horizon."或其他更符合英语表达习惯的翻译。

又如，汉语中常用的修饰词和描绘手法在英语中没有直接对应的表达。例如，"风和日丽"直接译为"The wind is gentle and the sun is bright."不够生动。经验丰富的译者会选择"The weather is perfect with a gentle breeze and bright sunshine."这样更加自然流畅的翻译。此外，汉语中的一些特殊的语法结构，如被动、虚拟等，在英语中可能需要完全不同的表达方式。灵活运用不同的语法结构，以符合英语的语法规则和表达习惯，是保持翻译流畅的关键。

（三）翻译核心含义

在跨文化交流中，译者不仅需要面对语言之间的差异，更需要关注每一段文字背后所承载的文化内涵和深层次含义，以确保读者能够理解并接受原文的深层次信息，有时译者需要采取一些特殊的方法，如添加、修改或解释某些词汇或表达，以更好地表达原文的核心含义。

假如原文是"白切鸡是一道广东著名菜肴，讲究鸡肉的鲜嫩和汤汁的醇厚"。如果直接将其翻译为"White-cut chicken is a famous Guangdong dish, emphasizing the tenderness of the chicken and the richness of the soup."可能无法完全传达其中的独特之处。对于不了解中餐的外国读者来说，可能无法准确理解。因此，译者需要进一步解释，将其翻译为"White-cut chicken is a famous Guangdong dish, where the chicken is cooked in a specific way to retain its tenderness, and the accompanying soup is carefully brewed to a rich flavor. This method represents a philosophy of Chinese culinary art that prioritizes texture and taste."。在此翻译中，通过增加对烹饪方式和中餐哲学的解释，外国读者能够更好地理解这道菜肴的独特之处。

另外，有些特定的概念或价值观可能在目标语言中没有直接对应的词汇。此时，译者需要从文化和语境的角度出发，探究原文背后的核心含义，然后用目标语言中最能体现这一含义的表达方式来翻译。

三、保留文化特色的翻译

跨文化翻译不仅是语言的转换，更是一种文化的传递。在这一过程中，如何在翻译中保留原文的文化特色，使目标语言的读者能够更好地理解和感受原文所反映的特定文化现象，成为译者需要关注和解决的重要问题。

（1）译者需要对原文背后的文化有深刻的理解。有时，直接字面翻译会忽略原文所承载的深层文化内涵。例如，原文中提到"端午节，人们习惯包粽子"。直接翻译的话会忽略端午节和粽子背后的文化故事和象征意义。一位深谙中国文化的译者可能会将其翻译为 "During the Dragon Boat Festival, a significant Chinese holiday, people traditionally make zongzi, glutinous rice wrapped in bamboo leaves, symbolizing the commemoration of the ancient poet Qu Yuan."。

（2）选择保留某些具有特定文化色彩的词汇也是一种有效的翻译策略。譬如"茶道"这个词，包含了中国古代哲学思想和礼仪美学，直接将其翻译为 "tea ceremony" 可能无法完全传达其深意。有时候，可以将这个词保留，通过解释或脚注来揭示其背后的文化含义，因此可以将其翻译为 "The practice of Chado, or the Way of Tea, is a profound part of Chinese culture that embodies the principles of harmony, respect, purity, and tranquility."。

（3）利用目标语言中的成语、俚语或风俗习惯来体现原文的文化特色也是一种翻译方法。例如，翻译一句关于家庭和睦的话，可以引用目标语言中与家庭和谐相关的俗语或引言，从而在保留原文意思的同时，体现目标语文化的理解。

第二节　习语方面的翻译技巧

一、直译法

直译法作为一种翻译方法，强调尽量保持原文的形象、风格、句法结构和修辞效果，力图在不失原文意思的前提下，最大限度地保留原文的文化特色和语言魅力。这种方法在习语翻译中尤为独特和重要。

在习语翻译中，直译法能够将原文的文化底蕴和风俗传统准确地传达给目标语言读者。例如，汉语中的成语"卧虎藏龙"直译为"Crouching Tiger, Hidden Dragon"就保留了原文的形象比喻和深层含义。虽然这个比喻对于目标语言读者可能有些陌生，但其鲜明的形象和深刻的寓意仍然可以传达。

直译法还有助于促进源语言和目标语言之间的文化交流。通过直译，源语言中独特的表达方式和思维习惯可以被更好地传递给目标语言读者，甚至可以逐渐融入目标语言的文化中。这一过程不仅丰富了目标语言的表达方式，也有助于增进不同文化之间的相互理解和尊重。

例1：

袖手旁观 standing by with folded arms

画饼充饥 draw cakes to allay hunger

大海捞针 fish for a needle in the ocean

背道而驰 to run in the opposite direction

对牛弹琴 play the harp to a cow

不入虎穴，焉得虎子？ How can one get tiger cubs without entering the tiger's lair?

例2：

原文：照抄照搬他国的政治制度行不通，会水土不服，会画虎不成反类犬，甚至会把国家前途命运葬送掉。

译文：Blindly copying the political systems of other countries will never work in China. They will never adapt to our country. Such a course of action will "turn the tiger you are trying draw into a dog". It could even spell an end to the independent destiny of our country.

在上述例子中，汉语的习语"画虎不成反类犬"直译为"turn the tiger you are trying to draw into a dog"，展示了直译法在习语翻译中的应用。这种应用既充满挑战，也有其独特的价值。

习语"画虎不成反类犬"在汉语中是一个形象的表达，比喻不切实际地攀求过高的目标，终无成就，反成笑柄。直接将其翻译成英语，可能初看起来有些生硬，甚至可能让一些不熟悉这个习语的读者感到困惑，但它传达了汉语中的独特思维方式和文化底蕴。这种直译法反映了原文的文化特色和语言魅力，让读者能够感受到源语言的丰富内涵和独特风格。

然而，也应该注意到，这个例子中的直译并不是完全按照源语言的字面意思翻译的。译者通过添加解释性的语句 "turn the tiger you are trying to draw" 来帮助目标语言读者理解这个习语的核心含义。这样的处理方式在保留原文韵味的同时，使得目标语言读者更容易理解和接受。

二、直译加注法

直译加注法是一种特殊的翻译技巧，它结合了直译和注释的方法。在应用直译加注法时，译者应尽量按照源语言的字面意思进行翻译，通过添加注释的方式，帮助目标语言读者理解原文中蕴含的文化内涵或特殊意义。这种方法旨在保留原文的内涵和风格的同时，确保译文对目标读者来说既准确又易于理解。

例 3 ：

原文："难道这也是个痴丫头，又像颦儿来葬花不成？"因又自笑道："若真也葬花，可谓'东施效颦'了；不但不为新奇，而且更是可厌。"

译文："Can this be another absurd maid come to bury flowers like Taiyu?" he wondered in some amusement. "If so, she's（Tung Shih imitating His Shih）, which isn't original but rather tiresome."

*His Shih was a famous beauty in the ancient Kingdom of Yueh. Tung Shih was an ugly girl who tried to imitate her ways.

在上述例子中，直译加注法得到了巧妙运用。原文中的习语"东施效颦"直译为"Tung Shih imitating His Shih"，同时在译文后加了注释：His Shih was a famous beauty in the ancient Kingdom of Yueh. Tung Shih was an ugly girl who tried to imitate her ways. 这样的处理方式既保留了原文的内涵和风格，又通过注释确保了目标读者能够理解这一习语的含义。

这种方法特别适合那些带有浓厚民族色彩、地方特色或具有典故的习语翻译。对于一些包含人名、地名、特殊文化现象或事件的习语，直译可能会让目标语言读者感到困惑。但通过直译加注法，不仅能保留原文内涵的丰富性，还能架起一座沟通不同文化和语言的桥梁。此外，直译加注法还体现了翻译的灵活性和创造性。译者需要在保持原文内涵的基础上，精心设计注释，确保既不削弱原文的韵味，又不让译文显得过于生硬或笨拙。这一过程不仅考验译者的语言技能，还考验译者对源语言和目标语言的文化背景的理解程度。

三、意译法

意译法是一种注重原文深层含义、不单纯追求表层结构和语言形式的翻译方法。这种翻译方法要求译者深入理解原文的核心思想和情感，然后用目标语言的习惯表达方式重新构造这些意义，以实现与原文相同或相似的表达效果。在意译的过程中，译者需要在尊重原文的内容和风格的基础上，灵活运月目标语言的资源展现原文的精神内涵。

例 4：

打开天窗说亮话 frankly speaking

在这个例子中，译者并没有按原文的字面结构和内容进行直译，而是抓住了习语想要传达的核心意思——坦诚地讲话，并用英语的常用表达方式呈现出来。

例 5：

靠旁门左道歪门邪道搞企业是不可能成功的，不仅败坏了社会风气，做这种事心里也不踏实。

No company can succeed through improper and unscrupulous practices. These practices not only undermine social ethics, but also undermines the good conscience of those invclved.

在这个例子中，译文用了更为直接和简洁的表述方式，突出了不正当手段无法使企业成功及其对社会风气和良知的破坏。其他使用意译法翻译的习语例子还有以下几个。

出人头地 stand out

攀龙附凤 play up to people of power and influence

引狼入室 open the door to a dangerous person

爱不释手 fondle admiringly

此地无银三百两 A guilty person gives himself away by conspicuously protesting his innocence.

四、借译法

在翻译汉语习语时，可以采用借译法，即运用相同意思的习语互相翻译，从而使译文更通顺，便于读者接受和理解。尽管英语和汉语在语言习惯、民族特色、地方风情等方面存在差异，但某些汉英习语，无论是在内涵方面，还是在形式方面，都具有相似之处。有时一些习语中使用的比喻、对仗等修辞手法也大致相同。因此，在这种情况下，译者可以通过从英语中找到与汉语习语相符的习语进行翻译。这种翻译方法的特点是不需要译者对原文进行过多修饰，只需理解原文的意思后找到与之含义相符的习语即可。

例 6：

祸不单行 misfortune never comes singly

唯利是图 draw water to ones mill

杀鸡用牛刀 break a butterfly on the wheel

一箭双雕 to kill two birds with one stone

趁热打铁 to strike while the iron is hot

空中楼阁 castle in the air

破釜沉舟 to burn the boat

晴天霹雳 a bolt from the blue

来得容易，去得快 Easy come, easy go.

有情人终成眷属 Jack shall have Jill, all shall be well.

近朱者赤，近墨者黑 Touch pitch and you will be defiled.

人要衣装，佛要金装 Fine feathers make fine birds.

天下无不散之筵席 All good things must come to an end.

一次被火烧，二次避火苗 A burnt child dreads the fire.

鹬蚌相争，渔翁得利 Two dogs for a bone, and the third runs away with it.

第三节　句法层面的翻译技巧

在跨文化交流日益增加的时代背景下，合理运用汉英句法翻译技巧显得尤为重要。汉语和英语作为两种不同的语言体系，各自拥有独特的词汇、语法和思维模式，这使得汉英翻译变得复杂和富有挑战性。汉英翻译不仅是文字层面的转换，还涉及文化、情境甚至思维方式的沟通。一个句子在不同的文化背景下可能有完全不同的含义，因此，译者在进行汉英翻译时，必须深入理解这两种语言的文化内涵和特殊语境，确保信息的精确和完整传递。

一、主语的选择

在汉译英的过程中，主语的选择是一个复杂且关键的步骤，因为它不仅涉及语法结构，还涉及对文化、语境和风格等多方面的考量。

首先，汉语和英语在语法结构上存在较大差异，特别是在句子主体框架的构建方面。汉语句子的主语并不总是与英语中的主语完全对应，这需要译者对英语的表达习惯有深刻的理解。在英语中，主语通常承载着句子的核心信息，并且在句子结构中起主导作用。因此，在选择主语时，不仅要考虑其在原文中的地位和功能，还要注意它是否能在译文中充分体现原文的重点和情感。有时，汉语句子的主语可能更适合作为英语句子的宾语，或者汉语句子更适合通过被动语态来表达，这就需要译者灵活地运用不同的语法结构，以确保译文的准确性和自然流畅。

其次，语言的搭配习惯也对主语的选择产生影响。汉语和英语在搭配方面存在较多差异，这些差异可能涉及动词和名词的组合、形容词和副词的使用等。因此，译者在选择主语时，还需要考虑到搭配习惯，以确保译文的合理性和可接受性。

最后，连贯性也是主语选择的重要因素之一。在英语中，相邻的句子在结构上往往保持一致，这有助于增强文本的连贯性和流畅性。因此，译者在选择主语时，还需要注意句子之间的逻辑关系和结构一致性，以便更好地将原文的意思和风格传达给目标读者。

二、被动句的翻译

在汉译英中，汉语被动句的翻译涉及对英语句子结构的深入理解以及对句子含义的精准把握。以下是对汉语被动句翻译成英语时的主要技巧和注意事项的论述。

（一）直接翻译成英语被动句

某些含"被""受"等被动标志词的汉语被动句可以直接翻译成英语被动句。使用直接翻译这种方法，句子的语态和语义都得以保留，更符合英语的表达习惯。例如，将汉语句子"这本书被他借走了"直接翻译成英语的被动句，则为"This book was borrowed by him."。在这个例子中，"被"被直接翻译为英语被动结构的一部分，保持了句子的被动含义。这种方法的优点在于其直接性和准确性。译者可以清晰地表示源语言的结构和意图，而不失任何重要细节。但是，这也要求译者熟悉目标语言的语法结构，以确保翻译的准确性。

（二）将汉语隐性被动结构转化为英语被动句

某些汉语句子虽然没有明显的被动标志词，但其语义具有被动含义。

在这种情况下，译者需要灵活运用英语的被动结构来传达汉语句子的被动含义。例如，汉语句子"这件事已经解决了"虽没有明显的被动词，但其意思是被动的，翻译成英语，可以说"This matter has been resolved."。在这里，译者使用了英语的被动结构来传达原句的被动含义。这种方法要求译者需要能够识别汉语句子的隐性被动结构，并知道如何用英语进行准确表达。

（三）利用英语习惯用法构建被动句

有些汉语习语可以通过特定的英语被动结构来表达。例如，汉语中的"据说"，可以通过"It is said that"这样的英语被动结构来表达。汉语句子"据说他是个天才"可以翻译成"It is said that he is a genius."。在这里，"据说"被特定的英语被动结构替代，保持了原句的被动语态。了解和运用这些约定俗成的英语表达能使翻译更自然、流畅。因此，译者需要了解这些特定的英语习惯用法，并灵活运用于翻译中，以确保汉语的风格和意图在英语中得到精确反映。

（四）注意时态和语气的一致性

汉语和英语在时态和语气方面的表现可能存在差异。在翻译被动句时，译者应确保时态和语气的一致性，以使译文在结构和意义上都与原文相匹配。例如，汉语句子"这个项目已经完成了"的时态是完成时，因此在翻译成英语时也应使用完成时态："This project has been completed."。如果使用了错误的时态，如用一般过去时，将其翻译为"This project was completed."，虽然意思相近，但无法完全反映原句的时态特征。

同样，语气的一致性也很重要。如果原句使用了虚拟语气或其他特定语气，译文也应尽量与其一致。例如，可以将汉语句子"要是这个方案被采纳就好了"翻译为"If only this plan were adopted."。

（五）避免不必要的被动结构

虽然英语中广泛使用被动结构，但过度使用被动结构容易导致表达冗长和不清晰。在某些情况下，尤其是在口语和非正式文体中，可以考虑将被动结构转化为主动结构，以提高译文的通顺性和易读性。例如，汉语句子"我的自行车被偷了"，虽然可以直接翻译为"My bicycle was stolen."，但在口语或非正式语境中，使用主动语态，如"Someone stole my bicycle."会更自然，更符合目标语言的表达习惯。不过，译者需确保这种转换不会失去原文的重要信息。

三、省略句的翻译

在汉译英中，汉语省略句的翻译涉及一系列独特的技巧和方法。汉语与英语在句法结构和修辞风格方面存在显著差异，因此处理省略句时需要特别注意。

（一）补全省略部分

在许多情况下，汉语句子的省略部分在英语中可能需要补全，这可能涉及主语、谓语、宾语等的补全。例如，汉语中常见主谓省略现象，但在英语中需要明确表述主语和谓语，以避免混淆。这要求译者具备深入理解上下文的能力，以便准确推断被省略的部分。请看以下示例。

A：去超市了吗？

B：去了。

如果将这段对话翻译成英语，则需要补全主语和谓语以确保表意清晰。

A：Did you go to the supermarket?

B：Yes, I went.

（二）保留省略部分

在一些情况下，汉语句子中的省略部分在英语中可以保留。这通常适用于语境明确、省略不会引起误解的情况。例如，英语中的某些比较从句也可以省略与主句相同的部分。在这种情况下，译者可以选择保留原文的省略形式，以使译文更简洁。例如，汉语句子"他比我聪明"翻译为英语，可以是"He is smarter than I (am)."。在这里，括号中的"am"与主句的谓语相同，因此可以省略。

同样，在口语中，类似的省略也是非常普遍的。请看以下示例。

原文：吃饭了吗？

译文：Had dinner (yet)?

（三）灵活处理连词和关系代词

在处理汉语省略句时，灵活运用连词和关系代词是一项重要技巧。有时，适当添加连词可以使译文更流畅，同时保留原文的省略形式。例如，汉语句子"他聪明，工作努力"，直接翻译为"He is smart, works hard."显得有些生硬，这时，可以通过添加连词"and"来让句子更自然，即"He is smart and works hard."。

在涉及复杂的句子结构时，关系代词的使用也很关键。例如，汉语句子"我给你的那本书"翻译为英语时，可以使用关系代词"that"或"which"来组织句子，如"The book that I gave you."。由此可见，通过灵活处理连词和关系代词，译文可以更符合目标语言的表达习惯，同时保持原文的精确性和连贯性。

（四）考虑修辞效果

省略句在汉语中常用于增强修辞效果，如强调、渲染、抑扬等。在翻译时，不仅要考虑语法结构的准确性，还要注意保持原文的修辞效果。这可能需要译者运用一些创造性的翻译方法，如重新组织句子结构、选择更具表现力的词汇等。以强调为例，汉语句子"他，一个人，爬上了那座山"。增强了对"一个人"这一事实的强调。直接翻译可能会失去这种强调效果。这时，译者可以通过重新组织句子结构和选择更具表现力的词汇来翻译，如将其翻译为"He climbed that mountain, all by himself."。通过这样的转换，不仅能传达原句的字面意义，还成功地保留了强调的修辞效果。

四、无主句的翻译

将汉语中的无主句翻译为英语是一个常见且复杂的问题。由于汉语是意合性语言，其句子常常会省略主语，尤其在上下文清晰的情况下。然而，英语作为一种形合性语言，通常要求句子有明确的主语，因此在翻译汉语的无主句时就需要特别小心。

（一）补上人称代词作为主语

在汉语中，特别是口语中，主语经常被省略。为了符合英语的语法结构，补上人称代词作为主语很重要。这种方法特别适用于口语和非正式文体的翻译。

例1：

原文：去商店吗？

译文：Are you going to the store?

在这里，英语需要补上人称代词"you"作为主语。这样的翻译使译文更符合英语的语法结构，同时保留了原文的灵活性和口语化特点。

（二）将非主语成分转成主语或使用被动语态

将非主语成分转成主语或使用被动语态这种方法特别适用于正式文体，如科技论文或法律文件中，因为这种方法可以确保译文的准确性和正式感。

例 2：

原文：该合同由双方签署。

译文：The contract is signed by both parties.

这里的"合同"在英文中作为主语，采用了被动语态，确保了译文的准确性和正式感。

（三）汉语祈使句译成英语祈使句

汉语祈使句在翻译为英语时经常直接对应到英语祈使句。这种方法的核心在于两种语言中的祈使句都隐含了主语"你"（"you"），即结构相似。例如，汉语中"请关上门"这样的句子可以直接翻译成"Please close the door."。这里的隐含主语使句子在两种语言之间的对应非常直接。在翻译时，译者还需要注意英语祈使句的一些细微之处，如使用合适的礼貌词、考虑语境的正式或非正式程度等。同时，汉语习语中的一些祈使句需要更为灵活和创造性的翻译，以确保英语译文的自然流畅。

（四）使用倒装语序

汉语中某些表示事物出现、存在或消失的无主句，其结构与英语倒装句非常相似。倒装在英语中是一种强调手法，通过颠倒主语和谓语的顺序来强调句子的某个部分。例如，汉语"山顶上有一座塔"，可以翻译为"on the mountain top stands a tower"。这里的倒装强调了山顶上塔的存在。在翻译这类句子时，使用倒装语序不仅可以使译文非常贴近原文，而且有助于保持英语的修辞效果。然而，也要注意不是所有的汉语无主句都可以直接倒装，还需要结合具体语境和语义选择最合适的翻译方法。

五、长句的翻译

长句是一种结构复杂的句子，通常由许多词、短语和从句组成，以表达复杂的思想和情感。与短句相比，长句往往更能描绘出丰富的细节和层次感。但长句的使用需要精确的控制和平衡，以确保语义的准确性和连贯性。一方面，它可以提供更丰富的信息，增强表达的深度和广度；另一方面，如果处理不当，它会让读者感到困惑，难以理解。在汉译英中，汉语长句的翻译是一个常见且具有挑战性的问题。由于汉语长句的特殊结构和表达习惯，译者常常需要灵活运用各种技巧，以确保译文的准确性、流畅性及符合英语的表达习惯。以下是一些关键的长句翻译技巧和策略。

（一）合理运用断句法

当原文长句包括多个独立或相对独立的信息时，可以将其拆分为几个短句。例如，汉语原文："政府加强了教育投入，提高了教师待遇，促进了教育公平。"可以翻译为"The government increased investment in education. Teacher salaries were raised. Educational equality was promoted."。

（二）灵活使用合句法

有时，将多个短句合并成一个复合句可以使译文更紧凑和流畅。例如，汉语原文："她学习努力。她获得了奖学金。她的父母为她感到骄傲。"可以合并翻译为"She studied hard, won a scholarship, and made her parents proud."。

（三）运用适当的连词

汉语长句中的逻辑关系可能通过上下文和词序来表达，而在英语中，适当地运用连词可以明确表达这些关系。例如，汉语原文："他努力工作，但还是失败了。"可翻译为"He worked hard, but still failed."。

（四）注意保持句子平衡和节奏

在拆分或合并句子时，需要注意保持译文的平衡和节奏。过长的句子可能会使读者感到困惑，而过短的句子可能会让文本显得断裂。适当的变化和平衡有助于保持读者的兴趣和注意力。例如，汉语诗句："人生得意须尽欢，莫使金樽空对月。"可翻译为 "In the prime of life, be merry to your heart's content; don't let the golden goblet face the moon in vain."。

第四节　语篇层面的翻译技巧

一、语篇层面的一般翻译技巧

汉英翻译中的语篇翻译要求译者在整体和细节之间找到平衡，既要对整个文本有深刻的理解，又要精准地捕捉每一个局部的细微之处。

（1）译者在翻译语篇时，首先要通过通读原文，确立主题和作者的意图，然后分析原文中时态、语气和语态的使用，以使译文在整体效果上与原文相匹配。与此同时，在译文的构建过程中，对译文时态、人称和语言风格一致性的考量也是十分关键的环节，对准确传达原文的调性和风格至关重要。如果忽视了一致性，可能会导致译文在整体上不连贯，进而影响读者的阅读体验。

（2）多变性是语篇翻译中不可忽视的因素。与汉语不同，英语更倾向于使用不同的句型，来增强表达的生动性和节奏感。因此，在翻译过程中，译者应努力使译文的句型多样化，如可以通过长短句的结合及使用不同的句型结构来实现，以求在忠实于原文的同时，增强译文的表达力。

（3）逻辑性在语篇翻译中占有重要地位。由于汉语和英语在逻辑连接方面的不同，译者在阅读原文的过程中需要敏锐地捕捉句子间的逻辑关系，并通过合适的连词和副词在译文中进行准确的表达。这样不仅有助于增强译文的连贯性，也有助于更好地呈现原文的结构和层次感。

（4）文体分析是语篇翻译中的重要环节。译者需要根据原文的文体类型和风格，选择相应的翻译策略。例如，文学作品要求夏多的艺术处理和创造性转化，而科技文章则要求更精确、客观的语言表达。

例 1：

原文：脍炙人口的传统京剧《白蛇传》讲的是明朝的故事。白蛇精与青蛇精化作美女来到人间。白蛇精与一位书生相爱并生一子。禅师法海认为他们的结合违反了传统婚姻，伤风败俗。他气急败坏，派神兵神将前来捉拿白蛇精，并将她镇压在一座塔下面。后来，青蛇精在深山中修炼，多年后终于砸烂了那座塔，救出白蛇精。至此，白蛇精与丈夫、儿子又得以团聚。在《白蛇传》这出剧中，蛇被赋予了崇高的人性。

参考译文：*The White Snake*, one of the most popular traditional Beijing operas, is based on a story handed down from the Ming Dynasty. White Snake Spirit and Green Snake Spirit metamorphosed themselves into two beautiful girls and ventured into the human world. White Snake fell in love with a young scholar and gave birth to a son. Fahai, a Buddhist monk, regarded their union as a violation of the conventions regarding marriage and an example of moral degeneration. Much enraged, he sent officers and soldiers from the heaven, who captured White Snake, and using magical powers he himself incarcerated White Snake underneath a pagoda. For many years afterwards, Green Snake hid herself in remote mountains and gave herself rigorous spiritual. In the end, she succeeded in toppling the pagoda and rescued her mistress. Then White Snake was reunited with her husband and son. The snakes in the opera are endowed with the noble character of human nature.

这段译文对京剧《白蛇传》的故事进行了清晰、准确的描述，其中运用了一些令人称道的语篇翻译技巧。

译者首先全面概括了故事的主题和情节，然后详细阐述了故事中的关键事件。这样的布局不仅确保了故事的连贯性，也使读者能够更好地理解各个角色和情节的发展，体现了整体与局部相结合的语篇翻译技巧。同时，译文在时态、人称和语言风格上都保持了一致性。整篇译文以过去时进行叙述，体现了故事的叙事性质，并在人称和语言风格方面与原文相匹配。

明确的逻辑连接词的运用，使故事的情节和角色之间的关系清晰可见。从白蛇精降临人间，到其与书生相恋，再到被法海捉拿，最后被青蛇精救出，整个故事线逻辑严密，层次分明。译者在翻译过程中还注意到了文化背景的传达，如"禅师法海""神兵神将"等特定文化元素，都得到了恰当的翻译处理。这有助于目标语读者理解和欣赏这个充满中国文化色彩的故事。

整个译文在语言表达上既生动又精确，既忠实于原文的文学气质，又不失目标语言的通顺和优雅。例如，"气急败坏"翻译为"Much enraged"，既传达了原文的情感色彩，又符合英语的表达习惯。最后一句"蛇被赋予了崇高的人性"的翻译，也是译文中的一大亮点。译者不仅传达了原文的字面意义，还让读者感受到了故事背后的深层寓意和文化内涵。

二、跨文化视域下的汉英语篇翻译技巧

汉英翻译中的语篇翻译不仅涉及对原文的准确理解和表达，更涉及对两种不同文化背景下的沟通与传达。需要注意的是，每种语言都是其文化背景和特殊历史情境下的产物，因此，译者在翻译过程中不可避免地会涉及文化的转换与适应。

在保证译文的一致性、多变性和逻辑性的基础上，译者还需要进一步考虑跨文化传播的敏感性和复杂性。这意味着译者不仅要准确传达原文的字面意义，更要洞察其背后蕴藏的文化内涵和社会价值观，确保译文在新的文化背景下依然能够生动、准确地传达原文的意图和情感。例

如，中西方文化在表达方式、思维逻辑、价值观念等方面存在差异，所以在汉译英的过程中，译者要有意识地对这些差异进行调和，以确保译文既忠实于原文，又符合目标语言的文化规范。这可能涉及对某些习语、典故的改写或对某些隐含的文化内涵的解释。请看以下两个例子。

原文 1：他的孝顺让大家都很感动。

译文 1：His devotion to his parents moved everyone.

在西方文化中，孝顺可能不是一个十分突出的价值观念，因此，在翻译时，译者需要用西方人更容易理解的方式表达。

原文 2：中秋节我们要吃月饼。

译文 2：During the Mid-Autumn Festival, we eat mooncakes, a traditional Chinese pastry.

在这个例子中，译者增加了对月饼的解释，以便母语非汉语读者更好地理解"月饼"这一陌生食物。

此外，还要强调译者在翻译时的创造性。尤其在涉及艺术领域时，译者不仅是信息的传递者，还要以一种艺术家的姿态，借助自己的文化智慧和语言技艺，重新塑造原文的美感和力量。这需要译者对两种语言及其背后的文化有着深入的理解和感悟，有时甚至需要勇于打破字面的束缚，追求意境的再现和情感的共鸣。

第七章 跨文化语境下汉英翻译在文化传播中的实际应用

第一节 文学作品的翻译

文学作品翻译不仅是从一种语言到另一种语言的转换，更是从一种文化到另一种文化的沟通与交流。它不仅涉及文字的转译，更包括对文化、历史、社会习俗和价值观的深度解读和传递。在跨文化交流日益频繁的时代背景下，文学作品翻译的意义越发凸显。通过文学作品的翻译，人们可以了解其他文化的风俗习惯、思维方式、价值观念等，从而加深对其他文化的认识和理解，减少文化冲突和误解。文学作品翻译还对文化的传播和推广起到关键作用。一部优秀的文学作品往往蕴藏着丰富的文化内涵和人类普遍情感。通过翻译，这些作品得以跨越语言和地域的障碍，惠及更广泛的读者，从而让更多人能够共享人类的文化成果。

然而，文学作品翻译也是一项极为复杂和微妙的任务。译者不仅要忠实于原作，还要力求再现原作的风格、氛围、人物塑造等，这需要译者具备深厚的语言功底、丰富的文化背景知识和敏锐的艺术洞察力。任何粗糙、生硬的翻译都可能削弱甚至扭曲原作的艺术魅力和文化内涵。因此可以说，文学作品翻译作为一种特殊的文化交流方式，在当今的跨文化交流中占据了不可或缺的地位。它既是文化理解和沟通的桥梁，也是文化传播和共享的载体。只有对翻译工作给予足够的重视和投入，才能更好地促进世界各民族文化的交流与融合，共同构建人类文明的多样性。

一、文学作品翻译的原则

（一）忠实性原则

文学作品翻译的忠实性原则是一个复杂且微妙的原则。一方面，忠实性原则要求译者对原作的内容、结构和含义进行精确的转译。这一工作的重点是确保信息的准确传递，不做没必要的增减或变更。另一方面，文学作品翻译的忠实性原则远非简单的字面转译。它要求译者深入作品的每个层面，包括内容、语境、风格、情感和符号等，以确保原作的精神和美感得到充分体现。这不仅是一项技术工作，更是一种艺术创造。译者在传达原作意义的同时，必须使译作在新的文化背景下生动、鲜活，成为一部独立的艺术作品。这就要求译者既要担当忠实的传递者，也要成为敏感的创造者，通过对原作深入的理解和对目标语言及其文化的精确掌握，实现文学作品跨文化、跨语言的精彩呈现。

（二）严谨性原则

文学作品翻译不仅是一项传递信息的工作，更是一门精湛的艺术。严谨性原则体现在两个方面。一方面，文学作品翻译要求译者对原作进行精确理解和深入探究，包括对作品背景的全面了解，对作品主题、情感、风格的捕捉，甚至涉及对作者所处的文化和历史背景的深入探讨。文学作品中的一个字、一句话都可能承载着独特的文化和情感内涵，因此，对于译者来说，对每一个细节的深入挖掘和认真钻研都是必不可少的。

另一方面，文学作品翻译要求译者投入极大的耐心和时间进行精雕细琢。这不仅包括对译作的多次修订，而且涉及与原作者的沟通和磋商，通过邮件、电话等方式与原作者进行反复磋商，可以确保译者对原作的理解达到最高程度，从而确保译作的忠实度和生动性。

（三）读者本位原则

读者本位原则是一种将读者的需求和阅读习惯置于中心地位的翻译原则。这种原则着重于将原作的文化、情感和意义传递给目标读者，而不仅仅是文字的机械转换。

（1）读者本位原则强调译者对原作的深入理解和分析，以揭示其背后的文化和历史内涵。译者需要通过附加材料和注解以及精心选择的翻译策略，将这些深层次的内容传达给读者。例如，通过人物关系表、图表、发音注解等形式，解释原作中的复杂人物关系和背景，使非源语文化的读者能够轻松理解。例如，葛浩文在 *Big Breast and Wide Hips*（《丰乳肥臀》）的前言中附了人物关系表，并在翻译上官家的七个女儿的名字时采取了音译加注释的方法。

来弟：Laidi（Brother Coming）；招弟：Zhaodi（Brother Hailed）；领弟：Lingdi（Brother Ushered）；想弟：Xiangdi（Brother Desired）；盼弟：Pandi（Brother Anticipated）；念弟：Niandi（Brother Wanted）；求弟：Qiudi（Brother Sought）。

这一翻译方法既保留了人名原有的文化色彩，又使得非源语文化的读者能够理解人名背后的含义。更为重要的是，这种翻译方式不仅满足了读者对文字表面意义的理解，还通过阐述上官家七个女儿名字的内涵，向读者传达了母亲对生男孩的强烈渴望。

（2）读者本位原则强调对目标语言读者表达习惯和期望的尊重。这涉及对原作中的一些特定元素进行适当的修改或解释，使之符合目标语言读者的阅读习惯。例如，通过音译加注释的方式，可以保留原作的特色，同时为目标语言读者提供足够的背景信息，帮助他们理解译文背后的含义和文化内涵。

（3）读者本位原则还要求译者具有高度的责任感和敏感度，他们必须关注原作的文学价值和审美特质，同时要考虑目标语言读者的反应和需要。这种平衡不仅要求译者深入理解原作和目标语言文化，还要求译者具备创造性思维，以便在忠实于原作的基础上，创作富有吸引力和易于理解的译作。

二、文学作品翻译的策略

（一）归化策略

归化策略在文学作品翻译中占有重要地位，其核心思想是将源语言的文本以目标语言读者为导向进行转化，使之与目标语言的表达方式、风格、表达习惯更为一致。这一策略体现了一种将文学作品"本地化"的精神，强调译作要流畅自然、富有本土色彩。归化策略的运用有助于增强译作的亲切感和可读性，使读者在阅读过程中得到更为愉悦的审美体验。然而，这一策略也可能带来一些问题，如当译者过度强调目标语言文化的特性时，可能会丢失原作中特定的文化内涵、风俗习惯等，甚至会改变原作中某些细腻的情感表达。

例1：

原文：癞蛤蟆想天鹅肉吃……

译文1：A toad hankering for a taste of swan.

译文2：A case of "the toad on the ground wanting to eat Goose in the sky".

由上述例子可见，为了忠实于原文同时保留原文的文化意象，译文1将"天鹅"一词直译成"swan"；而译文2是使用了归化策略后的翻译。英语中有一个习语"wild-goose chase"，意为"荒谬的追求"，与原文"癞蛤蟆想天鹅肉吃"内涵相同。译文2通过使用"goose"一词与这个习语产生了共鸣，使得英语读者能更好地理解和感受原文所要表达的意思。

（二）异化策略

异化策略是一种强调保留源语文化特色和作者原始表达方式的方法。与归化策略不同，它更侧重于让读者进入源语的文化环境，体验异国情调和文化风俗。这一策略的运用要求译者在翻译过程中尽量保留原作的风格、修辞、节奏和文化内涵，以便读者在阅读译作时能感受到与原作相近的审美体验。这不仅有助于提高文学作品的艺术价值，还能增强读者对源语文化的理解和欣赏。

以《静夜思》中的"床前明月光"为例，如果采用异化策略，可将其译为"Bright moonlight before my bed."。这样的译法尽管与英语的日常表达方式略有不同，但尽量保留了原文的意象和情感。这种翻译方式有助于英语读者感受到中国古诗的韵律美感和深刻情感，从而实现文化的跨界沟通。

（三）文化调停策略

文化调停策略是译者在归化和异化策略都无法有效解决翻译问题时所采取的一种策略。文化调停策略允许译者灵活处理原作中的特定文化元素，从而有利于目标语言读者更好地理解和欣赏作品的深层含义。这种策略不是简单地将源语言的文化因素一一对应翻译成目标语言，也不是完全保留它们的原始形式，而是寻找一种平衡，在确保译作的流畅性和准确性的同时，尊重原作的精神内核。

例如，诗句"绿树阴浓夏日长"涉及中国文化对树木、夏季和自然美景的独特情感和审美观点。如果采用归化策略，可能会丢失一些细腻的文化细节；如果采用异化策略，则可能会使译文显得冗长和复杂。采用文化调停策略，可以将这一句子翻译为"The green trees cast a cool shade all through the long summer days."。这样，译文不仅保留了原文的美感和情感，还能使目标语言读者更容易理解和欣赏该诗句的含义，而无须深入了解特定的文化背景。

（四）文化融合策略

文化融合策略强调源语言文化与目标语言文化间的灵活交流和创造性重构。这一策略并不是简单地将源语言的文化元素替换为目标语言的相应元素，也不是完全保留源语言的原始形式，而是寻求一种介于归化和异化之间的平衡，将原文的精神和情感用目标语言的特有表达方式重新演绎。

例 2 ：

脱掉棉衣换上春装的人们，好像卸下了千斤重载，真是蹿跳觉得轻松，爬起卧倒感到利落。

With their heavy winter clothing changes for lighter spring wear, they could leap or crouch down much more freely and nimbly.

上述例子中的译文便运用了文化融合策略。在汉语原文中，"卸下了千斤重载""蹿跳觉得轻松""爬起卧倒感到利落"这些表达都富含文化内涵和审美情感，它们共同构成了一幅春天穿轻装带来的自由、轻盈和快乐的画面。如果直接翻译可能会让英语读者感到困惑，甚至无法理解。因此，译者采用文化融合策略，用英语中更自然、更生动的表达方式重塑了这一画面，将"卸下了千斤重载"译为"heavy winter clothing changes for lighter spring wear"，把"蹿跳觉得轻松""爬起卧倒感到利落"译为"they could leap or crouch down much more freely and nimbly"。这样既保留了原文的精神和氛围，又使其在目标语言环境中显得自然流畅。

（五）保留风格策略

在文学作品翻译中，保留风格的重要性不言而喻。每一个作者都有其独特的写作风格，这种风格在一定程度上塑造了他们作品的精神内涵和审美价值。在进行翻译时，译者需要充分理解和把握这种风格，并努力在译作中对其进行再现。保留风格策略就是在尊重和传递原作内容的同时，努力保留和重现原作的风格特点，使译作不仅能再现原作的内容，也能反映原作的文化风格和审美情感。

　　这种策略对于译者来说，既是一种挑战，也是一种机会。"挑战"在于，风格是文学作品的灵魂，是作者对语言的独特运用和处理，包含了深厚的文化底蕴和独特的个人印记。要完全保留和再现这种风格，需要译者具备深厚的语言功底和较高的文化素养。"机会"在于，成功地保留和再现原作风格，可以使译作在传递内容的同时，传递原作的精神内涵和审美情感，使译作具有更高的艺术价值和文化价值。

　　例 3：

登幽州台歌

陈子昂

前不见古人，Where are the great men of the past?

后不见来者。And where are those of future years?

念天地之悠悠，The sky and earth forever last,

独怆然而涕下！Here and now I alone shed tears.

　　在上述诗歌翻译列子中可以看到，译者不仅成功地传递了诗歌的内容，而且保留了原诗的风格特点。这首诗的语言简洁，意境深远，情感悲凉，这些风格特点在译文中都得到了很好的保留。例如，"念天地之悠悠"的深远意境被翻译为"The sky and earth forever last."，"独怆然而涕下"的悲凉情感被翻译为"Here and now I alone shed tears."。译文保留原诗的风格特点，能使读者在阅读译文时，感受到原诗的精神内涵和审美情感。

第二节　影视作品的翻译

　　影视作品翻译，涵盖片名和字幕的翻译，是一项复杂且微妙的工作。在跨文化交流越发频繁的时代背景下，它的意义日益显著。影视作品翻译起着文化桥梁的作用。电影、电视剧作为一种富有感染力的艺术形式，旨在传达情感、思想和文化。通过精准且富有创意的翻译，本国观众可以理解和欣赏到异国的艺术作品，从而加深对不同文化的认识和理解。其中，影视作品名字的翻译往往要综合考虑内容、文化背景、市场接受度等因素。一个好的片名不仅能概括影片的主题，还能吸引观众的注意力，激发观众的观看兴趣。而字幕的翻译更为复杂，涉及语言、文化、情感等多个层面的转换。译者需要在保留原作风格和情感的同时，使译文流畅自然，符合目标语言的表达习惯。

影视作品翻译绝非易事，它要求译者不仅要精通两种或多种语言，还要对不同语言国家的文化、历史、社会习俗有深入了解，甚至需要具备艺术洞察力和审美触觉。只有这样，才能真实再现原作的精神内涵和艺术魅力，使影视作品真正成为跨文化交流的媒介。

一、片名的翻译

（一）片名翻译的标准与原则

片名翻译作为影视作品跨文化传播的重要环节，关乎影视作品的市场推广、文化解读以及观众接受度。在全球化背景下，片名翻译的标准和原则尤为重要。

1.片名翻译的标准

影视作品片名翻译的标准不仅在于忠实地传达原片名的语言和文化信息，更在于要顾及目标语言观众的理解和感受。译者需要保留原片名的基本含义，并尽可能地使其在目标语言文化中产生相似的效应，引起观众的共鸣。以电影片名的翻译为例，成功的翻译不仅要传达电影的主题和情感基调，还要考虑译文在目标语言中的表现力和感染力。这需要译者进行适当的创造性处理，既保留原片名的精神实质，又能引起目标语言观众的共鸣和兴趣。译者需要在原片名与目标语言观众之间寻找平衡点，使译文既不失原片名的特色，又能符合目标语言观众的审美趣味和文化习惯。

2.片名翻译的原则

（1）信息原则是确保片名翻译准确传达影片主题和内容的基础。信息传递并不仅限于字面意义的传递，还包括其背后的文化、情感和价值观等的传递。因此，译者需要深入理解影片，确保译文在形式和内容上与原片名保持一致，同时符合目标语言的语法和表达习惯。

（2）文化原则涉及对源语言和目标语言文化背景的理解。不同的文化有不同的价值观、习俗和修辞方式，这些差异有可能会在翻译时被忽略。因此，译者需灵活运用归化或异化策略，根据情境选择翻译手法，以保证文化信息的准确传递。

（3）审美原则强调的是片名的艺术价值和美学特点。片名不仅是信息的承载体，还是一种艺术形式，其形式美和内容美应该达到辩证统一。译者需要注重片名的节奏、韵律和协调性，使之既能反映影片的美学内容，又能吸引观众，激发他们的想象和兴趣。

（4）商业原则将片名翻译置于商业语境中考虑。作为推向市场的重要工具，片名必须具备吸引观众的力量，激发他们的观看冲动。这就要求译者深入了解目标语言观众的审美趋向和文化特性，创译出有吸引力的片名，实现其商业价值。

（二）片名翻译的方法

电影片名的翻译涉及多个方面，因此应采用不同的翻译方法。下面介绍几种常见的翻译方法，并通过汉译英的例子加以说明。

1.直译法

这种方法指直接将源语言译成目标语言，通常用于片名直接反映了电影的主题或内容的情况。例如，电影《红楼梦》可直译为"Dream of the Red Chamber"。

2.意译法

当片名含有特定的文化或隐喻时，可能需要用意译法来传达原始意义，而不仅仅是字面意义。例如，电影《卧虎藏龙》的英语名是"Crouching Tiger, Hidden Dragon"。不仅保留了字面意义，还包含其背后的隐喻和文化内涵。

3.混合翻译法

混合翻译法结合了直译法和意译法，既强调字面意义，又强调加入一些解释或补充，以便更好地向目标语言观众传达信息。例如，电影《让子弹飞一会儿》的英语名是"Let the Bullets Fly"，这种翻译既保留了原文的直接性，又有助于英语观众理解其含义。

4.重构法

有时，原片名可能与目标语言文化相去甚远，或包含特定的地域和文化元素。在这种情况下，译者可能需要完全重构片名，以使其符合目标语言的文化和审美习惯。例如，电影《人在囧途》翻译为"Lost on Journey"。这一翻译虽然改变了原始片名的结构，但更贴近英语观众的理解。

5.加注法

某些情况下，为了更好地解释片名，译者可能会加入一些注释或解释。例如，电影《太阳照常升起》的英语名是"The Sun Also Rises"。为方便观众了解片名背后的文化或历史背景，译者会在海报或介绍中加入一些解释。

二、字幕的翻译

（一）字幕翻译的概念与特点

字幕翻译是将影视作品中的声音与文字内容翻译成目标语言并展示在屏幕上。与传统的文字翻译或口译相比，字幕翻译工作更为复杂和专业，接下来以电影字幕翻译为例，简述字幕翻译的几个重要特点。

1.精简性

字幕的瞬时性特点要求译者能够在电影人物对白所需时间内传达完整的信息，这一时间通常在 2 ~ 7 秒。这个时间限制意味着观众无法仔细分析字幕的内容，因此译者必须确保译文简洁明了，能迅速传达重要信息。这对译者提出了极高的要求，译者不仅要确保译文的准确性，还要在有限的时间内让观众快速理解画面内容。这使得字幕翻译成为一种独特的艺术，它需要译者灵活运用语言，把握剧情节奏，同时在确保语言精简的同时，不失原作的风采和深意。

2.信息丰富性

字幕在空间上的局限性主要体现在屏幕大小和可容纳的字符数量上。一般的要求是字幕不超过 2 行，每行不超过 33 个字符。这样的空间限制使得译者必须仔细选择用词，精确表达原文意思，同时确保译文与画面内容一致。这不仅是一种技术挑战，而且是一种艺术挑战，译者必须在有限的空间内传达丰富的情感和信息，使字幕成为画面的补充而非干扰。

3.通俗性

字幕翻译的通俗性体现在语言必须易于理解，适合所有观众。因为电影是一种大众娱乐媒介，观众年龄、教育水平等有较大差异，所以字幕必须通俗易懂，不得使用过于复杂或专业的语言。这一特点要求译者不仅要精通源语言和目标语言，还要了解目标语言观众的文化背景和语言习惯，从而用贴近大众的语言表达复杂的情感和观点。

（二）字幕翻译的方法

1.缩减法

缩减法在字幕翻译中起到了至关重要的作用。由于时间和空间的局限，译者必须在确保传递主要信息的同时，将长句缩短为短句甚至是单词。例如，下面的例 1 和例 2 的译文便运用了缩减法，不仅保留了原文的主要内容，而且译文信息更加紧凑和易于理解。这种方法是一种平衡的艺术，因为译者必须精确判断哪些信息是关键的，哪些可以削减。通过缩减，可以确保观众在有限的时间内快速捕获重要信息，同时不会受到不必要细节的干扰。这也是对译者判断能力和表达能力的考验，译者需要在保留原文含义的同时，对译文进行创造性的调整和简化。

例1：

原文：有破刺长空者，赏千金，千户侯。

译文：He who kills Sky will receive gold and land.

例2：

原文：大王几十万大军，当晚在山下安营扎寨准备攻赵。

译文：Several thousand Qin troops were ready for the next onslaught.

2. 释义法

字幕翻译中的释义法是一种适应不同文化和历史背景的必要手段。在许多情况下，源语言中的词语和表达充满了特定的文化含义，这些内容对目标语言观众来说难以理解。释义法就是在保持原文含义的基础上，通过解释让观众理解这些内容。这样的方法有助于消除文化障碍，使观众能够全面理解和欣赏电影的细微之处。释义法不仅需要译者对源语言和目标语言文化有深入理解，还需要译者有较高的判断能力，以确定何时需要释义以及如何恰当地进行释义。

例3：

原文：华妃之罪实在是罄竹难书。

译文：The crimes committed by Consort Hua are numerous to be listed.

这一例子中的"罄竹难书"对于许多非汉语文化背景的观众来说，可能非常陌生。直接翻译会导致观众理解困难，而译者通过释义法，选择了"numerous to be listed"这一表达。这一翻译不仅保留了原句的基本含义，而且为观众提供了一种更容易理解和接受的表达方式。

3. 删减法

删减法是因字幕的瞬时性特点而产生的一种策略。与缩减法相似，删减法也强调在传递核心信息的同时，删去一些不必要的部分。不同的是，删减法倾向于完全移除某些不影响理解的词或短语，而不仅仅是简化。例如，例4中的译文删除了一些内容，但没有损失主要信息。这种方法能够确保在有限的时间和空间内突出重要信息，避免观众注意力的分散。删减法要求译者具有敏锐的判断力和对内容的深入理解，因为任何不恰当的删减都可能导致信息的丢失或误解。

例4：

原文：自打有唱戏的行当起，哪朝哪代也没有咱京剧这么红过，你们算是赶上了。

译文：From the time opera began, it's never enjoyed such popularity as it does today. You are lucky to be part of it.

在这个例子中，译者未完全翻译"唱戏的行当""哪朝哪代也没有"等具体的表述，而是使用了更为通俗和普遍的"opera""never"等词。这不仅缩短了文本的长度，更重要的是增强了译文的流畅性和可读性，使之更适合字幕的瞬时性特点。

第三节　商务文本的翻译

一、商务翻译的概念

商务翻译的概念可以从广义、狭义和一般意义三个层次来理解，每个层次都揭示了商务翻译的不同方面和重要性。从广义上理解，商务翻译展示了其在国际关系中的桥梁作用；从狭义上理解，商务翻译突出了其在具体商业活动中的重要作用；从一般意义上理解，商务翻译强调了其在全球经济中的全方位作用。这三个层次共同构成了商务翻译这一复杂且多维的概念。

（一）广义的商务翻译

从广义上讲，商务翻译可以理解为与国际商务活动有关的所有翻译工作。这一范畴极为广泛，不仅包括直接与交易和投资有关的翻译，还包括与政策、法规、外交等方面的相关翻译。广义的商务翻译体现了全球化背景下不同国家和地区之间经济交往的多样性和复杂性。它要求译者不仅具备专业的商业知识，还须了解国际关系、政治经济学、法律等多个领域的知识。广义的商务翻译凸显了翻译在全球互联互通中的桥梁作用，是促进国际理解和合作的重要手段。

（二）狭义的商务翻译

从狭义上讲，商务翻译主要关注与经济利益直接相关的翻译工作。这种类型的翻译通常与具体的公司和行业有关，涉及合同、财务报告、营销材料等具体商务文件的翻译。狭义的商务翻译要求译者不仅具有出色的语言能力，还须对相关行业和市场有深入了解。精确和有效的翻译在这个领域尤为关键，因为任何误解或错误都可能对交易产生直接的经济影响。狭义的商务翻译体现了翻译在商务环境中的实用性和目的性，为商业活动中的精准沟通发挥重要作用。

（三）一般意义的商务翻译

从一般意义上讲，商务翻译涉及跨国商业活动的所有方面，包括商品、资本、劳务等各种资源在国际交流中的翻译工作。这一理解将商务翻译定位为一种全方位的服务，旨在促进全球经济的顺畅运行。它涉及广泛，从国际法律和规则的翻译到涉外旅游推广的文案翻译等都包括在内。一般意义的商务翻译强调了其在全球经济中各种活动之间的相互联系和依赖，在促进国际商务和文化交流方面起到重要作用。

二、商务翻译中的文化差异

商务翻译作为跨文化沟通的桥梁，其成功与否往往取决于译者对商务文件涉及的文化背景的理解程度和敏感性。不同的文化对价值观念、社交习俗、审美偏好等方面有着各自独特的诠释，在商务翻译过程中，忽视这些差异会导致严重的误解和沟通障碍。

（一）价值观念

价值观念在商务交流中起着关键作用。不同文化圈的人们对诸如自由、尊严、权威等核心价值的理解可能截然不同。例如，一个鼓励创新和突破的广告口号，在多数西方国家可能会受到欢迎，但在十分重视传统和稳定的国家可能会引起争议。因此，译者需要找到一个平衡点，既忠实于原文的意图，又符合目标语言文化的价值观念。

（二）社交习俗

社交习俗也是商务翻译中不容忽视的文化元素。这些文化元素反映了一种文化对人际关系和社交行为的独特看法。例如，在一些文化中，表达方式往往更加含蓄、委婉，充满了隐晦的暗示和象征。这样的表达习惯可能源于对和谐、尊重和面子的追求。例如，在拒绝他人的提议时，会通过某些委婉的说法来表达，以避免直接冲突或伤害他人的自尊。与此相反，有些文化更加倾向于直接、明确的沟通方式，即使在表达不同意见时也是如此。又如，在餐桌礼仪上，某些文化强调正式和庄重，而有些文化强调随意和亲近。

（三）审美偏好

商务翻译中的文化差异不只涉及文字和语法层面，还涉及更深层面的审美偏好。这些差异可能影响到对颜色、数字的理解和接受。比如，同一种颜色在不同的文化背景下寓意可能截然不同。红色在中国文化中代表着喜庆、热情，但在西方文化中，红色与战斗、警戒有关，如 "a red battle"（血战）和 "red alert"（空袭报警）。除红色外，白色和黑色在不同文化中也有不同含义。

数字在不同文化背景下的寓意也可能截然不同。在一些文化中，某些数字被认为是吉利的，而在另一些文化中则恰恰相反。例如，数字 "4" 在汉语中与"死"谐音，因此被认为是不吉利的，而在英语中，"4" 与粗俗、廉价有关。有时候，忽视这样的文化差异会导致商务活动中的严重失误。例如，20 世纪 90 年代，一家美国公司将高尔夫球包装定为四球一套，出口到中国，由于忽视了 "4" 在中国文化中的寓意，结果销量惨淡。

在商务翻译中，必须予以审美偏好差异特别的重视。译者必须深入了解目标语言文化的审美观念和习俗，确保所传达的信息不仅语法准确，而且符合目标文化的审美趣味和价值观念。在商业策划、广告和语言宣传等领域，这一点尤为重要，因为任何细微的失误都可能导致企业形象受损，甚至影响到整个商业计划的成功。

三、商务翻译的原则

（一）忠实可信

在商务翻译中，忠实可信原则是确保信息等值传递的关键。在全球化的背景下，商务交流涉及不同文化、法律体系和行业，因此对原文的精确理解和适当表达尤为重要。译者需要深入挖掘原文的意图和内涵，确保在翻译过程中不遗漏任何重要信息，同时要考虑目标语言和文化的特点，避免生搬硬套或过度解释。例如，在翻译一份涉及中国市场的商业合同时，可能会遇到一些专属于中国经济体系和商业环境的概念和条款，这些内容可能在目标语言中没有直接对应的表达。在这种情况下，译者不仅要确保对原文的精确理解，还要创造性地找到符合目标语言文化和法律体系的表达方式。

（二）表述统一

在商务翻译中，表述统一原则不仅关乎翻译的准确性，更关乎全球商业环境中信息沟通的畅通与否。商贸通常涉及多个国家和地区，许多术语和表达在国际上已达成共识。因此，保持商贸通用术语汉译英或英译汉的稳定性和统一性，是国际商业交流的基础。例如，"贸易盈余"在英语中称为"trade surplus"而不是"trade profit"，"原产地"应被翻译为"place of origin"而不是"original producing place"。这些规范的翻译不仅能表达准确的商业含义，还符合国际商贸的通用惯例。

但在现实翻译工作中，术语翻译混乱的现象还是存在的。这主要是一些译者对商贸英语不够熟悉，或未参考国际商贸英语文献，导致翻译结果与国际惯例不符。这样的译文不仅给读者理解带来困难，还可能引发合作方的误解，甚至影响合同的履行和企业的商业信誉。例如，"可兑换货币"应准确地翻译为"convertible currency"而不是"changeable currency"。后者虽然字面上可通，但无法准确反映"可兑换货币"在国际金融体系中特指的经济概念。这样的错误在金融交流和合作中容易造成严重的沟通障碍。

表述统一原则涉及翻译的专业性、精确性，是商务翻译成功的关键因素之一，也是展示国家和企业形象、推动国际合作的有效手段。译者不仅要通晓商贸汉语，更要深入了解商贸英语和国际商贸业务，参考国际惯例和标准，努力使翻译工作既准确又统一，以便在全球化的商业环境中更好地传递信息和促进合作。

（三）风格一致

在商务翻译中，风格一致原则指保持译文的措辞、句法、格式、语气与原文相当，这是非常关键的。商务语言通常具有正式、庄重、严谨的特点，目的在于确保商务信息的准确传达，从而促进双方达成合作。风格不一致可能会导致合作方的误解甚至不信任，因此，风格一致原则在商务翻译中占据了重要地位。

例1：

原文：请从速办理此事，我们将不胜感激。

译文1：Please do it at once, if so, we will be much thankful to you.

译文2：Your prompt attention to the matter would be much appreciated.

比较上例中的两个译文，虽然两者都没有错误，但译文2的长句表达和被动语态比译文1更正规、严肃，"would be much appreciated"要比"we will be much grateful"更忠实于原文的正式、有礼的表达风格。这个例子说明，在商务翻译中，单纯的语言准确性并不够，译者还需要对目标语言读者的期待、商务文化的特点以及原文所体现的合作意愿有深刻的理解。商务文本通常要求严肃的语体、精确的措辞和专业的语法结构，以反映商务活动的正式性和严肃性。

更重要的是，风格一致原则也反映了译者对商务伦理和专业素养的尊重。例如，在商务谈判或合同履行等场合，使用不当的语体会对合作关系产生负面影响，甚至引发法律纠纷。因此，商务翻译不仅要求语言的准确和流畅，还必须确保风格的一致，以建立信任、促进沟通，促进商务活动双方达成合作。

四、商务翻译的方法

（一）增词法与减词法

商务翻译是一项复杂且细致的工作，需要平衡原文的精确性和译文的流畅性。由于汉语和英语在词法和句法结构上存在差异，逐字翻译往往无法完全传达原文的意思。在这种情况下，增词法和减词法就显得尤为重要。

增词法是一种灵活的翻译方法，通过增加必要的词汇来弥补两种语言之间的结构差异。这种方法不仅能确保译文的准确性和清晰性，而且有助于增强译文的连贯性和可读性。例如，在翻译某些省略了主语的汉语句子时，增加相应的英语主语可以使译文更符合英语的语法规则。有时也需要增加连词、关系词等，以便更好地衔接句子，使整体表达更自然流畅。增词法并不是简单地添加词汇，而是需要译者深入理解文本，判断何时何处增加何种词汇，以达到最佳的翻译效果。

减词法则是一种更精练的翻译方法，通过删除原文中多余或冗余的词汇，使译文更简洁明快。商务翻译中常见的减词情况包括删除影响修辞效果的词语、去掉重复或同义的词语以及省略不必要的表示范畴的词语。例如，汉语中经常使用重复修辞手法来增强表达效果，但在英语中，这种重复可能造成译文沉闷乏味。因此，合理地省略一些词汇，可以使译文更符合英语的风格和节奏。减词法并不是简单地删减词汇，需要译者对原文有精准的理解和把握，以确定哪些词汇可以或必须省略，从而确保译文的精确和得体。

（二）正译法与反译法

在商务翻译中，正译法与反译法的应用涉及一个微妙且富有挑战性的平衡过程。这两种方法并非相互孤立，而是相互补充的关系，它们共同助力创建既忠实于原文又符合目标语言风格的译文。

正译法是一种直观的翻译手段，即按照与原文相同的语序或表达方式进行翻译。在汉语和英语表达结构相似或一致的情况下，正译法通常能够有效地保留原文的语感和修辞风格，从而使译文读起来自然流畅。这种方法的优点在于它通常能确保对原文的忠实解读，而其挑战性在于找到合适的词汇和结构来确保译文的流畅性和准确性。正译法适用于汉语的语法结构和表达方式与英语相近的情况，以保持信息的完整性和连贯性。

然而，并非所有情况都适用正译法。有时，由于文化、语境或语言结构的差异，正译可能导致译文不自然或意思模糊。在这种情况下，反译法就显得尤为重要。反译法是一种更灵活的翻译方法，它要求译者根据目标语言的习惯和风格，对原文的语序或表达方式进行反向处理。例如，汉语中的否定说法在英语中以肯定形式表达更自然，反之亦然。这种方法的优势在于其灵活性和对目标语言读者的适应性，它可以确保译文不仅忠实于原文，而且符合目标语言的表达习惯。

正译法和反译法在商务翻译中的运用是艺术和科学的结合。正译法侧重于对原文的忠实度，而反译法强调译文的自然性和目标语言读者的易读性。这两者之间的平衡需要译者深入理解文本，掌握两种语言的文化背景和语言规则，并灵活运用翻译方法。这一过程不仅涉及对单一句子的处理，还须考虑整个文本的结构和流畅度。

（三）词类转换法

词类转换是一个综合运用语言学知识的复杂过程。在这个过程中，译者不仅要理解两种语言的结构和语法，还要领会文本的内容和目的，只有这样才能做出合适的词类选择。这项工作涉及词汇的选择和句子结构的调整，目的是确保译文既忠实于原文又符合目标语言的表达习惯。

汉英之间的词类转换主要受两种语言修辞风格的影响。英语倾向于使用更多的名词和形容词，形成一种"静态"描述，而汉语更偏爱动词和副词，形成一种"动态"表达。这种差异在商务汉译英中尤为明显，因为商务语言强调准确性和清晰性，同时要体现一定的专业风格。

在汉语中，动作和过程常常通过动词来表达。而在英语中，相同的概念可能会通过名词来传达，以突出状态或结果。因此，词类转换不仅涉及单个词的选择，还须考虑整个句子的结构。动词转名词需要增加或改变介词、冠词和其他语法元素。此外，汉语中的形容词和副词也可能在英语中转化为名词，以便更好地适应英语的修辞风格。这种词类转换并不是机械的替换过程，而应基于文本的具体内容和上下文。例如，某些情况下，保留动词可能更能凸显原文的生动和活泼，而在其他情况下，动词转为名词可能更能显示商务语境的正式性。

第四节　旅游文本的翻译

一、旅游翻译的定义与核心特征

旅游翻译，是将一种语言的旅游信息准确、生动地转化为另一种语言。这一过程不仅仅涉及语言文字的直接转换，更要求译者对目的地文化具有深入理解，从而进行巧妙传达。

与一般的文字翻译相比，旅游翻译具有更多独有的特征。

（1）旅游翻译强调对文化元素的传达。旅游翻译涵盖风景名胜、饮食文化、民俗传统、历史传说等内容，所有这些内容都充满了深厚的文化内涵。译者不仅需要解释文字的字面含义，更要准确传达目的地的文化氛围和风俗。例如，在翻译中国乌镇的旅游指南时，简单地将"乌镇"描述为"具有古老的桥梁和古朴的房屋的古镇"是远远不够的。因为乌镇不仅是古老的建筑，更是一种生活方式和文化传承的象征。在此，译者需要传达的是水乡的宁静、木结构房屋的雅致，以及那些与水紧密相连的生活细节，如船夫的劳作、老街的市井生活等。只有对这些文化元素进行传达到位，才能让外国游客真实感受到乌镇独特的魅力和中华文化的精髓。

（2）旅游翻译强调准确性与生动性的平衡。准确传达信息是基础，但这并不意味着翻译是机械和枯燥的。生动形象的表达才能帮助游客更好地沉浸在目的地环境中，感受其独特的魅力。以长城为例。长城作为世界文化遗产和中国的象征，翻译要求既准确又生动。准确性体现在对长城的历史、建筑技艺、战略意义的描述上。然而，仅仅陈述这些事实是无法展现长城真实震撼的景象的。译者需要运用生动的语言，让读者感受到长城的雄伟、蜿蜒、坚固，像一条巨龙蜿蜒在山岭之间。只有这样，才能帮助游客在文字中感受长城的宏大和壮丽。

（3）旅游翻译是一项实用性极强的工作，直接影响着旅游目的地的形象和游客的体验。因此，它既要具备文学化的表达，又要符合商业化和实用性的需求，这在很大程度上增加了旅游翻译工作的复杂性和挑战性。以布达拉宫为例。布达拉宫是藏传佛教圣地，也是西藏的标志性建筑。在翻译其旅游手册时，既要描述其宗教地位和建筑美学，又需关注游客的实际需求。例如，针对海拔较高的地理环境，手册应提供如何预防高原反应的实用建议。此外，介绍附近的餐馆、住宿、交通等也是不可缺少的部分。游客的这种综合需求使得旅游翻译必须在文学化的表达和商业化、实用性的需求之间找到恰当的平衡，既展示布达拉宫的神秘与庄严，又满足游客的实际需求，确保他们在旅途中既安全又愉悦。

二、旅游翻译的功能与目的

旅游翻译主要服务于跨文化交流和旅游，借助专业的翻译，使不同文化背景的游客能够无障碍地了解旅游目的地的自然风光、人文历史、社会习俗等。

（1）促进跨文化交流是旅游翻译的首要目的。在全球化背景下，人们更加追求对不同地区及其文化的探索和理解。旅游翻译成为连接不同文化的重要桥梁，精准、生动的翻译，能够帮助游客跨越语言和文化的障碍，实现真正的沟通与共鸣。以西湖为例。西湖不仅是中国的名胜古迹，还是经过联合国教科文组织认定的世界文化遗产。通过精准的翻译，外国游客能够深入理解西湖的自然美和传统文化价值。

（2）旅游翻译具有推动旅游业发展的功能。高质量的旅游翻译能吸引更多外国游客，从而提升目的地的国际形象。透过语言的魅力，展示目的地的特色和风采，能为促进目的地旅游业的繁荣做出重要贡献。以丽江古城为例。丽江古城的旅游手册、网站和导游解说等都离不开精心的翻译。通过翻译展现纳西族的东巴文化、古城的石板街道、清澈的小河和迷人的夜景等，有助于吸引更多的国际游客。对当地风俗习惯、饮食特色、住宿选择等实用信息的精准翻译，能够为游客提供便利，进一步推动丽江市的旅游业发展。

（3）旅游翻译在增强国家和地区的文化自信和文化遗产传承方面发挥着重要作用。对本土文化的深入挖掘和精确表达，有助于传播和弘扬民族文化，激发人们对自身文化传统的认同感和自豪感。以兵马俑为例。兵马俑不仅是古代中国工艺和军事的象征，更是中华民族文化遗产的重要组成部分。精确和生动的翻译不仅能使国际游客了解这一考古奇迹，还能激发国人对自己国家深厚文化底蕴的自豪感。

三、旅游翻译的跨文化特点

旅游翻译作为跨文化交流活动，需要深入考虑不同文化背景下的各种因素，如认知差异、价值观念、表达习惯等。以故宫博物院（以下简称"故宫"）为例，故宫是明清两代皇家宫殿，富含深厚的历史文化底蕴。对于西方游客而言，故宫的建筑风格、礼仪制度、宫廷文化等是完全陌生的概念，因此，译者要从跨文化角度出发进行翻译。

（1）从认知差异方面考虑，译者需要解释一些特定的文化符号和含义。以故宫的黄色琉璃瓦为例，对于中国人而言，黄色长期以来都与皇权、尊贵和神圣相连。但在西方，黄色更多地与快乐、温暖或活力相关。又如，在中国古代文化中，五爪金龙是皇家的专属标志，而在西方文化中，龙与魔法、传奇或权力相关，没有爪数之分。因此，在翻译时，仅仅提及"黄瓦"或"金龙"可能不足以传达其深层含义，需要进一步阐释其背后的文化和历史意义。

（2）从价值观念方面考虑，中西方对权力和权威的理解存在差异。在中国封建时期，皇帝被视为"天子"，手握至高无上的权力，其权力和地位是神圣不可侵犯的。然而在西方的历史中，尤其是在欧洲的封建时代，尽管国王权力巨大，但他们也受到教会、贵族等其他权力机构的制约。例如，英国的《大宪章》就反映了君主权力受限的事实。因此，当介绍中国皇帝的绝对权威时，需要结合中国的历史背景和社会文化环境进行解释。

（3）中西方的表达习惯也有所不同。例如，"天圆地方"这一哲学观念，在中国文化中表达了天与地、宇宙的关系和结构；"天人合一"则揭示了人与自然、宇宙之间的和谐关系。对于西方读者来说，这些观念理解起来并不容易。译者可以考虑引入类似的西方哲学或宗教观念作比较，如西方的"天人之际""与自然为一"等，以使翻译更具可读性。

（4）译者还应考虑到游客的兴趣和需求，提供他们关心的信息。对于西方游客而言，他们可能对中国的皇家礼仪、宫廷生活和历史故事充满好奇，如皇帝如何进行日常朝政、皇后的日常生活以及后宫的权力斗争等。此外，著名的历史人物，如嘉靖皇帝、武则天等，也可能是他们关心的焦点。因此，翻译时应准确提供这些信息，并以引人入胜的方式呈现。

四、旅游翻译的方法与技巧

旅游翻译不仅要求译者具有丰富的语言知识和高超的翻译技巧，更要求译者对文化差异有深刻理解。译者需要熟悉目的地的文化、历史、地理等，将这些因素融入翻译过程，确保信息的准确传达。除此之外，旅游翻译也要求语言生动、形象，运用多种修辞手法，将枯燥的信息转化为富有吸引力的叙述。

（一）删译法

旅游翻译的一种重要方法是删译法，这一方法突出了旅游翻译的实用性和灵活性特点。运用删译法时，译者会选择性地忽略原文中的一些信息，专注于传达对游客来说更有吸引力和重要性的内容。

例 1：

原文：位于西湖白堤的西端（唐朝时，这里建有望湖亭。清康熙三十八年，在望湖亭旧址上，建筑了"御书楼"，并在楼前造平台，成"平湖秋月"。1949 年后，拆除了"哈同花园"的罗苑高墙，新建和改建了八角亭、四面亭、"湖天一碧"，构成了一处新颖的园林），平湖秋月三面临水，几乎同湖面相平，在这里眺望西湖景色，晴雨兼宜，尤其在皓月当空的秋夜，景色更为优美。

译文：Located at the west end of Bai Causeway, this cement terrace bounded on three sides by water is one of the traditional places to view the West Lake, especially on an autumn night when the moon is full.

在这个例子中，汉语原文对"平湖秋月"的描述包括许多细致的历史背景和建筑变迁，但在英语翻译中，这些信息被有意省略。这样的选择并非随意，而是基于对目标游客兴趣和需求的精准把握。对于外国游客来说，他们更感兴趣的是景点的自然美景和观赏的最佳时机，而非其历史沿革和建筑细节。因此，删译法在此起到了突出关键信息、简化表达的作用。

（二）增译法

增译法在旅游翻译中也占据着重要位置，它的核心目的是使游客能够充分理解和感受目的地文化的丰富内涵。这种方法不仅要求译者具备丰富的文化背景知识，还要求其具备敏锐的洞察力和创造性的表达能力。在旅游翻译中，增译法的运用往往涉及文化解读和再创造。

例 2：

原文：故宫耗时 14 年，整个过程于 1420 年结束。

译文：The construction of the Forbidden City took 14 years and was completed in 1420, 72 years before Christopher Columbus discovered the New World.

在这个例子中，原文中的"1420 年"对中国游客而言，是一个具有重要意义的年份，但外国游客对这一年份缺乏具体的历史定位和文化情感。因此，译文中选择了"72 years before Christopher Columbus discovered the New World"的表述，不仅为外国游客提供了时间上的参照物，还将原文中的历史事件与世界范围内的重要历史事件相连接，使得译文更能引发游客的共鸣。

（三）释译法

释译法在旅游翻译中具有特殊的重要性，特别是当涉及深具文化特色和历史背景的专有名词时。通过释译，译者可以将原文中难以直接翻译的文化符号以更具可读性和可理解性的方式展现给游客。

例 3：

原文：剑川石宝山位于剑川县西南 25 公里处，该山也叫石钟山，建于唐宋年间，相传是官方的历史遗迹。

译文：Located 25 kilometers southwest of Jianchuan County, the Shibao（Stone Treasure）Hills are also called the Shizhong (Stone Bell) Hills. Developed in the Tang Dynasty（618–907）and Song Dynasty（960–1279），this area is considered an official historical site.

在这个例子中，原文中的"石宝山""石钟山"是富有文化内涵和地域特色的名词，直接翻译可能会失去其深层含义。译者通过解释性翻译，将其译为"Shibao（Stone Treasure）Hills"和"Shizhong（Stone Bell）Hills"，不仅保留了原文的文化风采，还能让外国游客感受到这些名称背后的文化寓意和历史传承。

此外，释译法还关注游客的文化期待和交际需求。通过释译，译者将原文中的历史和文化信息以更具针对性的方式传达给游客，使他们能够更好地理解和欣赏旅游景点的特色和魅力。在例 3 中，译者还特意标注了唐、宋时期的起止年份，进一步满足了游客对历史背景的了解需求。

第五节　中国故事的翻译

一、中国故事的内涵

中国故事通过富含文化韵味和深刻内涵的叙事形式，将中华民族的历史、精神、价值观和未来愿景生动地展现给世界。与其他理论不同，中国故事更侧重于人的情感体验和精神追求，以文学的方式刻画中国人的形象，展现中国人的内心世界。当然，中国故事不仅是文学作品，还是一种反映现实社会的手段。从古代神话、历史传说、民间故事和现代小说等多样化的形式中，可以看到中国社会的变迁，人们的梦想和挣扎，以及对正义、勇气、亲情、友情等的探索和坚守。

在全球化背景下，中国故事成为跨文化交流的桥梁。通过生动的叙述，外界能够了解中国的传统文化、现代发展和国民性格，这有助于消除文化隔阂和误解，促进国际交流与合作，而在其中起关键作用的正是翻译工作者。他们需深入理解故事的文化背景和内涵，并准确地将其传达给世界，让更多人理解和欣赏中国。同时，中国故事还具有教育和启发作用。无论是对孩童还是成人来说，阅读中国故事都可以在道德观念、人际关系和人生智慧等方面得到启发和灵感。

更重要的是，中国故事是中国对外宣传的重要手段，是中国对世界发出的独特声音，展示着中国的历史命运和现实情形，传递了中国人的独特情感、信仰和生活经验。作为一种独特的叙述方式，中国故事承载着丰富的文化信息和深刻的社会内涵，是中华民族自我认知和自我表达的重要载体。

二、中国故事的主要类型

中国故事的类型丰富多彩，深刻反映了中华民族的文化精神和历史进程。在传统文化中，神话故事、历史故事、民间故事、童话故事等构建了一幅多层次、多维度的文化画卷。从神话故事中的伟大创世，到历史故事中的英勇豪情，再到民间故事中的智慧人生以及童话故事中的纯真梦想，都深刻展示了中国人民的思考、情感与价值追求。这些故事不仅记录了历史的风采，也塑造了文化的个性，反映了民族的智慧与精神。此外，无论是恐怖故事中的惊悚元素，还是成语故事中的智慧，抑或是宗教故事的灵性追求，都让人们在欣赏中得到启示与反思。

进入现代社会，中国故事也随着时代变迁展现出新的面貌。名人故事为人们呈现了卓越个人的智慧与魅力，电影故事以视听艺术方式讲述了生活的戏剧化，爱国故事和励志故事激励了人们的精神追求，城市故事和农村故事展现了现代化进程中的时尚与传统的碰撞和交融。这些中国故事不仅成为展示中华文化的窗口，更成为连接中国与世界、过去与现在、理想与现实的纽带。无论是古代传世之作还是现代创意之作，中国故事都在不断地传承和创新之中，以其多样性和包容性赋予中华文化独特的生命力和影响力。

三、中国故事的翻译方法

（一）直译法 + 注释法

"直译法 + 注释法"是一种试图将目标语言读者置于与源语言读者相同的文化背景下的翻译方法。在翻译中国故事时，这种方法特别强调对文化元素的解释和渲染，以帮助外国读者理解中国文化中的独特意象和隐喻。

例如，在翻译《长恨歌》中的爱情故事时，译者可能会对一些典故或文化符号进行详细的解释，如在翻译"在天愿作比翼鸟，在地愿为连理枝"这样的诗句时，译者需要适当地增加注释，以使外国读者感受到汉语原文的美感和深意。

"在天愿作比翼鸟，在地愿为连理枝"是对恩爱夫妻关系的一种隐喻。其中，"比翼鸟"通过描述一对亲密无间、彼此相依的鸟，来形象地表示夫妻二人的紧密、和谐关系。而"连理枝"则通过两株树木的枝干交错生长，来表示夫妻二人命运相连，心意相通。

若采用"直译法 + 注释法"翻译此句，译者就需要考虑如何解释这两个典型的中国古代文化符号，以帮助外国读者更好地理解和感受其中的深意。将"比翼鸟"译为"two love birds flying wing to wing"，虽然没有直接提到"比翼"，但也描绘了两只鸟紧密相依、并肩飞翔的画面，从而呈现出夫妻间和谐与相互支持的关系。同样，将"连理枝"译为"two trees with branches twined from spring to spring"，通过描述枝干的交错生长，传达了夫妻紧密与不可分割的关系。

由此可见，采用"直译法 + 注释法"，可以在一定程度上减少文化造成的理解障碍，帮助外国读者更好地理解和欣赏中国故事的独特魅力。

（二）功能对等翻译法

功能对等翻译法强调原文和译文在读者心中产生的效果应该是相同或相似的。对于中国故事的翻译，这种方法尤为重要，因为它可以确保译文忠实于原文的情感、风格和修辞效果。

以《三国演义》为例，其中的策略、人物性格和战争描写等，都需要译者巧妙地运用语言，确保来自不同文化背景的读者都能体验到相同的戏剧张力和人物魅力。功能对等翻译法强调文化的跨越，而不仅是语言的转换。通过这种翻译方法，中国故事在世界各地传播时，不仅信息准确，而且风格、情感和审美体验能得以保留和再现。

例1：

原文：遂答曰："吾观取汉上之地，易如反掌。"

译文1：So he replied, "In my opinion, the taking of the district around the Han River was as simple as turning over one's hand."

译文 2：Kongming replied, "In my view that province on the River Han could have been taken as easily as one turns one's palm."

在上述例子中，两个译文都试图再现原文的本质含义，即某件事情非常容易完成，就像翻一下手掌那样简单，但是两者在表达方式上有所不同。译文 1 比较直白，使用"as simple as turning over one's hand"来表示"易如反掌"，忠实地表达了原文的含义，并确保了目标语言读者能够理解其比喻意图。译文 2 在传达相同含义的同时，增加了人物名字"Kongming"，这有助于外国读者更好地了解文化背景和上下文。此外，译文 2 采用"as easily as one turns one's palm"来表示"易如反掌"，使句子更加流畅，同时保留了原文的修辞效果。从功能对等的角度看，两个译文都成功地使目标语言产生了与源语言相似的效果。但译文 2 更为成功，因为它不仅传达了原文的含义，还通过增加人物名字优化比喻，增强了译文的文化色彩和修辞性。

（三）再创造翻译法

再创造翻译法更加强调译者的创造性参与。[①] 在翻译中国故事时，译者不仅仅是信息的传递者，更是文化的再创造者。例如，在翻译中国的民间故事时，一些地方色彩鲜明的方言、俚语或惯用语可能在目标语言中没有直接对应的表达。此时，译者需要充分发挥创造力，寻找或创造新的语言形式，使译文在保留原文风味的同时，又能与目标语言文化产生共鸣。再创造翻译法的挑战在于，如何平衡原文的忠实度与译文的创造性。但恰当运用该方法，可以让中国故事在全球范围内焕发新的活力，与不同文化背景的读者建立深刻的情感联系。

例 2：

原文 1：兔子的尾巴——长不了。

译文 1：Like a rabbit's tail, it can't grow any longer.

---

① 覃军，向云.译心·译意·译味 [M].武汉：武汉大学出版社，2017：103-105.

原文 2：放虎归山——后患无穷。

译文 2：If the tiger is set free, there will be no end of trouble in future.

原文 3：狗咬吕洞宾——不识好人心。

译文 3：Like the dog that bites Lu Tungpin：you bite the hand that feeds you.

第八章　跨文化视野下的译者和读者

第一节　跨文化视野下的译者素质要求

一、汉英译者的一般性素质要求

（一）良好的语言素质

在全球化背景下，汉英翻译成为连接东西方文化的重要桥梁。因此，从事汉英翻译工作的译者肩负着重大的责任。要想在这一领域取得成功，译者必须具备良好的语言素质。

1.基本语言知识

良好的语言素质首先体现在对汉语和英语的基本语言知识的掌握上。译者不仅要精通词汇、语法、修辞等，还需理解两种语言中的特定表达方式、俚语、习语及其使用背景。例如，汉语中有句俗语"画蛇添足"，如果将其直译成英语，会让人感到困惑。但了解其背景和寓意后，可以将其译成"to gild the lily"，则与英语文化相匹配。只有对俗语背后的文化有深刻理解，译者才能确保翻译的准确和地道。

2.专业领域知识

良好的语言素质还包括对专业领域知识的掌握。许多翻译项目涉及特定的专业领域，如法律、医学、科技等。译者只有了解这些领域的专业术语和表达习惯，才能确保翻译的专业性和准确性。例如，在医学领域，某些专业术语可能没有直接的等价词，译者需对医学知识有所了解，才能准确传达原文意思。例如，"心肌梗死"翻译成英语应为"myocardial infarction"，非医学背景的人很难准确掌握。

3.阅读和写作经验

阅读和写作经验有助于译者增强语言敏感性和表达能力。例如，阅读经典文学作品可让译者了解不同文化背景下的表达风格和人物描写特点。当翻译一本中国小说时，阅读过英语作品的译者可能会更好地捕捉到不同文化中情感描写的特点。同样，通过不断的写作练习，译者能更好地组织语言，确保翻译内容的连贯性和通顺性。

4.较强的沟通能力

较强的沟通能力不仅包括语言的转换，还包括文化和思想的传递。例如，翻译一篇描述中国传统节日的文章时，译者需具备跨文化沟通能力，将其中的文化符号和习俗解释得恰到好处，以易于外国读者理解。又如，将"孝顺"这一中国传统美德翻译为英语时，无法在英语中找到与之完全等同的词，译者需用恰当的语言描绘这一概念的内涵。因此，较强的沟通能力有助于译者在不同文化背景下更好地传达信息和情感。

（二）坚定的职业道德

汉英译者在工作中不仅要展现出优秀的语言能力，还需具备坚定的职业道德。坚定的职业道德不仅是汉英译者职业素养的体现，也是他们承担社会责任的重要标志。坚守职业道德以利于翻译行业的健康发展，维护公众利益和社会秩序，这是每位职业译者必须时刻铭记和实践的准则。

1.诚实守信

诚实守信是职业道德的基石。对待工作，译者必须诚实正直，不抄袭、不篡改原文内容。例如，译者在为证人提供翻译服务时，必须按照其原话进行翻译，任何对词句的增减都可能导致法律纠纷的产生，甚至严重损害公平正义。

2.保密原则

在一些翻译项目中，如公司合同、医疗记录等，译者会接触到敏感或私密信息。此时，译者必须遵守保密原则，不得泄露客户的任何信息。例如，一位译者在为某公司翻译未公开的商业计划时，如果泄露了信息，会给该公司造成重大损失。

3.尊重原创

尊重原创不仅体现在不抄袭上，更体现在尊重原作者的观点和风格上。即使译者不同意原作者的观点，也必须忠实地翻译，不可随意更改。例如，在翻译文学作品时，译者需要尽力传达原作者的意思，保留其独特的文学风格，不能因个人喜好而对其进行修改。

4.专业责任感

译者还需要具备强烈的专业责任感。工作态度认真、严谨，按时交付高质量的翻译成果，是对客户最基本的尊重和负责。例如，科技论文翻译需要精确无误，因为一字之差都可能影响论文的准确性和科学价值。

5.公正中立

在某些特殊场合，如国际会议、外交谈判中，译者需要保持公正中立的立场，不能因个人观点或立场而偏向任何一方。公正的翻译能保证双方的意见得到平等对待，维护公平正义。

（三）扎实的翻译技巧

汉英译者的工作并不仅是对原文的字面转换，更涉及对文化背景、语境、风格等多方面的综合理解和精确表达。因此，具备扎实的翻译技巧既是对每一位职业汉英译者的基本要求，也是衡量其专业水平的重要标准。

1. 精确理解

精确理解是运用翻译技巧的基础。汉英译者在翻译工作开始前需完全理解原文的含义。例如，对涉及特定行业术语的文本，译者不仅要理解其字面意思，更要深入掌握这些术语在特定领域的确切意义。此项工作不仅考验译者的语言理解能力，还考验译者的学科知识丰富程度。

2. 灵活运用翻译方法

灵活运用翻译方法对高质量的翻译至关重要。有时候，直译会使译文显得生硬或失去原文的含蓄美。在这种情况下，意译可能是更好的选择。例如，一些汉语成语若直译成英语，会让读者感到困惑。但如果将其转换为英语中的习语或用更通俗的方式表达，便能在传达原意的同时，使译文更加流畅自然。

3. 对文化背景保持敏感

对文化背景保持敏感也是译者必须具备的翻译技巧之一。有时候，原文中的某些表达可能与目标语言的文化背景不符。例如，汉语中的"红红火火"在英语中没有直接对应的表达，译者需要灵活运用语言，将这种特殊的文化色彩以适合目标语言读者的方式呈现。

4. 保持译文的通顺与文雅

保持译文的通顺与文雅是译者基本功的体现。译者需要有足够高的写作能力，才能确保译文不仅忠实于原文，更符合目标语言的语法和风格规范。例如，英语通常使用主动语态，而汉语更倾向于使用被动语态。在这种情况下，译者需灵活调整，使译文与目标读者的表达习惯相契合。

二、汉英译者的跨文化素质要求

（一）跨文化意识

汉英译者在进行翻译工作时，面临的不仅是两种不同的语言系统，更是两种迥异的文化背景。在这种情况下，跨文化意识的培养成为译者提高跨文化素质的关键一环，其涉及如何准确、生动地将一种文化的思想和情感传达给另一种文化的读者。

（1）跨文化意识的培养需要译者深入了解源语言和目标语言的文化。例如，汉语中的"人山人海"描绘的是如山似海的人群，而英语中的"packed like sardines"表达的是同样的情景。译者不仅要理解这些表达背后的文化内涵，还要能够灵活运用，使译文既忠实于原文，又符合目标语言的表达习惯。

（2）跨文化意识的培养需要译者具备敏锐的观察力和较强的同理心。在翻译过程中，译者需时刻站在目标读者的角度，思考哪些表达方式更能引起他们的共鸣。例如，一篇描述中国传统节日的文章，如果译者能够用西方读者熟悉的节日或习俗作为参照进行翻译，就能更好地拉近他们之间的文化距离，增加译文的亲切感。

（3）跨文化意识的培养还需要译者具备批判性思维。在两种文化交流的过程中，不可避免会出现某些文化偏见和误解。译者需要具备辨别和消解这些偏见的能力，确保翻译的公正性和准确性。例如，在翻译涉及社会制度、风俗习惯等内容时，避免将一方的价值观强加于另一方，而应尽力保持中立，准确呈现原文的立场和观点。

（4）培养跨文化意识的方法多种多样，其中最直接有效的便是深入目标文化的实际生活中。例如，汉英译者可以通过在英语国家的生活、学习或工作经历，亲身体验当地的文化和生活方式。此外，广泛阅读目标语言的文学作品、历史资料、新闻报道等，也能够增强译者的跨文化敏感性和洞察力。

（二）文化传播意识

文化传播意识是汉英译者必备的重要素质之一。不同于单纯的语言转换，文化传播强调的是在保持原文精神的基础上，通过译文向目标语言读者传达源语言文化的特点和价值观。这一过程充满挑战，需要译者具有高度的文化敏感性和良好的判断能力。

（1）文化传播意识的培养要求译者具备对源语言文化和目标语言文化的深入了解。例如，当翻译一首描写中国古代山水画的诗歌时，译者不仅要掌握诗歌的文字含义，还须理解中国古代山水画的审美观念和文化内涵。这一点对译者来说并不容易，因为它涉及深层的文化透视和审美品位的把握。对于中国古代山水画，译者需要深入了解画的背景、山水之间的意象关系、画中隐含的文人志向等方面的内容。这不仅是语言层面的理解，更是文化层面的体悟。译者需要通过大量的学习和实践，掌握源语言文化的深层精神，选择最合适的词汇和表达方式，让英语读者领略到原文的文化韵味。

（2）文化传播意识的培养要求译者有能力辨别原文中哪些元素是可以跨文化共享的。这一点要求译者具备丰富的文化见识和敏锐的观察力。例如，中国菜中的"麻辣"对西方人来说可能难以直接理解，但是通过将其与西方人熟悉的辣味食物进行比较，便能传达出相似的感受。这种比较和联想的能力不是一蹴而就的，需要译者在长期的学习和实践中，不断积累跨文化经验和知识，形成自己的文化观察和判断能力。在文化传播的过程中，这种能力能有效地增强译文的亲切感和说服力。

（3）文化传播意识的培养还要求译者平衡译文的忠实性与通俗性之间的关系。举例来说，当翻译一本描述中国传统医学的书籍时，如何将专业的中医术语与西方医学理念相结合，使其既不失学科准确性，又易于目标语言读者理解，就是一个文化传播的艺术问题。这要求译者在理解原文的基础上，关注目标语言读者的接受能力和兴趣点。译者不仅是文化的解读者，更是沟通的桥梁，需要在两种文化之间寻找最佳的平衡点，确保信息的完整传递和有效接收。

（4）更为重要的是，译者还需培养一种开放和包容心态。在面对不同文化的碰撞与交融时，要学会欣赏和尊重每一种文化的独特性，避免用自己的文化价值观去评判他人。这不仅是一种职业素养，更是一种人文关怀。译者要时刻提醒自己，不同文化之间不存在绝对的优劣之分，每一种文化都有其独特的价值和魅力。只有保持开放和包容的心态，译者才能真正走进不同的文化世界，成为一名合格的文化传播者，让不同文化之间的交流更加顺畅与和谐。

（三）网络信息资源搜集和利用能力

在大数据时代背景下，汉英译者的跨文化素质中一种不可忽视的能力是网络信息资源搜集和利用能力。这一能力的重要性不仅体现在技术层面，更体现在译者对源语言和目标语言文化的深入理解和精准传递上。

（1）网络信息资源为译者提供了丰富的语料库。在互联网技术的支持下，译者能够快速获取大量的文本资料，如新闻、学术论文、博客等。这些资料不仅反映了当下的语言使用习惯，更揭示了文化背后的价值观念和社会现实。通过对这些资料的分析和挖掘，译者可以更准确地把握源语言和目标语言文化之间的差异，从而做到更精准的文化传递。

（2）网络信息资源使译者的研究更为真实客观。基于云计算和大规模语料数据的分析，译者能够在更大的样本中进行量化研究和质性研究。这不仅可以提高研究的科学性，也能使译者对文本主题信息的管理、控制与加工更为精确。

（3）网络信息资源的搜集和利用，要求译者具备良好的判断和筛选能力。互联网上的信息繁杂，译者需要对不同的信息进行分层和系统化的分析，甄别出真实可靠的资料。例如，当翻译一篇关于中国某少数民族风俗的文章时，译者需要在大量的在线资源中找到权威的信息，确保译文的准确性。

（四）现代信息技术学习和运用能力

随着翻译软件的不断升级和深度发展，现代信息技术在汉英译者的工作中占据越来越重要的地位。新时代的译者除了要具备扎实的语言知识和跨文化传播能力，还要了解和掌握现代信息技术的学习和运用。事实证明，只有不断地学习和实践，译者才能在新时代背景下继续发挥其专业作用，为人类文化的交流和传播做出更有价值的贡献。

（1）现代信息技术给译者的工作带来了极大的便利。例如，机器翻译可以快速提供初步的翻译方案，大大提高了工作效率。但机器翻译的结果可能缺乏灵活性和准确性，因此，译者需要对机器翻译的内部编码和基本运作原理有一定的了解，并能针对特定文本和文化背景进行必要的调整和修正，以更好地利用这一工具。

（2）现代信息技术不仅改变了译者的工作方式，还对译者提出了更高的工作要求。译者不仅要能运用机器翻译、自然语言处理等工具，还要能结合人工智能、大数据等先进技术，对各种信息进行深入挖掘和分析。这就要求译者不仅要具备跨文化素质，还要具备一定的信息技术素质，能够在复杂的信息环境中灵活运用各种工具。

（3）现代信息技术的学习和运用体现了译者的专业素养和职业责任感。在信息化的时代背景下，译者要不断学习新知识，更新自己的技能，跟上时代发展的步伐。这不仅是对个人职业发展的追求，也是对译者职业的尊重和担当。

第二节　跨文化视野下的读者心理探究

一、读者心理需求研究

在跨文化翻译的过程中，读者的心理需求是一个容易被忽视却至关重要的因素。与译者和原作者一样，读者也是文本交流的重要一环。他们不仅是信息的接收者，更会通过自己的解读，赋予译文不同的内涵。研究跨文化视野下的读者心理需求不仅有助于译者更好地理解读者如何与文本互动，还揭示了文本意义是如何在读者心中生成和流动的。这一研究领域涉及心理学、文学、文化学等多个学科，是理解人类如何通过语言与文本连接的重要途径。

（1）读者的心理需求突出反映在对文本风格和内容的期待上。东晋高僧慧远曾言"若以文应质，则疑者众；以质应文，则悦者寡"。这句话揭示了读者对翻译文体选择的敏感性，即如果译文的风格与原文不相符，则会引发读者的怀疑和不满。这不仅涉及审美习惯，还涉及读者对原文文化内涵的理解和评价。

（2）读者的心理需求还反映在他们对信息的渴求上。不同的读者有不同的兴趣和专业背景，他们对译文的期待也会有所不同。有些读者追求文学的美感，而有些读者更关注专业知识。学者郭天一对读者意识的划分揭示了这一需求的复杂性，突出了了解"读者是谁、读者有何需求"这一问题的重要性。

（3）读者心理需求的独特性更体现在对文本的解读过程上。从接受美学的角度来看，文本是一个开放的结构，不同的人甚至相同的人在不同的情境下都可能给出不同的解释。在跨文化视野下，这一现象更加明显。文化背景、社会经历、教育水平等因素都会影响读者对文本意义空缺的填补。假设一篇描述中国茶道的文章被翻译成英语，对于熟悉中国文化的英语读者来说，他们可能能够理解茶道背后的禅宗哲学，因此在解读文本时，他们会强调静谧、礼节和精神净化等元素。然而，对于不熟悉中国文化的英语读者来说，他们可能会更关注茶道的具体程序和外在形式，而对其中的哲学内涵缺乏深入理解。

二、跨文化背景下了解并满足读者心理需求的意义

在跨文化背景下，了解并满足读者的心理需求成为一项至关重要的任务。无论是商业、文化还是社会领域的信息交流，人们都需要通过语言或文字与不同文化背景的人沟通，这一过程涉及信息的可理解性、可

接受性和吸引力，并关系到传播的效率。通过全面了解和满足读者的心理需求，可以构建更为精准、生动、有吸引力的信息传播渠道，从而使跨文化交流更为顺畅、富有成效。

（一）有利于提高信息传递效率，增强信息吸引力

满足读者的心理需求不仅能够提高信息的传递效率，还能增强信息的吸引力。例如，在翻译一篇关于中国现代社会的文章时，如果能考虑到外国读者对中国现代社会的好奇心，相应地添加背景介绍和解释，那么译文就更能引起外国读者的兴趣。又如，当译者在介绍中国的现代艺术家时，除了介绍他们的作品，还可以深入介绍他们的创作背景、生活经历以及作品所体现的对现实生活的思考，这样会使外国读者更加感兴趣，因为他们不仅是在看一个艺术品，还在了解一种真实的、与他们文化背景不同的生活。反之，机械的翻译可能会让外国读者感到枯燥无味。

（二）有利于传播文化价值观，树立良好的国家形象

读者心理需求的满足还关系到文化价值的传播和国家形象的树立。如果一个国家在国际传播中能够充分考虑读者的心理需求和文化特性，那么它所传播的信息不仅更容易被理解和接受，还能更准确地展示该国的文化价值观。以中国的书法为例。书法作为中国传统文化的精华之一，承载着丰富的审美价值和哲学智慧。如果中国想在国际舞台上推广书法，那么充分了解和满足目标读者的心理需求和文化特性将是关键。

假设读者是西方的艺术爱好者，他们可能对书法的技艺和审美魅力更感兴趣也更了解，而对其中蕴藏的文化和哲学思想知之甚少。如果推广活动仅仅集中在笔墨纸砚的宣传上，而忽略读者对人文精神和文化背景的探索，那么传播的效果会很有限。相反，如果推广者能够深入挖掘书法中的文化内涵，并结合西方读者对哲学和人文精神的兴趣，那么这样的推广就更容易触动人心。通过解释书法的线条如何表达人的情感，墨

迹如何反映人的性格，以及如何通过笔触感受融入其中的文化传承，西方读者不仅能欣赏到书法的外在美，还能理解中国传统文化的深刻内涵。

这样的传播方式不仅能让西方读者更好地理解和欣赏中国书法艺术，还能更准确地展示中国文化的丰富性和深邃智慧。满足读者的心理需求，不仅能提高传播效果，也有助于塑造一个全面、立体的中国形象，增进国际社会对中国文化的理解和尊重。

三、跨文化背景下满足读者心理需求的方法

跨文化背景下如何满足读者的心理需求是一个复杂且深入的课题。由于文化的多样性和复杂性，不同文化背景下的读者对同一主题有着完全不同的理解和感受。因此，有效地满足不同文化背景读者的心理需求，对传播中国文化、增进不同国家和地区之间的相互理解具有重要意义。

（一）深入挖掘文化价值和兴趣点

跨文化传播的第一步是了解受众的兴趣和价值观。例如，西方文化对家庭的理解可能与东方文化有所不同。西方文化更多地强调个人独立和自主，而在东方文化中，家庭、孝道和亲情往往是重要的文化元素。因此，当译者在翻译描述中国家庭文化的小说时，不能简单地假设外国读者对家庭中角色、关系的理解与中国文化一致。

基于此，译者要注意找出那些可能引起外国读者兴趣的点。西方读者对东方的集体主义、家族观念和传统价值观可能更感兴趣，这为译者提供了与目标读者建立情感共鸣的机会。例如，译者可以通过强调中国家庭中长辈与晚辈之间的情感纽带、家庭聚会时的热闹氛围或传统节日中的家族团聚，来刻画东方家庭的温暖和团结。

（二）巧妙地使用语言，展现文化之美

语言是文化的载体。巧妙地使用语言是确保信息被有效接收的关键。

以中国茶文化为例，在中国，茶不仅仅是一种饮品，更是一种生活方式、一种精神寄托。如果译者希望外国读者真正理解并欣赏茶文化，那么在翻译时，除了要翻译介绍茶的基本知识，更要突出茶与生活、人与自然、禅意与心灵的关系。例如，译者可以描述泡茶的仪式感，如水的流动、茶叶的舒展、茶香的飘散以及其中所蕴含的宁静与和谐。又比如，描述茶文化中的"品茶"不仅仅是尝味，更是一个冥想、沉思和回归自我的过程。当然，使用外国读者容易接受的语言来解释是很关键的。这并不是说要简化或稀释内容，而是要寻找那些能够有效传达文化精髓、同时外国读者更容易理解的词汇。

（三）以实践体验促进理解

深入文化的核心往往需要去真实地体验，因为这往往比语言更能够打动人心。在跨文化传播的过程中，为读者提供直观且富有感染力的文化体验是非常关键的。以茶艺表演为例，它不仅仅是一种饮食习惯的展示，更是对中国传统文化哲学的体现。当读者亲眼看见热水注入茶壶，茶叶在水中舒展开来，那种宁静和谐的氛围、精湛的技艺和细致的仪式，都为他们展现了一个全新的世界。这种体验让他们感受到的不仅仅是茶的香气，更多的是中国古老文化中的哲学思考、对生活的热爱和对美的追求。

此外，中餐烹饪课也是一个极佳的交流平台。通过学习如何挑选食材、了解食物的搭配、亲自下厨，读者可以更加直观地体验到中国文化中的食物哲学。民以食为天，中国有着深厚的饮食文化，甚至每一道菜背后都蕴含着丰富的历史文化底蕴，这样的实践经验有助于读者更深刻地理解中国文化，并产生情感上的共鸣。

（四）尊重读者的多样性和差异性

跨文化传播的挑战在于，读者都有自己独特的文化背景、价值观和生活经验，因此很难找到一种适应所有人的传播方法。这就要求译者深入理解文化内容，并对读者有足够的了解和尊重。

1.重视文化背景的作用

读者的文化背景对其理解信息的方式、价值观、习惯和反应模式都产生了深远的影响。为了有效传达信息，译者需要了解读者的文化背景。每一种文化都有其独特的语境、符号、隐喻和故事。例如，在西方文化中，黑猫往往被认为是不吉利的象征，而在其他文化中，可能没有这样的隐含意义。不了解这些细微的文化差异，则容易导致信息在传递过程中发生失真。此外，了解文化背景还能帮助译者更好地把握文本的风格和情感。同样的情感在不同的文化中可能有不同的表达方式，这要求译者在传达信息时，既要保留原文的情感，又要确保这种情感在译文中得到完美呈现。

2.了解读者的教育背景和工作、生活经验

对译者而言，了解读者的教育背景和工作、生活经验，不仅是一种基本的职业素养，更是确保信息有效传递的关键环节。这些因素深刻地影响着读者对译文的接收、理解和评价。读者的教育背景为其提供了一个独特的知识框架，这个框架决定了读者对某些专业术语、概念或理论的熟悉程度。对于有高等教育背景的读者而言，他们可能已经在学术研究或职业实践中接触过相关领域的知识，因此对高度专业化的文章，也能够迅速抓住要点，理解其深层含义。但对于没有相关背景知识的读者而言，他们可能会觉得这样的文章晦涩难懂，甚至会因此失去阅读的兴趣。

同样，读者的工作和生活经验也在很大程度上塑造了他们的知识结构和思维方式。一个长期从事医学研究的专家对生物学或医学的文章会有很高的敏感度，能够轻松识别和理解其中的关键信息。而一位艺术家或文学工作者会更加关注文章的情感表达和修辞手法。这种基于经验的知识差异，使得译者在传递信息时，需要有针对性地进行调整和优化。

因此，译者的角色不再仅仅是文字的传递者，更是一位沟通者。他

们需要深入了解读者群体的特点，然后有针对性地选择翻译策略。例如，为普通读者提供必要的注释或脚注，解释专业术语的含义，或者通过举例、比喻等手法，使复杂的概念变得通俗易懂。在某些情况下，简化内容是必要的，因为信息的核心价值在于其能够被读者接收和理解，而不是原样保留其复杂性。

3.始终保持开放的心态和敏锐的洞察力

译者应始终保持开放的心态和敏锐的洞察力，避免对读者产生刻板印象。因为在跨文化传播的过程中，刻板印象不仅可能导致信息传达不准确，还可能引起读者的反感或误解。例如，译者简单地认为所有的西方读者都崇尚个人主义，或认为所有的东方读者都重视集体主义，这都是对读者的刻板印象。现实情况远比这复杂得多，每个人都是独特的个体，他们的观点、信仰和价值观受到多种因素的影响。因此，译者应该努力摒弃任何形式的偏见，深入地了解和挖掘读者真正的需求，从而为其提供真正有价值的内容。

参考文献

[1] 刘庚玉 . 英汉翻译的跨文化传播视角研究 [M]. 太原：山西经济出版社，2020.

[2] 任一鸣 . 文化翻译与文化传播：蒋彝研究 [M]. 上海：上海社会科学院出版社，2018.

[3] 李冰冰，王定全 . 跨文化传播背景下的翻译及其功能研究 [M]. 长春：吉林人民出版社，2021.

[4] 朱静 . 文化传播视角下英汉翻译理论与实践的再探索 [M]. 长春：吉林大学出版社，2020.

[5] 水娟 . 跨文化传播视域下的翻译问题再审视 [M]. 长春：吉林大学出版社，2020.

[6] 苏涛 . 翻译与传播：安徽非物质文化遗产的译介研究 [M]. 合肥：中国科学技术大学出版社，2022.

[7] 尚宏 . 文化传播与翻译 [M]. 开封：河南大学出版社，2008.

[8] 王英鹏 . 跨文化传播视阈下的翻译功能研究 [M]. 上海：上海交通大学出版社，2016.

[9] 姜学龙，王谋清 . 影视翻译理论与实践 [M]. 长春：吉林大学出版社，2020.

[10] 江滨，王立松，刘蕾 . 语言运用与文化传播 [M]. 天津：天津大学出版社，2014.

[11] 王芳 . 文化传播美学与诗歌翻译 [M]. 成都：电子科技大学出版社，2009.

[12] 李朝 . 翻译概论 [M]. 长春：吉林大学出版社，2018.

[13] 吴冰 . 跨文化的翻译研究 [M]. 合肥：中国科学技术大学出版社，2021.

[14] 吕晓红 . 跨文化背景下的英语翻译探索 [M]. 北京：北京工业大学出版社，2020.

[15] 杨莉 . 跨文化交际翻译教程 [M]. 北京：中国纺织出版社，2020.

[16] 黄净 . 跨文化交际与翻译技能 [M]. 天津：天津大学出版社，2019.

[17] 范燕华，米锦平 . 跨文化交际研究与翻译行为策略 [M]. 重庆：重庆大学出版社，2021.

[18] 祁岩 . 商务英语与跨文化翻译研究 [M]. 长春：吉林人民出版社，2020.

[19] 刘惠玲，赵山，赵翊华 . 跨文化英语翻译的理论与实践应用研究 [M]. 延吉：延边大学出版社，2022

[20] 王端 . 跨文化翻译的文化外交功能探索 [M]. 北京：中国广播影视出版社，2019.

[21] 刘禹杉 . 全球化背景下新闻传播中英文翻译的技巧及文化特色：评《跨文化传播视角下的英语翻译策略与技巧》[J]. 新闻与写作，2021（5）：113.

[22] 曾屹君 . 中西文化差异对英语翻译的影响研究：评《跨文化传播视角下的英语翻译策略与技巧》[J]. 中国广播电视学刊，2021（5）：133.

[23] 李大艳 . 饮食、民俗文化视野下的翻译应用：评《跨文化传播视角下的英语翻译策略与技巧》[J]. 中国教育学刊，2021（4）：148.

[24] 郭娟，曾二青 . 跨文化传播视角下英语翻译技巧及方法：评《跨文化传播视角下的英语翻译策略与技巧》[J]. 中国广播电视学刊，2020（12）：134.

[25] 曹明伦 . 关于对外文化传播与对外翻译的思考：兼论"自扬其声"需要"借帆出海"[J]. 外语研究，2019，36（5）：77-84.

[26] 罗选民 . 大翻译与文化记忆：国家形象的建构与传播 [J]. 中国外语，2019，16（5）：95-102.

[27] 罗选民 . 翻译与跨文化传播中的文化自觉 [J]. 外语电化教学，2019（4）：3.

[28] 徐广东.跨文化传播中术语翻译策略解析：以"公义"释义为例 [J].外语学刊，2019（3）：123-126.

[29] 果笑非.外宣翻译对跨文化传播的影响 [J].学术交流，2013（9）：145-148.

[30] 卢小军.外宣翻译"译＋释"策略探析 [J].上海翻译，2012（2）：40-43.

[31] 陈争峰，许小花.新闻传播学视角下外宣翻译者的基本素质 [J].新闻知识，2012（4）：63，109.

[32] 邵璐.当下中国翻译话语之哲学反思：以变译理论为例 [J].中国翻译，2022，43（5）：134-141.

[33] 吴赟，牟宜武.中国故事的多模态国家翻译策略研究 [J].外语教学，2022，43（1）：76-82.

[34] 胡开宝.国家外宣翻译能力：构成、现状与未来 [J].上海翻译，2023（4）：1-7，95.

[35] 王均松，肖维青，崔启亮.人工智能时代技术驱动的翻译模式：嬗变、动因及启示 [J].上海翻译，2023（4）：14-19.

[36] 苏艳，丁如伟.严复翻译中的知识建构研究 [J].上海翻译，2023（3）：76-82.

[37] 赵丹丹，常丽强，袁福.文化翻译理论视角下中国当代小说的英译教学研究 [J].高教学刊，2019（23）：90-92.

[38] 张喆.广告语拟象象似性的翻译 [J].上海翻译，2023（2）：37-41.

[39] 任文，赵田园.国家对外翻译传播能力研究：理论建构与实践应用 [J].上海翻译，2023（2）：1-7，95.

[40] 焦丹，苏铭.国家翻译地方化实践：以中原文化外译探索为例 [J].解放军外国语学院学报，2023，46（4）：23-29，45，160.

[41] 陈伟，高子涵.超越"文化转向"：翻译研究的软实力范式图景 [J].外语研究，2023，40（3）：59-66，98，112.

[42] 郭高攀.国内外文化翻译研究热点与趋势（1991—2021）：基于 CiteSpace 的知识图谱分析 [J].语言与翻译，2023（2）：53–62.

[43] 冯全功.谁能养气塞天地，吐出自足成虹蜺：中国传统文化中的"气"在翻译研究中的应用 [J].外语学刊，2023（3）：61–67.

[44] 马祥飞.利术语翻译之器，成科技强国之事 [J].中国出版，2022（14）：71.

[45] 谭祎哲.英汉对比翻译及翻转课堂的运用：评《英语翻译与语言学》[J].中国教育学刊，2022（7）：139.

[46] 潘文国.典籍翻译：从理论到实践 [J].上海翻译，2022（3）：62–67，95.

[47] 张生祥.基于知识翻译学的翻译研究与知识转化 [J].当代外语研究，2022（2）：58–67.

[48] 周领顺.商业翻译与译者角色化 [J].中国翻译，2022，43（2）：176–180.

[49] 刘军平.元宇宙翻译范式：跨文化传播的可能世界 [J].新闻与传播评论，2023，76（1）：16–29.

[50] 吴赟，李伟.翻译方向性与中国文化对外翻译的研究面向 [J].外国语（上海外国语大学学报），2022，45（6）：99–109.

[51] 张潆洁，任文.翻译与文化：从文化间性到转文化性 [J].社会科学研究，2022（6）：181–189.

[52] 刘嘉.文学翻译中的变异空间及其修辞意涵 [J].外语学刊，2022（2）：54–59.

[53] 李海军.《中国评论》汉英翻译和中国文化西传研究 [J].中国翻译，2022，43（5）：30–37，191.

[54] 王满良.中华文化国际传播中逆向翻译潜在问题及解决方案 [J].西安外国语大学学报，2022，30（3）：110–113.

[55] 高乾，裘禾敏.中国文化外译与国家翻译实践 [J].中国翻译，2022，43（4）：129–132.

[56] 翟学伟.跨文化、翻译与社会科学本土化：兼论儒家的西方遭遇 [J].学术月刊，2022，54（5）：128–140.

[57] 范武邱，王昱 . 十八大以来我国外交部发言人话语新风格及翻译策略探析 [J]. 外语教学，2021，42（2）：80–85.

[58] 胡开宝 . 对话与多元：试析许钧翻译文化观点的特征、内涵与意义 [J]. 中国翻译，2021，42（6）：68–73，192.

[59] 杨仕章 . 文本三维结构视阈下文化翻译功能研究 [J]. 外国语（上海外国语大学学报），2021，44（5）：92–101.

[60] 张娟 . 视听翻译传播通道中的文化折扣研究 [J]. 上海翻译，2021（4）：41–46.

[61] 王文飞 . 文化因素介入翻译过程的实证探究：以莫言小说英译为例 [J]. 中国教育学刊，2021（6）：151.

[62] 邹常勇，朱湘军 . 网络翻译传播中的"改造式翻译"：青年网络亚文化的视角 [J]. 上海翻译，2021（3）：34–38.

[63] 王立非，孙疆卫 . 国内外翻译经济研究热点分析与理论模型构建 [J]. 中国翻译，2021，42（2）：117–124.

[64] 王晓路 . 论翻译的历史文化功能：认知模式与知识谱系 [J]. 外语教学与研究，2021，53（2）：263–272，320.

[65] 张素敏，闫东雪，刘雪婷 . "续译"在翻译技巧理解与运用中的作用 [J]. 现代外语，2021，44（6）：827–838.

[66] 蓝红军 . 应用翻译理论体系建构的方法论原则：方梦之译学思想的启示 [J]. 上海翻译，2020（6）：12–16，95.

[67] 胡富茂，宋江文，王文静 . 多模态旅游翻译语料库建设与应用研究 [J]. 上海翻译，2022（5）：26–31.

[68] 任丽萍 . 讲好中国故事与旅游译介：以《徐霞客游记》译介为例 [J]. 外语教学理论与实践，2021（2）：108–115.

[69] 张志祥 . 旅游翻译中的交际规范 [J]. 上海翻译，2017（2）：13–16.

[70] 徐玉凤 . 中国农耕文化的翻译与传播研究：以李绅的《悯农二首》为例 [J]. 上海翻译，2020（6）：71–76.

[71] 李海峰. 汉译英译文评析: 翻译中的文化自觉与语言意识 [J]. 中国翻译, 2020, 41 (6): 183–189.

[72] 曹进, 杨明托. 跨文化翻译维护国家文化安全的策略研究 [J]. 国际安全研究, 2020, 38 (6): 63–85, 154–155.